Resilienz im Einkauf

Gerhard Heß · Ann-Christin Kleinlein

Resilienz im Einkauf

Konzept und Praxisleitfaden zum
Management unerwarteter Risiken in
der Lieferkette

Gerhard Heß
Technische Hochschule Nürnberg
Georg Simon Ohm
Nürnberg, Deutschland

Ann-Christin Kleinlein
Technische Hochschule Nürnberg
Georg Simon Ohm
Nürnberg, Deutschland

ISBN 978-3-658-34461-0   ISBN 978-3-658-34462-7   (eBook)
https://doi.org/10.1007/978-3-658-34462-7

Die Deutsche Nationalbibliothek verzeichnet diese Publikation in der Deutschen Nationalbiblio-
grafie; detaillierte bibliografische Daten sind im Internet über http://dnb.d-nb.de abrufbar.

Planung/Lektorat: Susanne Kramer
Springer Gabler ist ein Imprint der eingetragenen Gesellschaft Springer Fachmedien Wiesbaden
GmbH und ist ein Teil von Springer Nature.
Die Anschrift der Gesellschaft ist: Abraham-Lincoln-Str. 46, 65189 Wiesbaden, Germany

Vorwort

Am 15. Februar 2013 stürzt ein Meteorit auf die russische Stadt Tscheljabinsk (Ural), verletzt ungefähr 1500 Personen und verursacht umfangreiche Schäden an Wohngebäuden und Fabriken. Im wahrsten Sinne ein Unglück, das aus heiterem Himmel kam und wohl kein Risikomanager dieser Erde in seiner Risk-Map berücksichtigt hatte. Bekanntermaßen kommt es nicht oft vor, dass Fabriken und Lieferketten durch Meteoriten zerstört werden. Trifft jedoch der Meteorit ein kritisches Element der Lieferkette, kann dies für ein Unternehmen leicht existenzbedrohend werden. Für das Risikomanagement im Einkauf ergibt sich aus solchen Ereignissen die Frage: Wie können Lieferketten angemessen gegen unerwartete Risiken wie Meteoriten, Pandemien oder andere Naturkatastrophen sinnvoll abgesichert werden?

Ein zweites Beispiel wirkt weniger dramatisch, ist aber von der Auswirkung ähnlich zerstörerisch. So berichtet ein großes Unternehmen der Bahnindustrie in einem Webinar von seinem Risikomanagement. Lehrbuchhaft werden zu einem kritischen Teil drei starke Lieferanten aufgebaut und im Risikomanagement überwacht. Völlig unerwartet treten bei allen drei Firmen gleichzeitig gravierende Lieferprobleme auf. Eine nähere Recherche zeigt, dass alle drei Lieferanten beim gleichen Sublieferanten eingekauft haben. Als dieser Insolvenz anmelden musste, sind alle Lieferketten gleichzeitig zusammengebrochen und es kommt zu gravierenden Lieferproblemen. Wie können mit vertretbarem Aufwand Lieferketten transparent gemacht und überwacht werden?

Das klassische Risikomanagement ist für die Steuerung von unerwarteten Risiken insbesondere von Risiken wie Pandemien, unerwartete Insolvenzen in der Lieferkette oder Meteoriten ungeeignet. Diese Risiken zeichnen sich häufig durch eine extrem kleine Eintrittswahrscheinlichkeit und ein extrem hohes Schadenspotenzial aus. Für diese Fälle ist ein völlig neues Denkmuster erforderlich. Einen besonders guten Lösungsansatz bietet hierfür die Resilienz. Sie fragt nicht nach Eintrittswahrscheinlichkeiten, sondern nur nach dem potentiellen Schaden. Es werden die Elemente der Lieferketten identifiziert, deren Verwundung einen existenzbedrohenden Schaden bedeuten würden. Für diese (wenigen, besonders kritischen) Elemente werden Absicherungsstrategien entwickelt, d. h. es wird die Resilienz bzw. die Widerstandsfähigkeit in den kritischen Lieferketten erhöht.

In diesem Buch zur Resilienz im Einkauf wird ein Konzept und ein Praxisleitfaden vorgestellt, wie im Einkauf mit unerwarteten Risiken umgegangen werden kann. Mit welchen Strategien und Konzepten können Einkaufsabteilungen ihre Lieferketten widerstandsfähig bzw. resilient machen, lautet die Kernfrage dieses Leitfadens. Dabei ist ein zentrales Credo, dass die Steuerung der Resilienz kein isolierter Ansatz oder gar ein eigenständiges Tool sein darf. Vielmehr muss die Resilienz in das Einkaufsmanagementsystem völlig integriert sein. Das reduziert erheblich den Aufwand und hilft von vornherein, Wichtiges von Unwichtigem zu unterscheiden. Basis ist die 15M-Architektur der Supply-Strategie, ein ganzheitliches Einkaufsmanagement, das sich seit über 15 Jahren in der Einkaufspraxis bewährt hat. Sowohl das klassische Risikomanagement wie auch die Resilienz sind in das Einkaufsmanagement zu integrieren, z. B. im Rahmen des Lieferantenmanagements oder der Marktstrategien.

Da Resilienz im Einkauf bisher kaum erforscht ist, wurden zur Entwicklung des vorliegenden Konzeptes vielfältige explorative Interviews und Pilotanalysen mit Unternehmen durchgeführt. Die Forschungsmethodik wird in Kap. 1 erläutert. An dieser Stelle gilt unser Dank allen Personen, die uns durch umfangreiche Gespräche, fundiertes Praxis-Know-how und kreative Ideen unterstützt haben. Insbesondere wäre eine tiefgehende Spiegelung der Konzepte an vielfältigen Praxissituationen ohne diese Gespräche nicht möglich gewesen. Meist wurden mehrere mehrstündige Interviews geführt. Unser besonderer Dank (in alphabetischer Reihenfolge der Firmen) gilt: Krauss Maffei Technologies: Herren Matthias Aicher, Dr. Arndt Präuer, Stefan Zillenbiller; Nürnberger Versicherung: Herrn Frank Hillingshäuser; Phoenix Contact: Herren Michael Koch, Frank Middeke, Tobias Schumacher, Manfred Sperlich, Christian Wielert; Schreiner Group: Herren Wei-Han Hauschild, Manfred Laschinger; Siemens Healthineers: Herren Matthias Tietz, Michael Wershofen; Sonax: Frau Dr. Stephanie Burghart; Darüber hinaus gilt unser herzlicher Dank den zwölf Teilnehmern des Resilienz-Workshops für eine Fülle an kreativen Ideen, Anregungen und tiefgehenden Anwendungsbeispielen aus der eigenen Praxis. Last but not least danken wir Frau Susanne Kramer für das großartige Lektorat und die stets vertrauensvolle Zusammenarbeit.

Resilienz im Einkauf ist in Theorie und Praxis ein völlig neuer Ansatz. Vielfältige Fragen sind heute noch offen. Die Praxiserprobung konnte in den angesprochenen Pilotprojekten erfolgen, jedoch schlummert in den vorgestellten Konzepten und dem Praxisleitfaden ein erhebliches Verbesserungspotenzial. Mehrere Lücken sind uns bewusst. Vor diesem Hintergrund sind Ideen, Anregungen und natürlich auch Kritik zum vorgestellten Konzept der Resilienz im Einkauf herzlich willkommen, am besten per E-Mail über info@beschaffungsstrategie.de oder über die Homepage www.beschaffungsstrategie.de. Wir freuen uns auf einen regen Informationsaustausch und wünschen eine spannende und aufschlussreiche Lektüre.

Nürnberg   Gerhard Heß
Höchstadt   Ann-Christin Kleinlein

Inhaltsverzeichnis

Shooting-Star Resilienz

Im einführenden Kapitel wird der Grundgedanke der Resilienz im Einkauf vorgestellt. Ausführlich werden die Zielsetzungen des Werkes, die adressierten Zielgruppen sowie der Aufbau ausgeführt. Im Sinne eines kleinen Exkurses wird die Forschungsmethodik zum Forschungsprojekt beschrieben, mit dem explorativ untersucht wurde, wie Unternehmen die Widerstandsfähigkeit ihrer Lieferketten erhöhen.

1.1 Von Meteoriten und Pandemien: Zielsetzung und Aufbau des Leitfadens zur Resilienz

Resilienz im Einkauf ist der strahlende Shooting-Star der Covid-19-Pandemie im Jahre 2020. Die Wucht, mit der die Pandemie weltweit die Lieferketten traf, hat den Glauben in das klassische Risikomanagement stark erschüttert. Die Idee im Risikomanagement, alle kritischen Risiken frühzeitig zu erkennen und rechtzeitig darauf zu reagieren, hat sich wieder einmal als unzureichend erwiesen. Ähnliche Erfahrungen – wenn vielleicht auch nicht ganz so stark – mussten die Einkäufer schon häufiger machen, z. B. beim Erdbeben in Taiwan mit Halbleiterkrise (1999), Tsunami mit Kernschmelze in Fukushima (2011), Hochwasser in Thailand (ebenso 2011), Ausbruch des Eyjafjallajökull (2010). Neben diesen globalen Naturkatastrophen treffen laufend mehr oder minder große Katastrophen die Lieferketten von Unternehmen in ähnlicher Weise. Man denke an die beiden Beispiele im Vorwort zum Meteoriteneinschlag in der russischen Stadt Tscheljabinsk oder zu umfassenden Lieferausfällen, wenn ein wichtiger Vorlieferant überraschend Insolvenz anmeldet. Weitere Beispiele lassen sich beliebig aufzählen: Grenzschließungen, Containerschiff, das den Suezkanal blockiert

© Der/die Autor(en), exklusiv lizenziert durch Springer Fachmedien Wiesbaden GmbH, ein Teil von Springer Nature 2021
G. Heß und A.-C. Kleinlein, *Resilienz im Einkauf*,
https://doi.org/10.1007/978-3-658-34462-7_1

(aktuelles Thema im März 2021, als diese Zeilen geschrieben wurden), kritische Allokationsphasen z. B. im Jahre 2018/2019, Streiks von LKW-Fahrern oder bedeutsame Lieferanteninsolvenzen.

Nach der Bewältigung der Krise oder bereits beim Ausklingen wird in guten Unternehmen danach gefragt, was aus der Krise gelernt werden kann. Regelmäßig ergibt sich ein großes Potpourri an Einzelmaßnahmen. Im Rahmen der Covid-19-Pandemie stehen insbesondere Aktionen wie Second Sources aufzubauen, Lieferbeziehungen zu lokalisieren oder global zu differenzieren, Partnerschaften zu entwickeln bzw. zu intensivieren und vieles mehr im Fokus. So richtig diese Zielsetzungen sein mögen, fällt über die Jahre hinweg auf, dass mit Abklingen der Krisen die Schmerzen nach und nach schwinden und der Ergebnisdruck wieder Risikoerwägungen aus den Einkaufsentscheidungen verdrängt. Nicht selten hört man Einkäufer klagen: „Diese Überlegungen hatten wir bereits nach Fukushima. Allerdings hat sich die Umsetzung mit der Zeit verwässert."

Zwei grundsätzliche Fehler lassen sich in der Einkaufspraxis häufig feststellen:

- **Schrotflinte mangels systematischen Konzeptes:** Mit Abklingen der Krise werden vielfältige Initiativen und Maßnahmen beschlossen. Nicht selten greift ein Aktionismus um sich, da ja irgendetwas getan werden muss. Allerdings wird schnell deutlich, dass der Aufwand solcher Maßnahmen sehr hoch ist, sodass der Wettbewerbsdruck viele Wünsche bald wieder relativiert. Eine umfassende Second-Source-Initiative, die Lokalisierung von Lieferketten oder ein starker Aufbau von Beständen sind typische Luftschlösser der Covid-19-Pandemie. So berechtigt einzelne Maßnahmen sind, gehen viele Körner der Schrotflinte am Ziel vorbei. Statt mit der Schrotflinte vorzugehen, sollten mit dem Ansatz zur Resilienz die kritischen Elemente in den Lieferketten identifiziert und zielgerichtet abgesichert werden.
- **Glaube an das klassische Risikomanagement:** Die Idee, durch die Optimierung des klassischen Risikomanagements alle Risiken rechtzeitig zu erkennen und somit angemessen reagieren zu können, ist falsch. Es wird immer Krisen geben, die – trotz hervorragenden Risikomanagements – nicht vorhergesehen wurden bzw. erkannt, aber aus Wirtschaftlichkeitserwägungen nicht abgesichert wurden. Dabei fallen insbesondere Risiken mit einer extrem geringen Eintrittswahrscheinlichkeit und einem sehr hohen Schadenspotenzial durch das Raster des klassischen Risikomanagements, da durch die Multiplikation der beiden Elemente in der Regel ein statistisch nicht zu großes Risiko errechnet wird. Insofern erscheint es wirtschaftlich nicht vertretbar, bei

derartigen Risiken Absicherungsmaßnahmen zu ergreifen. Man prüfe selbst: Soll man jährlich eine große Summe dafür ausgeben, dass der Einschlag eines Meteoriten im Werk eines Münchner Lieferanten abgesichert ist?

Natürlich ist ein hervorragendes Risikomanagement dringend zu empfehlen. Für den Umgang mit unerwarteten Risiken ist der Denkansatz des klassischen Risikomanagements jedoch ungeeignet. Hier setzt die Idee der Resilienz an. Diese geht davon aus, dass nicht alle möglichen Risiken im Vorfeld erkannt und eliminiert werden können. Das würde jede unternehmerische Tätigkeit vernichten. Insofern geht die Resilienz mit einem völlig anderen Lösungsansatz an die Problemstellung heran: Es werden die Elemente der Lieferketten identifiziert, deren Verwundung einen existenzbedrohenden Schaden für das Unternehmen bedeuten würde. Für diese (wenigen, besonders kritischen) Elemente werden Absicherungsstrategien entwickelt. Damit soll die Widerstandsfähigkeit gegenüber jeder Art von Risiken deutlich erhöht werden, d. h. es wird die Resilienz in den kritischen Lieferkettenelementen gesteigert.

Ziel dieses Buches ist es, ein Konzept vorzustellen, wie Resilienz im Einkauf verstanden und systematisch in die Einkaufsprozesse integriert werden kann. Darüber hinaus soll Einkäufern ein Praxisleitfaden an die Hand gegeben werden, die in ihrem Unternehmen die Resilienz im Einkauf analysieren und erhöhen möchten. Im Detail werden folgende Ziele verfolgt:

- **Begriffsklärung:** Der Begriff der Resilienz im Einkauf ist neu und weitgehend ungeklärt. Auch die umfassenden Forschungsgebiete der Resilienz von Organisationen oder Resilienz in der Supply Chain sind relativ neu und selbst in Klärung. Hinzu kommt, dass Resilienz im Einkauf im Jahr 2020 zum Modewort wurde, sodass die Beraterbranche das Wort marketingstark für nahezu jeden beliebigen Inhalt missbraucht. Vor diesem Hintergrund ist eine Klärung, was sinnvollerweise mit Resilienz im Einkauf bezeichnet werden soll, dringend erforderlich.
- **Resilienzkriterien für den Einkauf:** Resilienzkriterien bezeichnen Ansätze, wie Widerstandsfähigkeit erzeugt werden kann. Damit werden übergreifende Hebel aufgezeigt, wie ein Individuum oder ein System resilient werden kann. Diese Kriterien sind für die jeweilige Anwendung zu konkretisieren. Es versteht sich von selbst, dass sich die Resilienzkriterien der individuellen Resilienz deutlich von Resilienzkriterien der Biologie, der Architektur oder der Organisationsforschung unterscheiden. In diesem Buch sollen wesentliche Resilienzkriterien des Einkaufs identifiziert und konkretisiert werden.

- **Integriertes Konzept:** Der Umgang mit unerwarteten Risiken ist in die Entscheidungsfindung zu integrieren. Es macht keinen Sinn, im Unternehmen isoliert über Resilienz im Einkauf nachzudenken. Jede ernsthafte wirtschaftliche Entscheidung birgt vorhersehbare und unvorhersehbare Risiken. Sinnvollerweise sind in jeder Entscheidung die mit ihr verknüpften Risiken mitzubedenken. Für Einkaufsentscheidungen bedeutet dies, dass alle Risiken innerhalb des Einkaufsmanagementsystems zu integrieren sind. Beispielsweise müssen die Analyse und Reaktion auf Lieferantenrisiken im Lieferantenmanagement oder auf Marktrisiken in den Marktstrategien der einzelnen Materialgruppen integriert sein. In gleicher Weise muss auch die Resilienz im Einkaufsmanagementsystem verankert werden. Als Basis für die vorliegende Betrachtung wird die 15M-Architektur der Supply-Strategie zugrunde gelegt (vgl. Heß 2010, 2017 und 2020, sowie Heß und Laschinger 2019). Die 15M-Architektur ist ein ganzheitliches Einkaufsmanagementsystem, das sich seit 15 Jahren in der Einkaufspraxis bewährt hat.
- **Ganzheitlichkeit:** Ganzheitlichkeit der Einkaufsentscheidungen hat im vorliegenden Kontext viele Facetten. Beispielsweise sollten eine Abstimmung mit der Unternehmensstrategie erfolgen und alle Entscheidungsebenen (z. B. Gesamteinkauf, Warengruppe, Prozesse) berücksichtigt sein. Ferner sollten Strategien, Konzepte, Prozesse und Systeme mit allen relevanten cross-funktionalen Partnern abgestimmt sein. Diese Aspekte der Ganzheitlichkeit sind bereits im Basiskonzept der 15M-Architektur berücksichtigt. Besonders hervorzuheben ist die Abstimmung mit dem klassischen Risikomanagement. Auch wenn der Fokus in dieser Veröffentlichung auf der Resilienz im Einkauf liegt, ist das Konzept mit dem klassischen Risikomanagement abzustimmen. Die Schnittstellen und das Zusammenwirken zwischen Resilienz und klassischem Risikomanagement werden diskutiert. Ganzheitlichkeit hat ferner auch den Anspruch, alle Aufgabenfelder der Resilienz im Einkauf zu thematisieren. Auch wenn es in dieser Veröffentlichung noch nicht gelingt, alle Themen tiefgehend auszuarbeiten, sollen die verschiedenen Ansatzpunkte zumindest systematisch im Konzept verankert sein.
- **Analysekonzept:** Im Praxisleitfaden werden zwei Konzepte vorgestellt, wie die Resilienz im Einkauf identifiziert, analysiert und bewertet werden kann. Dabei wird eine quantitative Bewertung angestrebt, selbst wenn die Datenlage eine exakte Bewertung nicht ermöglicht. Trotzdem soll die Resilienzlücke (= möglicher Schaden unter Beachtung der vorhandenen Absicherungsmaßnahmen) möglichst quantifiziert werden, da hieraus auch psychologische Effekte erwartet werden. Die Identifikation einer Resilienzlücke von 1 Mrd. Euro kann

eventuell stärker handlungsmotivierend wirken als die Aussage, die Resilienzlücke ist sehr groß.

- **Systematik zur Ableitung von Verbesserungsideen:** Aus den Analysen heraus sollen Verbesserungsideen abgeleitet werden, mit denen die
  Resilienz gesteigert werden kann. Soweit die Analyse und die Ableitung der
  Verbesserungsmaßnahmen innerhalb der 15M-Architektur integriert sind, erfolgt
  die Priorisierung, die Auswahl und das Tracking der Verbesserungsmaßnahmen
  innerhalb des Einkaufsmanagementsystems der 15M-Architektur.

Folgende Zielgruppen sollen mit dem Werk zur Resilienz im Einkauf adressiert
werden:

- **Einkaufsverantwortliche und strategische Einkäufer:** Zentrale Zielgruppen
  des Werkes sind alle, die für Einkaufsentscheidungen innerhalb von Unternehmen oder anderen Organisationen verantwortlich sind. Einen speziellen
  Branchenbezug gibt es nicht.
- **Verantwortliche für die Einkaufssysteme:** Ebenso im Fokus sind alle, die
  für Prozesse, Systeme und Methoden innerhalb von Einkaufsorganisationen
  oder innerhalb der Supply Chain Verantwortung tragen.
- **Risikomanager:** Risikomanager könnte einerseits die grundsätzliche Heran-
  gehensweise an die Resilienz interessieren. Verschiedene Themen, die in
  Bezug auf Einkauf vorgestellt sind, erscheinen auch sehr leicht auf das
  Gesamtunternehmen übertragbar. Anderseits finden sie ein pragmatisches
  Konzept für Resilienz in einem Funktionsbereich, das als Blaupause für
  andere Funktionsbereiche dienen kann.
- **Studierende in höheren Semestern, z. B. in Masterstudiengängen:** Auf-
  grund der spezifischen Fragestellung ist das Werk insbesondere für „reifere"
  Studierende geeignet. Als Fachrichtungen erscheinen Betriebswirtschaft und
  Wirtschaftsingenieurwesen sowie vergleichbare Studiengänge prädestiniert.

Entsprechend der Zielsetzung gliedert sich das Buch in sechs Kapitel:

- Kap. 1: In der Einführung erfolgt die Hinführung zum Thema, die Definition
  der Ziele sowie der Zielgruppen des Werkes und die Vorstellung des roten
  Fadens.
- Kap. 2: Es wird der Begriff der Resilienz definiert und vom klassischen
  Risikomanagement abgegrenzt. In diesem Rahmen werden die Dimensionen
  der Resilienz, d. h. die Bedrohungslagen erläutert, gegenüber denen Wider-

standsfähigkeit aufzubauen ist. Ferner wird der Begriff des Resilienzniveaus eingeführt.

- Kap. 3: Aus der Literatur zur Resilienz werden verschiedene Strukturierungen von Resilienzkriterien vorgestellt und ein Vorschlag zu den Resilienzkriterien im Einkauf unterbreitet. Zur weiteren Konkretisierung wird untersucht, wie Resilienz in das Einkaufsmanagementsystem integriert werden kann. Dabei werden einerseits die Ansatzpunkte der Resilienz im Einkauf strukturiert und konkretisiert. Andererseits wird die Verknüpfung zwischen Resilienz und klassischem Risikomanagement diskutiert. Es wird ein Überblick zu den wesentlichen Elementen eines gesamtheitlichen Risikomanagements im Einkauf gegeben. Im Zwischenfazit am Ende des Kapitels wird das bis zu diesem Punkt der Untersuchung entwickelte Konzept der Resilienz im Einkauf zusammengefasst.

- Kap. 4: In den Kapiteln 4 und 5 werden die zwei zentralen Analysekonzepte der Resilienz im Einkauf beschrieben. Zunächst wird ein Reifegradmodell zur Analyse und Entwicklung der Krisenmanagement Fähigkeit im Einkauf ausführlich erläutert. Da es in der Resilienz um die Absicherung unerwarteter Risiken geht, ist die Vorbereitung auf Krisensituationen eine der wichtigsten Aktionen zur Steigerung der Resilienz. Nach der Vorstellung des Konzeptes werden im abschließenden Abschnitt Hinweise zur Durchführung der Reifegradanalyse gegeben. Der gesamte Reifegradfragebogen findet sich im Anhang in Kap. 7.

- Kap. 5: Das zweite Analysekonzept beschäftigt sich mit der Resilienz in den Beschaffungsmarktstrategien. Hierzu wird ein Analysekonzept entwickelt. Auf dieser Basis werden Hinweise zur Messung der Bedrohungslagen bei Materialien oder Lieferanten gegeben (= Ermittlung des Resilienzniveaus). Das Analysekonzept wird vorgestellt und mit einer Fallstudie illustriert. Abschließend werden die Überlegungen auf Ebene von Marktstrategien konsolidiert.

- Kap. 6: Im abschließenden Kapitel werden im Sinne eines Management Summary die Ergebnisse zusammengefasst. Für den eiligen Praktiker kann es hilfreich sein, mit dem Management Summary die Lektüre zu beginnen. Darüber hinaus wird ein Ausblick gegeben, wie das Management der Resilienz im Einkauf eingeführt und als Baustein eines zukünftigen umfassenden Lieferkettenmanagements verstanden werden kann.

1.2   Exkurs: Explorative Studie zur Resilienz im Einkauf

Resilienz im Einkauf ist ein neues Themengebiet in Forschung und Unternehmenspraxis. Da die grundsätzliche Problemstellung – der Umgang mit unerwarteten Risiken – allerdings zur Urerfahrung unternehmerischen Handelns, ja sogar des menschlichen Tuns gehört, finden sich in der Unternehmenspraxis, wie auch in der einschlägigen Literatur, vielfältige Problemlösungs-Facetten und Einzelaktivitäten. Ein umfassender Ansatz ist in der Theorie nicht zu erkennen. Am weitesten fortgeschritten ist der sehr praxisorientierte Ansatz der IBR-Analyse (= Integrierte Beschaffungs-Risikoanalyse) von Burghart (Burghart 2020). In der Praxis sind die Business Interruption Risk-Ansätze am weitesten gediehen, deren Grundgedanken im folgend präsentierten Ansatz integriert wurden.

Vor diesem Hintergrund wurde ein explorativer Forschungsansatz mit sechs Schritten gewählt.

Schritt 1: Strukturierung des Themenfeldes
Im ersten Schritt wurde das Themenfeld vorstrukturiert. Insbesondere wurde aus den verschiedenen Forschungsgebieten zur Resilienz der Kern der Begrifflichkeit destilliert und auf das Anwendungsfeld des Einkaufs transformiert. Analog wurden Resilienzkriterien aus den verschiedenen Forschungsgebieten gesichtet und ein erstes (provisorisches) Sample an Resilienzkriterien im Einkauf zusammengestellt. Seitens des Einkaufs wurden Ansatzpunkte für Resilienz entlang der 15M-Architektur identifiziert.

Schritt 2: Explorative Interviews
Anschließend wurden sieben explorative Interviews mit Einkaufsleitern/Einkaufsleiterinnen zur Resilienz im Einkauf geführt. In einem Gespräch war der Risikomanager des Unternehmens beteiligt. Das kleinste Unternehmen hat einen Umsatz von ca. 100 Mio. €. Das größte der beteiligten Unternehmen hatte im Jahr 2020 einen Umsatz von knapp 14,5 Mrd. €. Die Interviews dauerten zwischen zwei und vier Stunden. Nach einer kurzen Einführung ins Thema wurden anhand von ein bis zwei überwundenen Krisen offen und unstrukturiert Maßnahmen des Krisenmanagements diskutiert und bewertet. Anschließend wurde eine Checkliste mit 14 Instrumenten des Krisenmanagements durchgegangen und diskutiert, soweit das jeweilige Instrument nicht schon im ersten Teil des Interviews besprochen wurde. Im dritten Teil des Interviews wurden entlang der

Resilienzkriterien Einkaufsmaßnahmen diskutiert, die der Einkauf zur Steigerung der Resilienz durchführen kann. Abschließend wurde die provisorische Liste der Resilienzkriterien selbstkritisch infrage gestellt und Vorschläge zur Operationalisierung des Resilienzniveaus zur Diskussion gestellt. Die Interviews wurden in der Regel aufgenommen, detailliert transkribiert und ausgewertet.

Schritt 3: Expertenworkshop
Um die Diskussion auf eine breitere Basis zu stellen, wurde im Dezember 2020 per Zoom ein Expertenworkshop mit vergleichbarer Vorgehensweise und vergleichbaren Fragestellungen durchgeführt. Am dreieinhalbstündigen Workshop nahmen 12 Personen teil, die meist in einkaufsleitender Funktion sind. Der Workshop wurde ebenso detailliert transkribiert und ausgewertet.

Schritt 4: Konzepte der Resilienzanalyse
Auf der vorliegenden Datenbasis konnte das Gesamtkonzept konkretisiert und für die zwei bedeutendsten Anwendungsfelder der Resilienz im Einkauf eine Resilienzanalyse entwickelt werden. Zum einen wurde das Reifegradkonzept zum Krisenmanagement im Einkauf und zum anderen die Analyse von Stabilität und Flexibilität der Versorgung kritischer Materialien entwickelt.

Schritt 5: Pilotanwendungen
Die beiden Konzepte wurden zwischen Januar und März 2021 in drei Unternehmen mit vier Untersuchungseinheiten pilotiert. In drei der Piloten wurden zwei ca. zweistündige Analysen durchgeführt. Dabei wurden die Einkaufsleiter jeweils von Fachexperten (Lead Buyer) unterstützt. Erkenntnisse der Piloten führten zu einer leichten Anpassung der Konzepte.

Schritt 6: Finalisierung
Das Konzept zur Resilienz im Einkauf wurde finalisiert.

Literatur

Burghart, Stephanie, 2020. *Risikomanagement der Beschaffung deutscher mittelständischer Industrieunternehmen mit Fokus auf Versorgungssicherheit*. Bratislava: Dissertation.
Heß, G., 2010. *Supply-Strategien in Einkauf und Beschaffung. Systematischer Ansatz und Praxisfälle*, 2. Aufl. Wiesbaden: Springer.
Heß, G., 2017. *Strategischer Einkauf und Supply-Strategie. Schrittweise Entwicklung des strategischen Einkaufs mit der 15M-Architektur 2.0*, 4. Aufl. Wiesbaden: Springer.

Heß, G., 2020. *Strategic Purchasing and Supply Strategy – Step-by-Step Development of Strategic Purchasing with the 15M Architecture*. Nürnberg: Eigenverlag. Übersetzung von Heß 2017.

Heß, G., und M. Laschinger. 2019. *Strategische Transformation im Einkauf. Fallstudie und Anleitung zur praktischen Umsetzung*. Wiesbaden: Springer.

Begriff Resilienz 2

Der Begriff Resilienz wird in völlig unterschiedlichen Wissenschaften wie Materialwissenschaft, Psychologie, Ökologie, Soziologie und seit jüngster Zeit auch in den Wirtschaftswissenschaften verwendet. Insofern muss er in seiner betriebswirtschaftlichen Verwendung geklärt werden. Insbesondere spielt Resilienz in Unternehmen in der Steuerung von Risiken eine große Rolle. So ist das Verhältnis und die Abgrenzung von Resilienz und Risikomanagement im Rahmen der Steuerung des Einkaufs zu klären (Abschn. 2.1). Zur Ausdifferenzierung des Begriffs werden die Dimensionen der Resilienz strukturiert, also die Bedrohungen gegenüber denen eine Lieferkette widerstandsfähig gemacht werden soll. Ferner werden die verknüpften Begriffe „Resilienzniveau" und „Resilienzlücke" erläutert (Abschn. 2.2).

2.1 Resilienz und Risikomanagement

Begriff der Resilienz

Der Begriff der Resilienz hat verschiedene Wurzeln. Das lateinische Verb „resilire" steht für „zurückspringen". In der Physik wird Resilienz als die Fähigkeit von Materialien verstanden, nach ihrer Verformung wieder in die ursprüngliche Form zurückzufinden. Auf Menschen bezogen, hat sich Resilienz zunächst in der psychologischen Forschung entwickelt. Dabei stand die Frage im Mittelpunkt, wie es Menschen schaffen, mit unerwarteten widrigen Situationen fertig zu werden. Wegweisend gilt in der Resilienzforschung die Studie von Emmy Werner, Professorin für Entwicklungspsychologie an der Universität Berkeley. Sie untersuchte über 40 Jahre hinweg die Entwicklung von 700 Kindern auf Kauai (in Hawaii) und analysierte die Schutzfaktoren, durch die es einzelnen

© Der/die Autor(en), exklusiv lizenziert durch Springer Fachmedien Wiesbaden GmbH, ein Teil von Springer Nature 2021
G. Heß und A.-C. Kleinlein, *Resilienz im Einkauf*,
https://doi.org/10.1007/978-3-658-34462-7_2

Kindern gelang, mit sehr schwierigen Lebensumständen leichter umzugehen als andere Kinder. Ein Drittel dieser Kinder war aufgrund ihrer familiären Situation und psychosozialen Belastungen in ihrem Umfeld als risikobehaftet eingestuft worden, da die Eltern beispielsweise alkoholabhängig, arbeitslos oder psychisch krank waren. Im Verlauf der Studie wurde untersucht, ob die risikobehafteten Kinder Auffälligkeiten hinsichtlich ihrer Entwicklung, ihrer Gesundheit oder ihres Verhaltens aufwiesen. Der Großteil der risikobehafteten Kinder zeigte tatsächlich Auffälligkeiten und war oftmals weniger erfolgreich oder wurde gar kriminell. Doch ein Drittel dieser Kinder entwickelten sich ohne Auffälligkeiten und waren im Vergleich zu anderen Kindern, die unter ähnlichen Umständen aufwuchsen, widerstandsfähiger und elastischer gegenüber ihren Umständen. Die Forscherinnen Werner und Smith bezeichneten diese Kinder daraufhin als „resilient" und prägten den Begriff damit maßgeblich (Werner und Smith 1998, nach Hoffmann 2017, S. 49 f.). Mit vielfältigen weiteren Studien wurde zwischenzeitlich in der Resilienzforschung untersucht, warum einige Menschen innerhalb einer Krise untergehen und andere hingegen gestärkt herauskommen. In diesem Sinne verdichtet der Online-Duden das Schlagwort „Resilienz" mit folgender Erklärung: „psychische Widerstandskraft; Fähigkeit, schwierige Lebenssituationen ohne anhaltende Beeinträchtigung zu überstehen" (Online-Duden, Schlagwort Resilienz).

Erst in den letzten 20 Jahren findet der Begriff der Resilienz Einzug in die Welt der Organisationen, Unternehmen und Supply Chains (Vgl. Übersicht „Ausgewählte Publikationen zur Resilienz in Organisationen und Lieferketten"). Allerdings finden sich in den Konzepten zur lernenden Organisation schon sehr viel früher ähnliche Fragestellungen (Unkrig 2018, S. 6). Auch in den Konzepten zur lernenden Organisation steht die Anpassungsfähigkeit von Organisationen an sich verändernde Situationen im Zentrum. Allerdings schwingen im Konzept der Resilienz stets die Herausforderungen einer VUCA-Welt mit, d. h. einer Unternehmensumwelt, die durch besondere Disruption geprägt ist. Dabei steht das Akronym für V = Volatility, U = Uncertainty, C = Complexity und A = Ambiguity. Eine VUCA-Welt ist also geprägt durch unvorhersehbare Entwicklungen, die das Unternehmen mit voller Wucht treffen können. Zu den Lösungskonzepten gibt es einige Parallelen, die insbesondere in den Managementfunktionen Führung, Kultur und Mitarbeiter liegen.
Das Themengebiet der Supply-Chain-Resilienz hat seine Wurzeln im Supply Chain Risk Management. Rha identifiziert in seiner Literaturübersicht zur Supply-Chain-Resilienz 825 englischsprachige Artikel. Der älteste Artikel ist im Jahr 1998 datiert. Ab dem Jahr 2005 nimmt die Zahl der Artikel zu (Rha 2020, vergleichbare Aussagen finden sich bei Biedermann 2018, S. 72 ff.)

Ausgewählte Publikationen zur Resilienz in Organisationen und Lieferketten

Biedermann, Lukas (2018). Supply-Chain-Resilienz. Konzeptioneller Bezugsrahmen und Identifikation zukünftiger Erfolgsfaktoren.
Chopra, Sunil, Sodhi, ManMohan (2004). Managing Risk to Avoid Supply-Chain Breakdown.
ISO 22316:2017–03.
Drath, Karsten (2018). Die resiliente Organisation. Wie sich das Immunsystem von Unternehmen stärken lässt, Haufe Group.
Hoffmann, Gregor, Paul (2017). Organisationale Resilienz. Kernressource moderner Organisationen.
Rha, Jin, Sung (2020). Trends of Research on Supply Chain Resilience. A Systematic Review Using Network Analysis.
Sheffi, Yossi (2007). The Resilient Enterprise. Overcoming Vulnerability for Competitive Advantage.
Unkrig, Erich (2018). Das resiliente Unternehmen. Earned not given.
Weick, Karl, Sutcliffe, Kathleen (2008). Managing the Unexpected. Wie Unternehmen aus Extremsituationen lernen.

Im Kern beschreibt die Resilienz einer Organisation, deren Fähigkeit mit unerwarteten Ereignissen erfolgreich umzugehen. Der Erfolg orientiert sich an der Zielsetzung der Organisation. Eine einheitliche, durchgängige Definition gibt es für die organisationale Resilienz allerdings nicht. Stattdessen können in der Literatur unterschiedliche Ansätze zum Management der Resilienz identifiziert werden. Wie Unkrig feststellt, können drei Dimensionen in den Definitionen unterschieden werden. In einigen Sichtweisen wird die Resilienz lediglich als Rückkehr zum Ausgangszustand beschrieben, während andere Definitionen den Lernaspekt mit aufnehmen. Dabei kann nochmals unterschieden werden, ob das Lernen bereits in der Krise oder erst danach beginnt. (Unkrig 2018, S. 13 f.). In den lernorientierten dynamischen Ansätzen werden Krisen als Chance verstanden, hinzuzulernen, sodass nach der Krise ein höherer Systemzustand erreicht wird (Rolfe 2019, S. 23). Im Folgenden sollen einige besonders markante Definitionen die Bandbreite des Begriffs verdeutlichen. Ein umfassender Überblick zu Definitionen der organisationalen Resilienz findet sich bei Hohenstein u. a. (2015) sowie bei Unkrig (2018, S. 11 ff.):

- **Masten, Best, Garmezy** (1990) definieren Resilienz als den „Prozess von, die Kapazität für oder das Ergebnis einer erfolgreichen Adaption unter herausfordernden oder bedrohlichen Umständen." (S. 426)
- **Sheffi, Rice** (2005) fassen die Resilienz als die Fähigkeit eines Unternehmens auf, „sich schnell von einer Störung zu erholen" (S. 41).
- **Rolfe** (2019) beschreibt den Begriff als „Fähigkeit von Unternehmen, sich schnell und erfolgreich an ständig verändernde Anforderungen, intern wie extern, anzupassen" (S. 25).
- **Dubreuil** (2010) definiert die organisationale Resilienz als „die einem System innewohnende Fähigkeit, trotz Störungen oder Fehler seine Funktionsfähigkeit aufrechtzuerhalten oder wiederherzustellen" (S. 13).

Diese Begriffsdefinitionen gehen davon aus, dass die Organisation nach der erfolgreichen Bewältigung einer Krise lediglich zur Ausgangslage zurückkehrt, die vor Eintritt der Krise geherrscht hatte. Sie verstehen Resilienz nicht als dynamischen Prozess. Im Gegensatz dazu stehen die folgenden Auffassungen des Resilienzbegriffs:

- In der **ISO 22316:2017–03** zur organisationalen Resilienz wird der Aspekt des Lernens aus der Krise hinzugenommen. Resilienz wird folgendermaßen definiert: „Organizational resilience is the ability of an organization to absorb and adapt in a changing environment to enable it to deliver its objectives and to survive and prosper." (S. V)
- **Heller** (2019) beschreibt die Resilienz als „einen Mix aus individuellen Eigenschaften und Fähigkeiten, sich erfolgreich bei Herausforderungen, belastenden Situationen bis hin zu Krisen anzupassen, diese zu handhaben, ohne persönlich Schaden zu nehmen, sondern sogar aufgrund dieser Erfahrungen innerlich zu wachsen." (S. 7)
- **Biedermann** (2018) fokussiert sich auf den Spezialfall der Supply-Chain-Resilienz und definiert diese als „die adaptive Fähigkeit einer Supply Chain, sich auf unvorhersehbare Ereignisse vorzubereiten, auf Störungen zu reagieren, und durch die kontinuierliche Ausführung der Geschäftsprozesse auf das angestrebte Leistungsniveau zurückzukehren, mit dem Ziel, die Leistungsfähigkeit und Wettbewerbsfähigkeit einer Supply Chain zu steigern." (S. 49)
- **Unkrig** (2018) schließt den Lernaspekt mit ein: „Resilienz ist die Fähigkeit von Menschen, Teams und Organisationen, Störungen oder Krisen rechtzeitig durch Zugriff auf vorhandene und angebotene Ressourcen aktiv anzugehen, sie zu meistern und diese Lernprozesse als Anlass für Entwicklung und Wachstum zu nutzen." (S. 13)

Diese zuletzt genannten Definitionen schließen den Aspekt des Hinzulernens mit ein und gehen davon aus, dass die Organisation die Krise dazu nutzt, um auf einen höheren Systemzustand zu kommen. Das unten entwickelte Konzept der 15M-Resilienz geht von dieser weiten Sichtweise aus. Angemerkt sei, dass die Ansätze zur Supply-Chain-Resilienz vergleichbar mit Resilienz umgehen. Allerdings konzentriert sich das Erkenntnisobjekt vornehmlich auf den Umgang der Organisation mit unerwarteten Ereignissen in den Materialflüssen und den Supply Chains.

Fazit: Resilienz-Begriff in dieser Untersuchung Im Folgenden wird unter Resilienz im Einkauf die Fähigkeit einer Organisation verstanden mit unerwarteten Risiken innerhalb der Versorgung der Organisation mit benötigten, aber nicht selbst erstellten Gütern und Leistungen erfolgreich umzugehen. Als unerwartete Risiken werden zum einen Risiken bezeichnet, die vom Einkauf im Vorfeld nicht wahrgenommen wurden. Obwohl die Möglichkeit einer Pandemie grundsätzlich bekannt war, wird es im Jahr 2020 nicht wenige Unternehmen gegeben haben, die nicht an die Möglichkeit einer Pandemie gedacht hatten und deshalb von der Corona-Pandemie völlig überrascht wurden. Zum anderen werden erkannte Risiken ebenso als unerwartet eingestuft, falls diese als unerheblich eingestuft und somit nicht weiter betrachtet wurden. So mag es Unternehmen geben, die zwar an die Möglichkeit einer Pandemie gedacht haben, aber dieses Risiko als völlig unwahrscheinlich abgetan und daraufhin keinerlei Aktionen ergriffen haben.

Auf Basis der Resilienzforschung lassen sich drei grundsätzliche Herangehensweisen unterscheiden, wie im Einkauf mit unerwarteten Risiken umgegangen werden kann (mehr dazu unten in Kap. 3.1):

- **Stabilität:** Die Versorgung wird gegenüber unerwarteten Risiken widerstandsfähig gemacht, sodass mögliche Störungen die Versorgung nicht beeinträchtigen (Beispiel Bestände).
- **Flexibilität:** Die Widerstandsfähigkeit wird dadurch erzeugt, dass der Störung schnell ausgewichen werden kann (Beispiel vordefinierte Alternativmaterialien).
- **Krisenmanagement:** Im Einkauf wird die Fähigkeit entwickelt, auf unerwartete Störungen schnell und kreativ zu reagieren, um die Konsequenzen der Störung zu beheben und wieder zum Regelbetrieb zu gelangen.

Resilienz im Einkauf zu managen heißt also, die Widerstandsfähigkeit des
Einkaufs gegenüber unerwarteten Risiken zu stärken, indem – in wirtschaftlich angemessener Weise – die Stabilität und die Flexibilität der Versorgung
gestärkt werden. Ferner müssen die Voraussetzungen für ein hervorragendes
Krisenmanagement geschaffen werden. Im Folgenden wird detailliert
erläutert, wie die Resilienz in der Versorgung eines Unternehmens entwickelt
werden kann.

Verhältnis und Abgrenzung von Resilienz und Risikomanagement
Resilienz in der Lieferkette wird stets im Kontext von Krisen und Risiken diskutiert. Insofern soll im nächsten Schritt das Verhältnis zwischen Risikomanagement und Management der Resilienz geklärt werden.

Um Risikomanagement im Einkauf (Heß 2017, insbesondere S. 36 ff.,
Meierbeck 2010; Gabath 2010; Diederichs 2018) richtig zu verstehen, muss
man sich bewusstmachen, was Risiken sind. Ist beispielsweise eine Preissteigerung von 10 % eine Chance oder ein Risiko? Die Antwort hängt von der
jeweiligen Erwartung ab. Werden Preissteigerung von 2 % prognostiziert, ist
eine 10 %-Steigerung ein Risiko, d. h. es kommt schlechter als geplant. Bei einer
befürchteten Preissteigerung von 20 % sind 10 % als Chance zu begreifen, weil
es besser als erwartet kommt. Dabei können die Erwartungen explizit geplant,
aber auch implizit sein, wie beispielsweise die wohl kaum explizit formulierte
Annahme, dass heute kein Meteorit auf das Werk des Lieferanten stürzt.
Für die Gestaltung des Risikomanagements ist es wichtig, zu erkennen, dass es
keine (reale) Planung oder Entscheidung unter Sicherheit geben kann. Bei jeder
Planung bzw. Entscheidung sind Handlungsalternativen zu identifizieren, zu
bewerten und auszuwählen. Da weder die Entwicklung des Umfeldes noch die
Handlungen der beteiligten Personen völlig vorhersehbar sind, sind jeder Planung
bzw. Entscheidung Risiken und Chancen inhärent. Damit sollte das Risikomanagement integraler Bestandteil in den Planungs- und Steuerungsprozessen
werden (Meierbeck 2010, S. 219). An der Stelle, an der die Entscheidungen
getroffen und umgesetzt werden, sind Risiken zu steuern. In Bezug auf den
Einkauf gesprochen, sollte das Risikomanagement beispielsweise in die Einkaufsstrategie, die Materialgruppenstrategien oder das Lieferantenmanagement
integriert werden. Dabei lassen sich im Risikomanagement (des Einkaufs) drei
grundsätzliche Herangehensweisen unterscheiden (siehe Abb. 2.1):

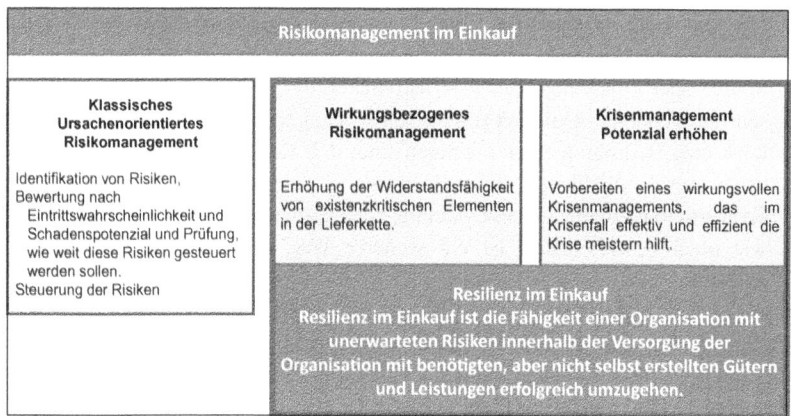

Abb. 2.1 Ansätze im Risikomanagement des Einkaufs

- **(Klassischer) ursachenbezogener Ansatz:** Im klassischen Risiko-management werden zu den Steuerungsobjekten des Einkaufs (z. B. Material, Projekt, Lieferant, Materialgruppe, Beschaffungsregion, …) relevante Risiken gesucht, d. h. Gefahren, die zu schlechteren Ergebnissen als erwartet führen würden. Die identifizierten Risiken werden mit dem klassischen Risiko-managementprozess bewertet, gesteuert und überwacht.
- **Wirkungsbezogener Ansatz:** Unterstellt man, dass nicht alle Risiken recht-zeitig erkannt werden können (Biedermann 2018, S. 48 f.; Burghart 2020, S. 12 f. und S. 101), sollten die Steuerungsobjekte des Einkaufs (z. B. Materialien, Lieferanten, Materialgruppen) auf ihr Risikopotenzial[1] hin ana-lysiert werden. Steuerungsobjekte, die im Krisenfall die Existenz des Unter-nehmens bedrohen oder zumindest einen extrem hohen Schaden verursachen können, stehen im wirkungsbezogenen Ansatz im Fokus. Für diese sollte, unabhängig von identifizierten Risiken, nach Maßnahmen gesucht werden, um Störungen abzufedern. Führt beispielsweise der Versorgungsengpass eines

---

[1] Das häufig geäußerte Vollständigkeitspostulat des Risikomanagements, wonach im Risikomanagement alle Risiken zu identifizieren seien, wird als theoretisch unhaltbar zurückgewiesen. Es unterstellt, dass alle möglichen zukünftigen Umweltzustände voraus-gedacht werden können. Das ist eine völlig realitätsferne Annahme, so dass das Eintreffen unerwarteter Risiken somit nicht vermeidbar ist (vgl. Burghart 2020, S. 101).

Materials oder die Insolvenz eines Lieferanten dazu, dass ein großer Teil des Umsatzes wegbricht, sollten Maßnahmen wie beispielsweise Aufbau einer 2nd Source oder Zulassung eines Alternativmaterials geprüft werden. Diese häufig sehr aufwendigen Aktionen sollten selbst dann ergriffen werden, wenn keine konkreten Bedrohungen zu erkennen sind, d. h. wenn von sehr geringen Eintrittswahrscheinlichkeiten auszugehen ist.

- **Krisenmanagement:** Die Entwicklung eines exzellenten Krisenmanagements – wie oben beschrieben – ist ein weiterer Weg auf potenzielle Risiken zu reagieren.

Vergleicht man die grundsätzlichen Herangehensweisen im Risikomanagement mit dem Begriff der Resilienz kann das Verhältnis zwischen Resilienz und Risikomanagement konkretisiert werden.

- Der klassische ursachbezogene Ansatz des Risikomanagements zielt darauf ab, Risiken zu identifizieren, d. h. frühzeitig zu erkennen und zu steuern. Auch wenn eine frühzeitige Identifikation von Risiken die Widerstandsfähigkeit von Unternehmen stärken kann, ist der ursachenbezogene Ansatz mit der Steuerung von Einzelrisiken nicht Gegenstand des Managements der Resilienz.
- Im wirkungsbezogenen Ansatz wird das Bedrohungspotenzial analysiert, das in den Steuerungsobjekten des Einkaufs steckt. Gegebenenfalls werden, unabhängig von der Kenntnis konkreter Risiken, Maßnahmen ergriffen, um die Versorgung gegen unerwartete Risiken abzusichern. Der wirkungsbezogene Ansatz ist somit Gegenstand des Managements der Resilienz.
- Das Krisenmanagement bezieht sich gleichermaßen auf erwartete wie unerwartete Risiken. Damit ist die Vorbereitung des Krisenmanagements eine Fragestellung, die auch im Rahmen des Managements der Resilienz behandelt werden sollte.

Fazit: Resilienz als Element des Risikomanagements Das Management der Resilienz wird als Teil des Risikomanagements verstanden, das sich auf die Steuerung unerwarteter Risiken konzentriert. Es umfasst den wirkungsbezogenen Ansatz im Risikomanagement sowie die vorbereitende Entwicklung eines exzellenten Krisenmanagements. In der Einkaufspraxis gibt es zwischen dem klassischen ursachenbezogenen Ansatz und dem Management der Resilienz vielfältige Querbezüge, auf die im Laufe der weiteren Abschnitte näher eingegangen wird (insbesondere Abschn. 3.3 und 3.4).

2.2 Dimensionen der Resilienz und Resilienzniveau

Im wirkungsbezogenen Ansatz des Risikomanagements stehen in der Regel Ausfallrisiken im Mittelpunkt der Betrachtung. Meist wird gefragt, welcher Umsatz oder welcher Deckungsbeitrag wegfallen wird, wenn ein Material, eine Technologie oder ein Lieferant – aus welchem Grund auch immer – kurzfristig ausfällt. Über die Auflösung der Stücklisten bzw. über Verwendungsnachweise können die Abverkaufsprodukte identifiziert werden, die durch den Ausfall eines Materials oder eines Lieferanten betroffen sind. In Folge können dann über die Absatz- und Umsatzplanung die potentiellen Ausfälle an Umsatz oder Deckungsbeitrag prognostiziert werden. Bei dieser Betrachtung wird also weder nach möglichen Ursachen noch nach Eintrittswahrscheinlichkeiten gefragt. Allein die existenzbedrohende Wirkung möglicher Umsatzausfälle ist Anlass, sehr ernsthaft über risikomindernde Maßnahmen nachzudenken.

Allerdings ergeben sich existenzbedrohende Wirkungen nicht nur aus dem Ausfallrisiko. Jede Bedrohung der grundlegenden Wertbeitragsziele des Einkaufs kann ein existenzbedrohendes Ausmaß annehmen. Insofern sollte ein resilienter Einkauf nicht nur gegenüber dem Ausfallrisiko, sondern auch gegenüber den anderen existenzbedrohenden Risiken resilient sein. Wir sprechen in diesem Zusammenhang von den **Dimensionen der Resilienz.**

Zur Strukturierung dieser Dimensionen kann generisch von einer Total-Cost-Überlegung ausgegangen werden.

- **Einstandskosten:** Unabhängig von konkreten Risikoursachen kann die „Explosion" der Preise bzw. der Beschaffungskosten zur Existenzbedrohung führen. Im Management der Resilienz sind die Materialien, Währungen oder Lieferanten zu identifizieren, bei denen eine Kostenexplosion ein existenzbedrohendes Ausmaß für das Unternehmen annehmen kann. Dort sind entsprechende Absicherungsmaßnahmen – unabhängig von irgendwelchen Eintrittswahrscheinlichkeiten – zu prüfen. Angemerkt sei, dass der Preisverfall kritischer Ressourcen ebenso zur Krise führen kann, wenn langfristige Verträge oder überhöhte Bewertungen in Materialbeständen zu Kostenstrukturen führen, die nicht mehr marktgerecht sind.
- **Umsatzeinbuße und Folgekosten:** Versorgungsprobleme können vielfältige negative Konsequenzen in Absatzmärkten und bei Kunden nach sich ziehen. Zunächst können Umsätze bzw. Deckungsbeiträge ausfallen, wenn es Schwierigkeiten auf der Leistungsseite gibt. Dabei können neben den direkt betroffenen Produkten auch verbundene Leistungen ausfallen, z. B.

Komplementärprodukte. Es kann sogar passieren, dass der Kunde überhaupt nicht kauft, wenn er bestimmte Kernprodukte nicht erhält. Es können ferner erhebliche Folgekosten in der eigenen Produktion entstehen, z. B. durch Bandstillstand oder Notfallmaßnahmen. Darüber hinaus können auch erhebliche Folgeschäden in den Absatzmärkten zu spürbaren Kosten führen. Unmittelbar können Vertragsstrafen fällig werden. Imageschäden können das Vertrauen des Unternehmens bei den Kunden beschädigen, sodass zukünftige Umsätze wegfallen. Besonders kritisch können auch Schadensersatzforderungen sein, z. B. aufgrund von Vertragsstrafen, die der Kunde gegenüber seinen Kunden zahlen muss, oder die sich aufgrund von Rückrufaktionen ergeben. Folgende Ursachen sind für Umsatzeinbußen und damit verbundene Folgekosten typisch:

– **Versorgungsdefizit:** Mangelnde Verfügbarkeit von Beschaffungsgütern aufgrund von Störungen in der Supply Chain oder von Allokationsphasen ist eine zentrale Ursache, die im Fortgang der Untersuchung im Fokus steht. Im Management der Resilienz müssen Leistungen abgesichert werden, deren mangelnde Verfügbarkeit eine erhebliche Einbuße an Umsatz oder Deckungsbeitrag bzw. gravierende Vertragsstrafen, Imageschäden oder sonstige Folgekosten verursachen würden. Analog sind Allokationsphasen zu behandeln, die aufgrund eines erheblichen Marktwachstums entstehen. Auf Allokationen wird im Folgenden nur punktuell eingegangen.

– **Qualität:** Ferner sind existenzbedrohende Qualitätsprobleme abzusichern, z. B. durch alternative Quellen oder durch schnelle Zulassungsverfahren.

– **Innovation:** Existenzbedrohende Innovationsrisiken können durch neuartige Technologien entstehen, die dem Unternehmen nicht oder nur zu ungünstigen Konditionen zur Verfügung stehen. Mangelnde Innovation kann zu sinkenden Umsätzen durch Preisverfall oder Mengenrückgang führen.

• **Nachhaltigkeit:** Jenseits der Renditebetrachtung kann Nachhaltigkeit als weitere Dimension der Resilienz verstanden werden. Ein resilientes Unternehmen sollte auch gegenüber existenzbedrohenden Nachhaltigkeitsrisiken widerstandsfähig gemacht werden.

Im Zusammenhang mit den Dimensionen der Resilienz sollen die beiden verbundenen Begriffe Resilienzniveau und Resilienzlücke eingeführt werden. Eine nähere Behandlung – insbesondere auch die Operationalisierung der Mess- und Beurteilungsvorschriften – erfolgt in Abschn. 5.2.

Resilienzniveau: Die Stärke der Bedrohung ist in der Regel bei den verschiedenen Materialien bzw. Lieferanten unterschiedlich. Beispielsweise droht bei dem Ausfall eines Materials ein Umsatzausfall von 10 Mio. €, bei einem anderen vielleicht 120 Mio. €. Entsprechend sollten im zweiten Fall die Anstrengungen zum Aufbau der Widerstandsfähigkeit im Einkauf des Materials erheblich intensiver ausfallen. Das erforderliche Resilienzniveau bringt das Bedrohungsniveau zum Ausdruck, das durch ein Material oder einen Lieferanten entsteht. Im Beispiel beträgt das Resilienzniveau also 120 Mio. €.

Resilienzlücke: Neben dem Resilienzniveau ist die Resilienzlücke ein im Folgenden bedeutsamer Begriff. Vergleicht man das Resilienzniveau mit der vorhandenen Absicherung durch Bestände oder durch eine flexible Umstellung auf andere Lieferanten oder Materialien, kann sich „gedanklich" eine Differenz ergeben, die Resilienzlücke genannt wird. Sind im oben angesprochenen Beispiel Bestände mit einer Reichweite von sechs Monaten vorrätig und erscheint es möglich nach neun Monaten ein Ersatzmaterial zu qualifizieren, bleibt eine Resilienzlücke von drei Monaten (Zeit zwischen Verbrauch der Bestände und Verfügbarkeit der neuen Materialien) bzw. von 30 Mio. €.

Für die Einkaufspraxis wird die Analyse des Resilienzniveaus und der Resilienzlücke von enormer Bedeutung. Die Absicherung der Lieferketten gegenüber unerwarteten Risiken gleicht ansonsten dem Schießen mit der Schrotflinte. Für welche Lieferanten sollen Second Sources aufgebaut werden? Sind Second Sources überhaupt die Lösung des Problems? Der Engpass könnte sich ja in der Lieferkette in der Stufe zwei oder drei befinden? Ohne das Bedrohungspotenzial zu kennen wird eine umfassende Second-Source-Strategie, vielleicht sogar über die gesamte Lieferkette mit den Vorlieferanten, schnell an den erforderlichen Ressourcen scheitern. Elemente, die ein hohes Resilienzniveau oder eine große Resilienzlücke aufweisen, sollten trotz Zusatzkosten in der Regel abgesichert werden. Ansonsten wird die Existenz des Unternehmens gefährdet. Alle anderen unerwarteten Risiken sollten „ertragen" werden. Hingewiesen sei nochmals darauf, dass sich diese Aussage auf die Steuerung der Resilienz, d. h. auf die Steuerung unerwarteter Risiken bezieht. Das klassische Risikomanagement bleibt davon unberührt. Dort sollten konkrete Risiken identifiziert, bewertet und in angemessener Weise gesteuert werden.

Fazit: Dimensionen der Resilienz in dieser Untersuchung Die Resilienz im Einkauf sichert die Organisation gegenüber unerwarteten Risiken mit existenzbedrohender Wirkung in Bezug auf die Dimensionen „Einstandskosten",

„Umsatzeinbuße und Folgekosten" aufgrund von „Versorgungsdefizit", „Qualität" oder „Innovation", und „Nachhaltigkeit". Die folgenden Ausführungen
konzentrieren sich stark auf die Dimension Versorgungsdefizit. Ergänzend werden
die Dimensionen Einstandskosten und Qualität gelegentlich angesprochen. Insbesondere sollen diese systematisch verankert ohne jedoch detailliert ausgeführt
zu werden. Die Dimensionen Innovation und Nachhaltigkeit werden nur peripher
betrachtet. Das erforderliche Resilienzniveau drückt die Stärke der Bedrohung
aus und die Resilienzlücke, den davon nicht abgesicherten Teil. Die Analyse des
Resilienzniveaus und der Resilienzlücke hilft, die Ressourcen im Einkauf zielgerichtet einzusetzen.

Literatur

Biedermann, Lukas. 2018. Supply chain Resilienz. Konzeptioneller Bezugsrahmen und
    Identifikation zukünftiger Erfolgsfaktoren. Wiesbaden. Springer Gabler.
Burghart, Stephanie. 2020. Risikomanagement der Beschaffung deutscher mittelständischer
    Industrieunternehmen mit Fokus auf Versorgungssicherheit. Bratislava: Dissertation.
Chopra, Sunil, und ManMohan Sodhi. 2004. Managing Risk to Avoid Supply-Chain
    Breakdown. *MIT Sloan Management Review,* Reprint: 53–61.
Diederichs, Marc. 2018. Risikomanagement und Risikocontrolling 4. Aufl. München:
    Franz Vahlen.
Drath, Karsten. 2018. Die resiliente Organisation. Wie sich das Immunsystem von Unter-
    nehmen stärken lässt. Freiburg, München Stuttgart: Haufe Group.
Dubreuil, Benoît. 2010. Human evolution and the origins of hierarchies. The state of
    nature. New York: Cambridge University Press.
Duden. 2021. www.duden.de. Zugegriffen: 25. März 2021.
Gabath, Christoph. 2010. Risiko- und Krisenmanagement im Einkauf. Methoden zur
    aktiven Kostensenkung. Wiesbaden: Gabler.
Heller, Jutta. 2019. Resilienz für die VUCA-Welt. Individuelle und Organisationale
    Resilienz entwickeln. Wiesbaden: Springer.
Heß, G. 2017. *Strategischer Einkauf und Supply-Strategie. Schrittweise Entwicklung des
    strategischen Einkaufs mit der 15M-Architektur 2.0,* 4. Aufl. Wiesbaden: Springer.
Hoffmann, Gregor. 2017. *Organisationale Resilienz.* Kernressource moderner
    Organisationen. Berlin: Springer.
Hohenstein, Nils-Ole., Edda Feisel, Evi Hartmann, und Larry Giunipero. 2015. Research
    on the phenomenon of supply chain resilience. A systematic review and paths for
    further investigation. *International Journal of Physical Distribution & Logistics
    Management* 45 (1/2): 90–117.
Masten, Ann, Karin Best, und Norman Garmezy. 1990. Resilience and development.
    Contributions from the study of children who Overcome Adversity, Cambridge Uni-
    versity Press 2 (4): 425–444.

Meierbeck, Reiner. 2010. *Strategisches Risikomanagement der Beschaffung*. Entwicklung eines ganzheitlichen Modells am Beispiel der Automobilindustrie, Lohmar. Köln: Eul-Verlag.

Rha, Jin. 2020. Trends of research on supply chain resilience A systematic review using network analysis. *Sustainability* 12 (11): 4343.

Rolfe, Mirjam. 2019. *Positive psychologie und organisationale Resilienz*. Berlin, Heidelberg: Springer.

Sheffi, Yossi, und James Rice. 2005. A supply chain view of the resilient enterprise. *MIT Sloan Management Review* 47 (1): 41–48.

Sheffi, Yossi. 2007. *The resilient enterprise*. Overcoming vulnerability for competitive advantage. Cambridge, London: MIT-Press.

Unkrig, Erich. 2018. Das resiliente Unternehmen. Earned not given, Norderstedt Book on Demand. ISBN 978-3-7460-2537-7.

Weick, Karl, und Kathleen Sutcliffe. 2008. Managing the unexpected, 2. Aufl. Wie Unternehmen aus Extremsituationen lernen. Stuttgart: Klett-Cotta.

Werner, Emmy, und Ruth Smith. 1998. Vulnerable, but invincible. A longitudinal study of resilient children and youth. New York: Adams, Bannister, Cox.

Konzept der Resilienz im Einkauf 3

Wie kann die Versorgung des Unternehmens mit Gütern und Leistungen gegen unerwartete Risiken abgesichert werden? Wie können die Lieferketten widerstandsfähig bzw. resilient gemacht werden? In diesem Abschnitt soll ein Konzept zur Stärkung der Widerstandsfähigkeit von Lieferketten vorgestellt werden. Ausgangspunkt der Überlegung ist die Resilienzforschung, die sehr umfassend nach Eigenschaften resilienter Systeme sucht. Diese Eigenschaften werden Resilienzkriterien genannt. Beispielhaft werden zunächst Resilienzkriterien verschiedener Wissenschaftsdisziplinen vorgestellt. Damit werden die Grundprinzipien sichtbar, wie Resilienz gestärkt werden kann. Auf dieser Basis wird dann ein Katalog von Resilienzkriterien für den Einkauf bzw. für Lieferketten abgeleitet und vorgestellt, das dem vorliegenden Konzept zugrunde liegt (Abschn. 3.1).

Um die Resilienz in den Lieferketten zu stärken, muss der Einkauf mit geeigneten Maßnahmen diese Resilienzkriterien in seinen Lieferketten entwickeln. Hierbei ergeben sich allerdings erhebliche Abhängigkeiten zu den anderen Zielsetzungen des Einkaufs, z. B. Qualität oder Wirtschaftlichkeit. In der Regel sind diese Ziele sogar höher priorisiert als die Resilienz in der Lieferkette. Insofern müssen die Maßnahmen zur Stärkung der Resilienz immer im Zusammenhang mit der gesamten Einkaufsstrategie sowie auch mit den Aktivitäten des klassischen Risikomanagements gesehen werden. Resilienz muss also ins Einkaufsmanagementsystem, beispielsweise ins Lieferantenmanagement, in die Warengruppen- oder die Rahmenstrategien integriert werden. So wird die 15M-Architektur der Supply-Strategie, ein systematisches und praxisbewährtes Einkaufsmanagementsystem, vorgestellt, das im vorliegenden Konzept den Rahmen für die Entwicklung der Resilienz darstellt (Abschn. 3.2).

Anschließend werden die Ansatzpunkte innerhalb der 15M-Architektur identifiziert und ausgearbeitet, wie Resilienz im Einkauf gesteuert werden kann.

© Der/die Autor(en), exklusiv lizenziert durch Springer Fachmedien Wiesbaden GmbH, ein Teil von Springer Nature 2021
G. Heß und A.-C. Kleinlein, *Resilienz im Einkauf,*
https://doi.org/10.1007/978-3-658-34462-7_3

Darüber hinaus wird in diesem Zusammenhang das Verhältnis von Resilienz und klassischem Risikomanagement vertieft. (Abschn. 3.3). Das Kapitel endet mit der Präsentation des Gesamtkonzeptes zur Steuerung der Resilienz im Einkauf (Abschn. 3.4).

3.1 Resilienzkriterien

Die Resilienzforschung kann als eine Art Metatheorie verstanden werden, die für unterschiedliche Anwendungsfelder erforscht, wie Systeme widerstandsfähig gemacht werden können. Im Zentrum der Forschung stehen die Identifikation und die Analyse der Eigenschaften, die zur Resilienz der Systeme führen. Diese Eigenschaften werden sehr unterschiedlich bezeichnet, z. B. Resilienzfaktoren, R-Faktoren, Schutzfaktoren, Protektivfaktoren. In der vorliegenden Untersuchung soll von **Resilienzkriterien** gesprochen werden. Da es bisher keine systematische Resilienz-Theorie gibt, basieren die meisten Auflistungen zu den Resilienzkriterien auf systematisierenden Überlegungen gepaart mit empirischen Erhebungen.

Im Folgenden sollen zunächst aus unterschiedlichen Wissenschaftsdisziplinen markante Beispiele für Auflistungen von Resilienzkriterien vorgestellt werden (Abschn. 3.1.1). Anschließend wird der Katalog an Resilienzkriterien vorgestellt, der diesem Buch zugrunde liegt (Abschn. 3.1.2).

3.1.1 Ausgewählte Studien zu Resilienzkriterien

Allgemeine Resilienzprinzipien
Zunächst soll ein Blick über den Tellerrand in die Natur und zu künstlichen Systemen einen Überblick zu allgemeinen Resilienzprinzipien verschaffen.

- **„Antizipation:** Die Kompetenz, Entwicklungen im Umfeld wahrzunehmen, verbessert die Fähigkeit, angemessen und frühzeitig darauf zu reagieren.
- **Kompensation:** Die Fähigkeit, negative Einwirkungen von außen abzufedern, stellt die Selbststeuerung des Systems sicher.
- **Stabilität:** Mithilfe von Robustheit gegen Erschütterungen von außen wird die innere Struktur aufrechterhalten.
- **Flexibilität:** Durch das Mitschwingen der Struktur werden Schockwellen weniger zerstörerisch.

- **Vernetzung, Interdependenz & Koevolution:** Fähigkeit, sich durch Vernetzung, Wechselwirkung und gemeinsame Entwicklung optimal an die Umgebung anzupassen.
- **Heterogenität, Dezentralität & Mobilität:** Je unterschiedlicher die interne Struktur ist, desto mehr Möglichkeiten gibt es, völlig unterschiedliche Qualitäten zu kultivieren.
- **Diversität:** Das Zusammenwirken von Systemteilnehmern mit unterschiedlichen Qualitäten und Verhaltensweisen erhöht die Widerstandsfähigkeit des Gesamtsystems.
- **Redundanz:** Wenn verschiedene Dienste eines Systems jeweils durch mehrere Systemteilnehmer abgedeckt werden, steigt seine Kapazität für die Bewältigung von schädlichen Einwirkungen.
- **Kompensation:** Durch Puffermechanismen können Systeme schädliche Einwirkungen für eine bestimmte Zeit tolerieren, ohne ihre Funktionsweise einzubüßen.
- **Anpassungsfähigkeit:** Die Fähigkeit, sich an wechselnde Umgebungsbedingungen anzupassen, erhöht die Resilienz eines Systems.
- **Bricolage, Kommunikation & Lernen:** Zufälliges Lernen aus Erfahrungen ist für das Gesamtsystem nur dann hilfreich, wenn Informationen willentlich in der Gruppe geteilt werden.
- **Innere Haltung:** Die Einstellung gegenüber äußeren Belastungen entscheidet, ob diese auf das Gesamtsystem eher negativ oder eher positiv wirken.
- **Wechsel Belastung – Entlastung:** Die Widerstandsfähigkeit eines Systems kann durch einen Wechsel zwischen moderater Anspannung und Entspannung trainiert werden." (Draht 2018, S. 58 f. sowie 334 ff.)

Resilienzkriterien der individuellen Resilienz

Die psychologische Forschung zur individuellen Resilienz ist, wie bereits angemerkt, eines der zentralen Anwendungsfelder der Resilienzforschung. Doch sind die Resilienzkriterien der individuellen Resilienz nicht nur aufgrund ihrer tiefgehenden Erforschung für die vorliegende Untersuchung interessant, sondern auch, weil die Resilienz einer Organisation bzw. im Einkauf von der Resilienz der handelnden Subjekte beeinflusst wird. Verliert der verantwortliche Lead Buyer in der Krise die Nerven bzw. erleidet einen Burnout, wird für das Unternehmen die Krisenbewältigung kritisch. Eine tiefgehende Behandlung würde hier allerdings den Rahmen sprengen. So soll einerseits an den relevanten Stellen auf die individuelle Resilienz verwiesen werden. Andererseits soll vorab ein knapper Überblick zu den Resilienzkriterien der individuellen Resilienz gegeben werden.

Studien und Konzepte zur individuellen Resilienz sind extrem breit gestreut und vielfältig. Einen guten Überblick über die „Schutz- und Resilienzfaktoren" der individuellen Resilienz vermitteln Bengel, Lyssenko, die in ihrer Metastudie den Stand der wissenschaftlichen Forschung (Stand 2012) auswerten. Bengel, Lyssenko strukturieren die Ergebnisse der ausgewerteten Studien in elf „Schutz- und Resilienzfaktoren", die im Folgenden stark verdichtet zusammengefasst werden (Bengel und Lyssenko 2012, auf die sich die folgenden Seitenangaben beziehen):

- **Positive Emotionen:** Positive Emotionen, also einfach ausgedrückt, das Gefühl „glücklich zu sein", haben nachweislich einen hohen Einfluss auf beruflichen Erfolg, auf erfüllende soziale Beziehungen und auf psychische und körperliche Gesundheit. Ein ähnlicher Schutzeffekt zeigte sich auch bei „Personen, die kritische oder traumatische Lebensereignisse erfahren haben." Ferner wirken sich positive Emotionen auch positiv auf einige der folgenden Schutzmechanismen aus (S. 45 ff.).
- **Optimismus:** „Optimismus als zeitlich und situativ stabile Tendenz zu positiven Ergebniserwartungen" übt wesentlichen Einfluss auf Krisenbewältigungs- strategien aus. Insbesondere führt Optimismus zu größerer Handlungs- und Durchhaltebereitschaft. Ferner gibt es Hinweise, dass optimistische Personen Situationen realistischer einschätzen als Pessimisten (S. 48 ff.).
- **Hoffnung:** Hoffnung ist eine positive Erwartung in Hinblick auf ein Ziel oder einen Wunsch. Hoffnungsvolle Personen sind besser in der Lage, Ziele als Basis ihrer Hoffnung zu definieren, und motivierter, sich an den Zielen zu orientieren. Damit unterstützt Hoffnung die Krisenbewältigung (S. 50 ff.).
- **Selbstwirksamkeitserwartung:** Die Selbstwirksamkeitserwartung beschreibt die subjektive Erwartung, kritische Anforderungen aus eigener Kraft zu meistern. Sie ist letztlich eine optimistische Einschätzung der eigenen Lebens- bewältigungskompetenz. Personen mit hohen Selbstwirksamkeitserwartungen empfinden Krisen weniger bedrohlich, sondern eher als Herausforderung. Sie gehen insofern aktiver und mit mehr Elan und Durchhaltevermögen an die Problemlösung. Bemerkenswert ist, dass Selbstwirksamkeitserwartungen durch positive Erfahrungen trainierbar sind (S. 54 ff.).
- **Selbstwertgefühl:** Im Selbstwertgefühl geht es um die individuelle Bewertung der eigenen Persönlichkeit. Selbstvertrauen, Selbstbewusstsein und Selbstwert- gefühl sind eng verwandte Begriffe. Ein hohes Selbstwertgefühl immunisiert die Person gegen Bedrohungen und unterstützt die Selbstwirksamkeits- erwartungen. Selbstwertgefühl bzw. Selbstvertrauen oder Selbstbewusstsein

hat keine eindeutige Schutzwirkung bei kritischen Ereignissen. Während ein unrealistisch überhöhtes Selbstwertgefühl eine Schutzwirkung zeigt, lässt sich bei durchschnittlichem realistischen Selbstwertgefühl keine eindeutige Beziehung herstellen (S. 58 ff.).

- **Kontrollüberzeugungen:** „Kontrollüberzeugungen beziehen sich auf die subjektive Wahrnehmung der Beeinflussbarkeit einer Situation." Während die Kontrollüberzeugung in der psychologischen Forschung grundsätzlich positiv eingeschätzt wird, gibt es in den von Bengel, Lyssenko untersuchten Studien keine empirischen Studien, die den Zusammenhang für kritische Ereignisse bestätigen (S. 61 ff.).
- **Kohärenzgefühl:** Das Kohärenzgefühl bezeichnet die grundsätzliche Lebenseinstellung, die sich aus den Komponenten Verstehbarkeit (= Anforderungen des Lebens sind strukturiert und vorhersehbar), Bewältigbarkeit (= Überzeugung über genügend Ressourcen zu verfügen, um das Leben zu bewältigen) und Sinnhaftigkeit (= Anforderungen sind sinnvoll) zusammensetzt. Ein starkes Kohärenzgefühl korreliert mit psychischer Gesundheit. Der Zusammenhang mit kritischen Ereignissen ist nur wenig eindeutig (S. 65 ff.).
- **Hardiness:** Hardiness beschreibt die Widerstandsfähigkeit in widrigen Lebensumständen. Hardiness setzt sich aus drei Komponenten zusammen: Engagement (= Haltung, in bestimmten Lebensbereichen Sinn und Bedeutung zu finden und deshalb aktiv an der Gestaltung des Lebensbereiches mitzuwirken), Kontrolle (= subjektive Wahrnehmung eine Situation aktiv gestalten zu können und betont die Bereitschaft, dies auch zu tun), Herausforderung (= Veränderungen werden nicht als Bedrohungen, sondern als Wachstumschancen begriffen). Trotz kritischer Stimmen kann Hardiness als Schutzfaktor in kritischen Situationen bestätigt werden (S. 69 ff.).
- **Religiosität und Spiritualität:** Religiosität und Spiritualität sind schwer zu operationalisieren. „Befunde zur protektiven Wirkung von Religiosität angesichts schwerwiegender Lebensereignisse weisen auf differenzierte Wirkmechanismen" hin und zeigen ein sehr uneinheitliches Bild (S. 73 ff.).
- **Coping:** Coping Strategien bezeichnen Problemlösungsstrategien, z. B. aktive Problemlösungsversuche bzw. Suche nach Unterstützung oder Verdrängung oder emotionales Ausleben („Dampf ablassen"). Die Studien zeigen ein sehr differenziertes, aber auch sehr uneinheitliches Bild. Aktive Problemlösungsstrategien weisen einen Schutzfaktor gegenüber kritischen Ereignissen auf (S. 78 ff.).
- **Soziale Unterstützung:** Soziale Unterstützung wird als einer der stärksten Schutzfaktoren in der Resilienzforschung angesehen. Soziale Unterstützung kann sich in direkten Hilfen wie Kinderbetreuung oder finanzieller Hilfe

äußern. Darüber hinaus sind vielfältige psychische Effekte und insbesondere auch Wechselwirkungen zu den anderen Schutzmechanismen zu beobachten, wie positive Emotionen bei sozialen Kontakten, stabiles Selbstwertgefühl. Die protektive Wirkung sozialer Unterstützung im Krisenfall ist sehr gut belegt (S. 82 ff.).

Resilienzkriterien der organisationalen Resilienz
Als Beispiel für Resilienzkriterien der organisationalen Resilienz steht die folgende Auflistung nach Unkrig (2018, S. 61 ff.). Unkrig versteht die folgenden Resilienzkriterien als Erfolgsfaktoren einer Organisation in einer VUCA-Welt (VUCA steht für Volatilität, Unsicherheit, Komplexität, Ambiguität):

- **Ausrichtung auf eine Vision,** also nicht auf kurz- und mittelfristige Ziele
- **Ressourcen,** um die Herausforderungen bewältigen zu können
- **Managementsupport** von Initiativen, die auf Veränderung ausgerichtet sind
- **Kommunikation,** um Orientierung und Sicherheit bei den handelnden Personen zu bewirken
- **Teilhabe der Mitarbeiter,** die so von Betroffenen zu Beteiligten werden sollen
- **Verantwortungsübernahme** durch Manager und Führungskräfte
- **Konfliktfähigkeit,** um Klarheit über die Notwendigkeiten zu schaffen und empathisches Verständnis für Sichtweisen zu vermitteln
- **Commitment** aller zu den Veränderungsprozessen
- **Durchhaltewillen,** um Veränderungen zum Erfolg zu führen

Resilienzkriterien in der Lieferkette
In der Forschung zur Supply-Chain-Resilienz wird ein weites Spektrum an Resilienzkriterien diskutiert. Die verwendeten Begrifflichkeiten sind vielfältig. Biedermann identifiziert in seiner Analyse von 180 Studien zur Supply-Chain-Resilienz insgesamt 120 Resilienzkriterien (vgl. Biedermann 2018, S. 94 sowie Anhang F). Er konstatiert, dass es in der Literatur keinen Konsens zu den spezifischen Begriffsverwendungen gibt (Biedermann 2018, S. 95). Insgesamt ergibt sich ein sehr undurchsichtiges Bild. Um einen Eindruck sowie einen Überblick zu den Resilienzkriterien in der Lieferkette zu vermitteln, sollen folgend die Resilienzkriterien nach der ISO 22316:2017 sowie die wesentlichen Resilienzkriterien in der Untersuchung von Biedermann vorgestellt werden. Auf nähere begriffliche Erläuterungen wird hier verzichtet, da es zu den Resilienzkriterien des vorliegenden Konzeptes Überschneidungen gibt und diese im folgenden Abschn. 3.1.2 näher erläutert werden.

ISO 22316:2017 – Security and Resilience. Organisational Resilience. Principles and Attributes Mit der ISO-Norm 22.316 „Security and Resilience. Organizational Resilience. Principles and Attributes" wurde im Jahr 2017 erstmals eine Norm zur organisationalen Resilienz veröffentlicht. Im Hauptkapitel fünf werden neun „Attributes for Organizational Resilience" angeführt. Jedes Resilienzkriterium wird erläutert. Für jedes Kriterium werden Ziele formuliert und Maßnahmen beschrieben, die durchgeführt werden sollten. Folgende Schutzfaktoren werden besprochen (ISO 22316:2017 zitiert nach Drath 2018, S. 254 f.):

- Gemeinsame Vision und Klarheit über den Unternehmenssinn
- Umfeld verstehen und beeinflussen
- Effektive und empowerte Führung
- Kultur, die der organisationalen Resilienz förderlich ist
- Teilen von Erfahrung und Wissen
- Verfügbarkeit von Ressourcen
- Förderung und Abstimmung von Funktionsbereichen
- Unterstützung von kontinuierlicher Verbesserung
- Fähigkeit, Veränderungen vorauszusehen und zu managen

Resilienzkriterien der Supply-Chain-Resilienz nach Biedermann Biedermann wertet insgesamt 180 Studien aus den Jahren 2003 bis 2016 nach den genannten Eigenschaften einer resilienten Supply Chain aus (Biedermann 2018, S. 94 sowie Anhang F). In der folgenden Auflistung finden sich die elf am häufigsten genannten Eigenschaften mit der Zahl der Nennungen:

1. Flexibilität/Flexibility (90 Nennungen)
2. Redundanz/Redundancy (52 Nennungen)
3. Kollaboration/Collaboration (39 Nennungen)
4. Transparenz und Sichtbarkeit/Visibility (38 Nennungen)
5. Agilität/Agility (32 Nennungen)
6. Kultur/Corporate Culture/Risk Management Culture (19 Nennungen)
7. Geschwindigkeit/Velocity (18 Nennungen)
8. Anpassungsfähigkeit/Adaptability (17 Nennungen)
9. Informationsweitergabe/Information Sharing (17 Nennungen)
10. Robustheit/Robustness (16 Nennungen)
11. Reaktionsfähigkeit/Responsiveness (14 Nennungen)

Unter den weiteren 109 genannten Eigenschaften finden sich beispielsweise: Multiple Sourcing, Inventory, Leadership, Diversity, Learning Capability, Safety

Stock, Trust, Contingency Planning, Corporate Social Responsibility, Financial Strength, Cross Functional Teams, Motivation.

3.1.2 Resilienzkriterien im Einkauf

Bei der Ableitung der folgenden Systematik zu den Resilienzkriterien wirkten die vielfältigen Nennungen von Resilienzkriterien der verschiedenen Forschungsrichtungen inspirierend. Für eine ordnende Systematik erscheint allerdings weniger ein empirischer als ein generischer Ansatz sinnvoll. Dieser kann dann empirisch ausdifferenziert werden. So wurde zunächst zwischen Resilienzkriterien, die in der Struktur der Lieferkette angelegt sind, und Resilienzkriterien, die sich auf das Management der Lieferkette beziehen, unterschieden. Bei den Strukturkriterien kann zwischen Stabilität und Flexibilität differenziert werden, je nachdem, ob die Lieferkette ein unerwartetes Ereignis aushält oder den Schaden ausgleichen kann. Drath (2018, S. 35 ff.) führt als Vergleich den Bau von erdbebensicheren Wolkenkratzern an, die zur Abfederung eines Bebens gleichermaßen Stabilität und Flexibilität benötigen. Ein ähnliches Bauprinzip findet sich bei Flügeln von Flugzeugen, die ebenso eine immense Belastung aushalten müssen. Bei den Managementprinzipien werden die Aspekte betont, die zum Management unerwarteter Risiken besonders hilfreich sind. Die drei Grundmechanismen Stabilität, Flexibilität und Krisenmanagement werden ausdifferenziert und in die Sprache des Einkaufs übersetzt. Dazu werden die zur Grundsystematik passenden Kriterien geclustert und den drei Hauptdimensionen zugeordnet. Die so erzeugte Aufstellung wurde im Forschungsprojekt im Rahmen der Interviews, des Workshops sowie in den Pilotanwendungen vorgestellt und diskutiert. Im Ergebnis handelt es sich bei der folgenden Systematik der Resilienzkriterien um eine Heuristik, d. h. ein pragmatisches Lösungsverfahren basierend auf einem begrenzten Erfahrungsschatz. Neue bzw. weitere Erfahrungen können und sollen zur Fortentwicklung der Heuristik führen.

Die Ausdifferenzierung der drei Grundmechanismen Stabilität, Flexibilität und Krisenmanagement wird in der Sprache des Einkaufs erläutert (Abb. 3.1):

1. **Stabilität:** Stabilität ist der Mechanismus, der verhindert, dass unerwartete Ereignisse zur Beeinträchtigung der Versorgung führen. Stabilität bedeutet also, dass trotz Schadensereignis die Versorgung (unbeeinträchtigt) aufrecht erhalten bleibt. Folgende Eigenschaften erzeugen Stabilität im Einkauf:
   – **Redundanz:** Versorgungsleistungen können von verschiedenen Systemelementen erzeugt werden, sodass der Ausfall eines Elements die Stabilität

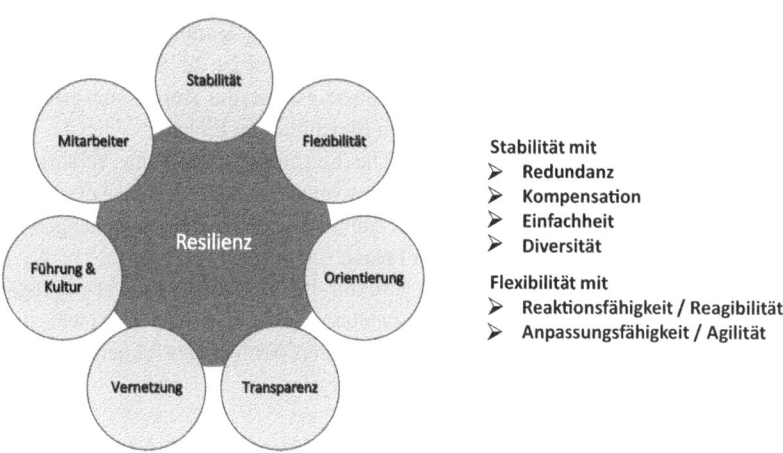

Stabilität mit
➤ Redundanz
➤ Kompensation
➤ Einfachheit
➤ Diversität

Flexibilität mit
➤ Reaktionsfähigkeit / Reagibilität
➤ Anpassungsfähigkeit / Agilität

Abb. 3.1 Resilienzkriterien im Einkauf

nicht beeinträchtigt. Bei der Existenz von zwei Werkzeugen wird beim Ausfall eines Werkzeuges eine Notproduktion weiterhin möglich sein. (Weitere Beispiele: Bestände, Second Source, Alternativmaterialien).

- **Kompensation:** Störungen der Versorgung werden durch Puffermechanismen innerhalb der Versorgung selbst abgefedert. Ein starker Lieferant wird bei ersten wirtschaftlichen Turbulenzen nicht gleich lieferunfähig werden. (Weitere Beispiele: sichere Lieferländer, Fehlertoleranz).
- **Einfachheit:** Einfache Versorgungsstrukturen sind wenig krisenanfällig, da Störungen die Lieferkette weniger treffen können. Local Sourcing wird durch vielfältige internationale Krisen bzw. durch Probleme auf den Transportwegen kaum getroffen.
- **Diversität:** Versorgungsstrukturen mit unterschiedlichen Eigenschaften bzw. Verhaltensweisen erhöhen die Resilienz, da Störungen die diversen Elemente nicht gleichermaßen beeinträchtigen. So wird eine global verstreute Produktion bei einer regionalen Naturkatastrophe nicht zum Totalausfall der Lieferung führen. (Weiteres Beispiel: Heterogenität von Lieferanten)

2. **Flexibilität:** Flexibilität ist der Mechanismus, der hilft, unerwarteten Risiken in der Versorgung in einer bereits vordefinierten Weise schnell auszuweichen. Dabei lassen sich innerhalb der Flexibilität zwei Dimensionen unterscheiden. Zum einen ist der Grad der Flexibilität bedeutsam, d. h. wie weit das System

ausweichen kann (Beispiel: Kann eine Nachfragesteigerung von 30 % oder sogar von 50 % abgefangen werden). Zum anderen ist die Schnelligkeit der Anpassung wichtig, d. h. wie lange dauert es, bis die Anpassung erfolgen kann. Folgende Eigenschaften erzeugen Flexibilität im Einkauf:

- **Reaktionsfähigkeit/Reagibilität:** Die Leistungsfähigkeit der Versorgung kann kurzfristig gesteigert oder eingeschränkt werden. Insbesondere steht hier die schnelle und umfassende Anpassung der Versorgungsmengen an schwankende Bedarfsmengen im Fokus.
- **Anpassungsfähigkeit/Agilität:** Strukturelle Vorgaben der Versorgungsprozesse können kurzfristig umgestaltet werden. Typische Beispiele sind ein schneller Lieferantenwechsel, schneller Wechsel des Materials sowie ein schneller Wechsel der Beschaffungsregion.

Krisenmanagement: Krisenmanagement wird bedeutsam, wenn Stabilität und Flexibilität nicht ausreichen und somit auf Störungen in einer nicht vordefinierten Weise reagiert werden muss. Im Krisenmanagement müssen für unerwartete Ereignisse schnell völlig neuartige und kreative Lösungen erarbeitet und umgesetzt werden. Die Resilienz in der Versorgung liegt also dann vor, wenn in kurzer Zeit auf eine Störung wirkungsvoll reagiert werden kann. Hierzu müssen im Einkauf (und darüber hinaus im Unternehmen) spezielle Managementkompetenzen aufgebaut werden. Insofern überrascht es nicht, dass sowohl in den Auflistungen zu den Eigenschaften resilienter Lieferketten, wie auch in den geführten Interviews, die Entwicklung von Managementkompetenzen für die Resilienz als zentral angesehen werden. Konsequent zu Ende gedacht, verlangt die Entwicklung der Resilienz, umfassend das gesamte Managementsystem zu optimieren. Diesen Weg beschreitet der Resilienz-Kompass des Instituts für angewandte Arbeitswissenschaften u. a., der auf Basis des EFQM-Modells eine Workshop-Systematik zur Optimierung des gesamten Managementsystems mit (leichtem) Bezug auf Resilienz vorstellt (vgl. ifaa u. a. 2018). Für die Analyse der Resilienz im Einkauf erscheint dieser Ansatz zu mächtig und für Einkaufsabteilungen in der Regel wenig praktikabel. Insofern wird folgend ein einfacherer selektiver Weg vorgeschlagen, der sich auf Resilienzkriterien konzentriert, die im Einkauf besonders bedeutsam sind. Im Einzelnen lassen sich aus den Management-Funktionen (Planung, Organisation, Personal, Führung und Kontrolle) (vgl. Steinmann et al. 2013) für den Einkauf folgende fünf Resilienzkriterien ableiten:

3. **Orientierung (Sinn):** Orientierung und Sinn bedeutet, dass Klarheit besteht, wohin das Unternehmen und die Einkaufsorganisation entwickelt werden soll. Eine Rahmenstrategie des Einkaufs, Warengruppenstrategien, eine Vision oder Richtlinien können Orientierung geben. Wird die Ausrichtung als „gut" bzw. „sinnvoll" beurteilt, kann die Orientierung auch als Sinn bezeichnet werden. Eine sinnvolle Orientierung soll Identität, Identifikation und Mobilisierung bewirken (Heß 2017, S. 64 nach Hungenberg 2014, S. 26). Identität verleiht der Organisation eine unverwechselbare Einzigartigkeit. Damit wird klar abgegrenzt, wer dazu gehört und wer nicht. Verknüpft mit der Identifikation, an einer guten Sache zu arbeiten, soll die Mobilisierung für die Gemeinschaft sowie für die gute Sache bewirkt werden. Werden im Krisenfall die Gemeinschaft und die gute Sache bedroht, werden gemeinsam alle Kräfte mobilisiert, um die Bedrohung abzuwenden. Im Krisenfall erhöht Orientierung somit die Resilienz: Zunächst bietet die Orientierung einen Maßstab, mit dem eine Bedrohung als Bedrohung erkannt und anschließend deren Stärke bewertet werden kann. Orientierung ist ferner der Maßstab, an dem die Maßnahmen zur Krisenbewältigung ausgerichtet werden können. Das führt zum einen zu einer besseren Abstimmung der Maßnahmen im Krisenfall und zum anderen zur Beschleunigung langwieriger Diskussionen über die richtige Richtung von Lösungsansätzen.

4. **Transparenz und Planung:** Transparenz bedeutet, dass die Handlungssituation mit allen Einflussgrößen bekannt ist, die sich auf die Entscheidungen auswirken können. Damit wird deutlich, dass Transparenz nicht digital ist, d. h. vorliegt oder nicht. Vielmehr gibt es ein mehr und weniger an Transparenz. Ferner ist Transparenz nicht statisch, sondern sehr dynamisch. Permanent entstehen neue Sachverhalte und ständig entwickeln sich die bereits erkannten Sachverhalte. Damit wird die Bedeutung von Frühaufklärungssystemen deutlich. Transparenz bedeutet somit ein stetiges Bemühen, die relevanten Einflussgrößen für Einkaufsentscheidungen zu kennen. Das Management der Resilienz ergibt sich letztlich daraus, dass das Bemühen um Transparenz immer unvollständig bleiben wird.
Je besser die Transparenz ist, desto zielgerichteter und schneller kann auf unerwartete Krisen reagiert werden. Unerwartete Störungen können schneller identifiziert und treffender beurteilt werden. Aufgrund der Transparenz sind alternative Vorgehensweisen zur Bewältigung der Krise bekannt und können schnell aktiviert werden. Dabei ist insbesondere die Schnelligkeit der Reaktion zu betonen. Aufgrund der Transparenz verkürzen sich Zeiten für Recherche, Abstimmung und Entscheidung. Schnelligkeit kann den Zugriff auf knappe

Ressourcen oder mögliche Lösungswege bedeuten, die für die Langsamen im Markt nicht mehr verfügbar sind, da sie von den Schnellen bereits besetzt sind. Planung, häufig als „geistige Vorwegnahme zukünftigen Tuns" bezeichnet, ist eine spezifische Vorgehensweise, um Transparenz zu schaffen. In der Planung wird die Versorgungssituation strukturiert und es werden alternative Lösungswege identifiziert und bewertet, wie die Versorgungsziele realisiert werden können. Eine gute Planung eröffnet Spielräume für Kreativität und Verbesserungsideen. Im Rahmen der Planung werden ferner externe Einflussgrößen auf den Einkaufserfolg identifiziert und soweit möglich prognostiziert. Eine gute Planung sollte den Planungsgegenstand ganzheitlich, d. h. mit allen wesentlichen Determinanten, betrachten. Mit einer solchen Transparenz gelingt es auch, unerwartete Störungen, die in der Planung nicht berücksichtigt sind, schnell zu identifizieren und zu bewerten. Entsprechend schnell können dann alternative Lösungswege gefunden und umgesetzt werden. Somit helfen Transparenz und Planung im Krisenfall das Spektrum der Reaktionsmöglichkeiten zu erweitern, zu bewerten und die Reaktionsgeschwindigkeit zu erhöhen.

5. **Vernetzung:** Eine unerwartete Krise ist dadurch gekennzeichnet, dass die eingeführten Prozesse nicht mehr funktionieren. Sonst wäre es ja keine Krise. Hat die Krise zudem eine existenzielle Tragweite, müssen innerhalb kürzester Zeit völlig neuartige Lösungen identifiziert und umgesetzt werden. Bei Problemen in der Versorgung sind diese Lösungen in der Zusammenarbeit mit den Lieferanten kreativ zu finden und fachlich zu erarbeiten. Dies setzt in der Regel ein weit überdurchschnittliches Engagement des Lieferanten voraus. Leicht können auch andere Kunden des Lieferanten von der gleichen Krise betroffen sein, sodass es auch zu einer Konkurrenz um knappe Ressourcen beim Lieferanten kommt. Erschwerend kommt hinzu, dass in einer Krisensituation die Zeit zu knapp sein kann, die unterschiedlichen Interessen präzise abzuwägen. Für eine schnelle Reaktion muss das Vertrauen da sein, gleich zu handeln und manche Details zur Lastenverteilung erst später zu diskutieren. Zur Lösung schwerer Krisen ist somit eine enge vertrauensvolle Zusammenarbeit mit den Stakeholdern im Versorgungsprozess, also Lieferanten, cross-funktionalen Partnern im Unternehmen oder weiteren Dienstleistern, essentiell. Derartige Beziehungen lassen sich in der Regel im Krisenfall nicht mehr aufbauen. Dazu ist die Zeit zu knapp. Vielmehr sollte seitens des Einkaufs bereits vor der Krise eine enge vertrauensvolle Vernetzung zu allen wichtigen Stakeholdern gepflegt werden. Eine enge vertrauensvolle Vernetzung macht den Einkauf also widerstandsfähig gegenüber Krisen. Eine intensive Vernetzung ist somit ein wesentliches Resilienzkriterium.

6. **Führung und Kultur:** Führung und Kultur sind für die Krisenbewältigung zentrale Managementfunktionen. Die Aufgabe der Führung ist es, den täglichen Arbeitsvollzug durch den Vorgesetzten zu steuern und dabei das bestmögliche Ergebnis für die Organisation zu erzielen. Da in Krisenzeiten Planungen, Organisationsstrukturen und Prozesse an Steuerkraft verlieren, ggf. sogar außer Kraft gesetzt werden müssen, um die Krise zu bewältigen, wird Führung (neben dem Resilienzkriterium Mitarbeiter) zur beherrschenden Krisenbewältigungsfunktion. Das Instrumentarium der Führung ist vielfältig, z. B. Motivation, Kommunikation, Teamgestaltung, Konfliktbewältigung. Ebenso ist die Unternehmens-, Lieferketten- bzw. Abteilungskultur für die Krisenbewältigung grundlegend bedeutsam. Versteht man unter der Kultur die Vorstellungen und Orientierungsmuster, die das Verhalten der beteiligten Personen prägen, wird deren Bedeutung für die Bewältigung von Krisensituationen leicht nachvollziehbar. Beispielsweise wird die Erwartung, welche Konsequenzen eine nicht autorisierte kreative Entscheidung oder eine mögliche Fehlentscheidung nach sich ziehen wird, die Richtung und die Geschwindigkeit der Reaktionen auf unerwartete Ereignisse maßgeblich beeinflussen.
Aus der Fülle der angebotenen Ansatzpunkte der Literatur zur Führung und zur Unternehmenskultur werden im unten vorgestellten Ansatz drei Themen vertieft, die einen besonderen Beitrag zur Resilienz im Einkauf versprechen: Förderung der Zusammenarbeitskultur, Vertrauenskultur, Risikobewusstsein.

7. **Mitarbeiter:** Mitarbeiter sind die „Ausführungsorgane" eines Unternehmens und verfügen zu speziellen Fragestellungen über tiefgehende Detailkompetenz und Spezialnetzwerke. In „normalen Zeiten" ist es die Aufgabe des Managements, die Handlungen der Mitarbeiter zu koordinieren und die dazu erforderlichen Entscheidungen zu treffen. In einer Krisensituation steigern sich nicht nur die Anforderungen an die Fach- und die Sozialkompetenz der Mitarbeiter, sondern es werden auch spezielle Krisenkompetenzen erforderlich. Da Zeit in Krisensituationen meist ein kritischer Faktor ist, ist eine hohe Verantwortungsübernahme durch den Mitarbeiter erforderlich. Nicht alle Entscheidungen können aufgrund des Zeitdrucks an das Management rückgebunden sein. Das Management muss sich ferner verstärkt auf Aussagen der Mitarbeiter verlassen, da für eine kritische Reflexion oder gar für eine Überprüfung von Handlungsempfehlungen keine Zeit verfügbar ist. Letztlich gewinnt der einzelne Mitarbeiter im Rahmen der Krisenbewältigung an Bedeutung. Darüber hinaus müssen Mitarbeiter kritische Stresssituationen verkraften, d. h. sie benötigen eine ausgeprägte individuelle Resilienz.

Die Eigenschaften und die Kompetenzen der Mitarbeiter sind somit für die Krisenbewältigung von zentraler Bedeutung. Eine entsprechend gut entwickelte Mitarbeiterbasis stärkt die Resilienz im Einkauf.

Um die Resilienz im Einkauf zu analysieren und zu stärken, ist an den Resilienzkriterien Stabilität, Flexibilität, Orientierung, Transparenz und Planung, Vernetzung, Führung und Kultur sowie Mitarbeiter anzusetzen. Allerdings ist eine isolierte Betrachtung der Resilienzkriterien wenig erfolgversprechend. Zu vielfältig sind die Verknüpfungen zwischen den Resilienzkriterien und den anderen Zielsetzungen im Einkauf. Dabei ergibt sich eine besondere Komplexität aus den sehr heterogenen Handlungssituationen im Einkauf. So unterscheiden sich die Marktsituationen zu den verschiedenen Warengruppen grundlegend, Resilienz in der Versorgung von Gussteilen ist nicht vergleichbar mit Resilienz bei IT-Dienstleistungen. Ebenso ergeben sich in unterschiedlichen regionalen Märkten oder in den verschiedenen Divisionen erhebliche Differenzen. Um Resilienz sinnvoll zu steuern, insbesondere auch um den bereits erwähnten Schrotflinteneffekt zu vermeiden, muss die Steuerung der Resilienz in ein ganzheitliches Einkaufsmanagementsystem integriert sein.

Zur Integration der Resilienz in das Einkaufsmanagement gibt es in der Forschung zur Supply-Chain-Resilienz keine Ansätze. Bisher ist nicht einmal die Problemstellung erkannt. Erste implizite Überlegungen finden sich am Ende der Arbeit von Biedermann, der am Ende seiner Untersuchung ein „Managementmodell zur Gestaltung einer resilienten Supply Chain" vorstellt (Biedermann 2018, S. 192 ff.). Allerdings geht der präsentierte Ansatz kaum über die Auflistung von (von Biedermann als Erfolgsfaktoren bezeichnete) Resilienzkriterien hinaus. Letztlich werden diese nur nach den Kategorien IT-Level, Unterstützungs-Level, Prozess-Level und Strategie-Level sortiert. Ein wirklicher Erkenntnisgewinn für die unmittelbare Einkaufspraxis ergibt sich daraus noch nicht. In den nächsten drei Abschnitten wird ein ganzheitliches Einkaufsmanagement vorgestellt und aufgezeigt, wie im Einkaufsmanagement die Ansatzpunkte zur Steuerung der Resilienz verankert werden können. Abschließend wird das Konzept zur Steuerung der Resilienz im Einkauf präsentiert.

3.2   15M-Architektur als Einkaufsmanagementsystem

Das Risikomanagement im Einkauf und in Folge die Steuerung der Resilienz müssen in enger Abstimmung mit den (übrigen) Einkaufsaktivitäten erfolgen, d. h. das Risikomanagement und die Steuerung der Resilienz müssen integraler

Bestandteil des Einkaufsmanagements sein. Um dieser Anforderung gerecht zu werden, wird mit der 15M-Architektur der Supply-Strategie ein systematisches und praxisbewährtes Einkaufsmanagementsystem vorgestellt, das den Anspruch hat alle Aufgaben des strategischen Einkaufs in einem ganzheitlichen Konzept zusammenfassen. Die folgende Beschreibung der 15M-Architektur beschränkt sich auf die Aspekte, die für die Steuerung der Resilienz (im Rahmen dieser Untersuchung) wesentlich sind. Zur Vertiefung bzw. zur grundlegenden Vorstellung der 15M-Architetkur der Supply-Strategie sei auf die einschlägige Literatur verwiesen (siehe folgender Literaturüberblick). Nach der allgemeinen Vorstellung der 15M-Architektur wird im Abschn. 3.3 gezeigt, wie Resilienz und das klassische Risikomanagement in der 15M-Architektur verankert sind.

Veröffentlichungen zur 15M-Architektur
Die 15M-Architektur wurde in den Jahren 2006 bis 2008 mit mehreren Praxispartnern entwickelt. Die Ausführungen zur 15M-Architektur in diesem Werk basieren auf folgenden Publikationen. Erstmalig wurde die 15M-Architektur im Jahr 2008 veröffentlicht in: Heß (2008). Supply-Strategien in Einkauf und Beschaffung. Systematischer Ansatz und Praxis-fälle. Wiesbaden: Gabler-Verlag (2. Aufl. 2010). In diesem Werk werden die Konzepte der 15M-Architektur auf 450 Seiten sehr tiefgehend beschrieben. Mit dem Leitfaden Heß (2017). Strategischer Einkauf und Supply-Strategie. Schrittweise Entwicklung des strategischen Einkaufs mit der 15M-Archi-tektur (4. Aufl.). Wiesbaden: Gabler Springer-Verlag soll Praktikern ein vereinfachter Zugang ermöglicht werden und es wurden zehn Jahre Anwendungserfahrungen in der Version 2.0 der 15M-Architektur berück-sichtigt. Einige Aspekte, wie Reifegradmanagement sowie Lieferanten-klassifizierung, wurden grundsätzlich neu entwickelt. (In Englisch: Heß (2020). Strategic Purchasing and Supply Strategy. Step-by-Step Develop-ment of Strategic Purchasing with the 15M Architecture. Nürnberg: Eigen-verlag) Im Jahr 2019 erschien im Springer Gabler Verlag das Werk Heß et al. (2019). Strategische Transformation im Einkauf. Fallstudie und Anleitung zur praktischen Umsetzung, in dem insbesondere die Trans-formation eines ursprünglich bedeutungslosen, abwickelnden Einkaufs zum strategischen Player im Unternehmen beschrieben wird. Im Jahr 2020 wurde in Zusammenarbeit mit den Kollegen Holschbach und Kleemann gezeigt, wie der strategische Dienstleistungseinkauf mit der 15M-Architektur gesteuert werden kann (Heß et al. (2020). Strategischer Dienstleistungsein-kauf. Leitfaden zur systematischen Umsetzung im Supply Management.

Wiesbaden: Gabler Springer). Darüber hinaus werden in Aufsätzen einzelne Gestaltungselemente der 15M-Architektur vertieft, z. B.: Steuerungsprozesse im Einkauf (Heß 2011); Aufbau eines 15M-Reifegradmodells (Heß 2015), systematischer Aufbau des Einkaufscontrollings (Heß 2016), systematische Verankerung der sozialen und ökologischen Nachhaltigkeit im Einkauf (Heß 2019).

Die 15M-Architektur der Supply-Strategie verfolgt den Anspruch, alle Aufgabenstellungen bzw. Prozesse eines strategischen Einkaufs in ein gleichermaßen ganzheitliches und praxisnahes Konzept zu integrieren. Zur Strukturierung dieses Konzeptes wird von einer ganz einfachen generischen Überlegung ausgegangen (vgl. Abb. 3.2, linke Seite):

Ein Unternehmen ist auf einem oder mehreren (Absatz-)Märkten aktiv und versucht mit seinen Unternehmens- und Wettbewerbsstrategien eine hervorragende Wettbewerbsposition aufzubauen. Um die erforderlichen Leistungen für die Absatzmärkte bereit stellen zu können, benötigt das Unternehmen Inputs aus

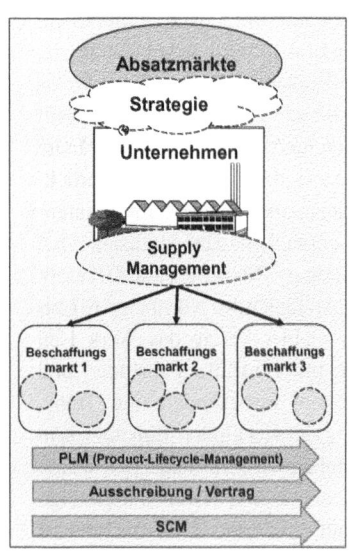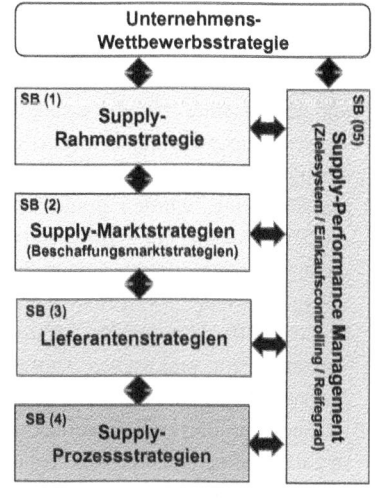

Abb. 3.2 Die fünf Strategiebausteine einer Supply-Strategie. (Quelle: Heß 2017, S. 25.)

verschiedenen Beschaffungsmärkten – in der Praxis deutlich mehr als die drei
in Abb. 3.2 dargestellten Märkte. Innerhalb der Märkte bieten Lieferanten ihre
Leistungen an. Im Bild sind die Lieferanten durch die Kreise in den Märkten
symbolisiert. In der Regel finden sich in den einzelnen Beschaffungsmärkten
auch mehr als die dargestellten zwei bis drei Lieferanten. Für die Versorgung des
Unternehmens mit Materialien und Leistungen aus den Beschaffungsmärkten
sind effektive und effiziente Prozesse erforderlich. Die drei Prozesse im Bild,
das PLM (Produkt-Lifecycle-Management), der Ausschreibungs- bzw. Vertrags-
managementprozess sowie der Belieferungsprozess (SCM), zeigen beispielhaft Prozesse, die in der Regel besonders bedeutsam sind. Die Ausrichtung und
Optimierung des gesamten Einkaufs über die Beschaffungsmärkte, Lieferanten
und Prozesse hinweg, erfolgt in der Einkaufszentrale im Supply Management.

**Warum sollte man von einer Supply-Strategie statt von einer Einkaufs-
strategie sprechen?**
Jede Strategie sollte die zukünftigen Entwicklungen des Unternehmens
ganzheitlich betrachten. Auch eine Strategie zur Versorgung des Unternehmens mit Gütern und Leistungen sollte somit unter Berücksichtigung der verschiedenen Stakeholder ganzheitlich erfolgen. Konkret
bedeutet dies, dass gleichermaßen einkäuferische, logistische, qualitäts-
orientierte und technische Aspekte zu beachten sind. Der Begriff „Supply
Management" ist im Bereich der Versorgung der Begriff, der den cross-
funktionalen Ansatz einer Strategie am besten verkörpert.
Darüber hinaus kann auch psychologisch argumentiert werden: Warum
sollte die Logistik oder das Qualitätsmanagement eine Einkaufsstrategie
entwickeln? Sehr schnell würde vermutet, dass der Einkauf die anderen
cross-funktionalen Partner für seine Ziele einspannen möchte. Der Begriff
„Supply-Strategie" vermittelt hingegen Neutralität.

Aus dieser generischen Überlegung heraus, lassen sich die fünf Strategiebausteine der 15M-Architektur ableiten (Abb. 3.2, rechte Seite):

- **Strategiebaustein 1 – Supply-Rahmenstrategie (kurz Rahmenstrategie)**:
  Die ganzheitliche strategische Ausrichtung der Versorgung auf die Unter-
  nehmensstrategie über alle Märkte und Lieferanten hinweg erfolgt in der
  Rahmenstrategie. Ebenso sind die Einkaufsprozesse im Hinblick auf die
  Anforderungen des Unternehmens auszurichten.

- **Strategiebaustein 2 – Supply-Marktstrategie (kurz Marktstrategien):** Für jeden wesentlichen Beschaffungsmarkt (z. B. Markt für Gussteile, Markt für Stanz- und Biegeteile, Markt für IT-Dienstleistungen) soll eine Marktstrategie formuliert und umgesetzt werden. In der Praxis wird häufig auch von Materialgruppenstrategien, Warengruppenstrategien oder Commodity-Strategien gesprochen. Die Begriffe werden als synonym verstanden. Allerdings soll mit dem Begriff Marktstrategie verdeutlicht werden, dass der Einkauf – wie der Vertrieb – marktorientiert ausgerichtet sein muss, um sich auf seinen Märkten durchzusetzen und Wettbewerbsvorteile für das Unternehmen zu realisieren.
- **Strategiebaustein 3 – Lieferantenstrategie:** Für die Top-Lieferanten soll jeweils eine Lieferantenstrategie formuliert werden, mit der die Zusammenarbeit mit dem jeweiligen Lieferanten strategisch entwickelt wird. Weitere Bausteine des Lieferantenmanagements, wie z. B. Lieferantenbewertung oder Lieferantenfreigabe, werden als Analysetools zur Vorbereitung der Lieferantenstrategie verstanden. Insofern umfasst die Lieferantenstrategie das gesamte Lieferantenmanagement.
- **Strategiebaustein 4 – Supply-Prozessstrategien (kurz Prozessstrategien):** Analog zu den Top-Lieferanten und Supply-Märkten sollen auch die wesentlichen Prozesse systematisch fortentwickelt werden.
- **Strategiebaustein 5 – Supply-Performance-Management (kurz Performance Management):** Im Performance Management werden alle Management-Funktionen zur Steuerung der Supply-Strategie zusammengefasst. Beispiele hierfür sind das Einkaufscontrolling, das Reifegradmanagement oder die Einkaufsorganisation.

Die fünf Strategiebausteine sind noch sehr abstrakt und werden in der 15M-Architektur in 15 Module strukturiert und konkretisiert (Abb. 3.3). Der modulare Aufbau der 15M-Architektur hat vielfältige Vorteile. Hervorzuheben ist die Möglichkeit, bei der Implementierung des strategischen Einkaufs schrittweise vorzugehen. Kein Unternehmen ist in der Lage, alle Aspekte des strategischen Einkaufs in einem Schritt zu implementieren. Die modulare Struktur stellt sicher, dass einzelne Schritte isoliert gegangen werden können und trotzdem die Kompatibilität zu später realisierten Modulen sichergestellt ist. In analoger Weise können beim Vorliegen von Konzernstrukturen einzelne Divisionen in unterschiedlicher Schrittfolge vorgehen bzw. für verschiedene Geschäftsarten alternative Lösungen entwickeln. Soweit sie sich an den Strukturen und den Schnittstellen der 15M-Architektur orientieren, werden die Lösungen kompatibel

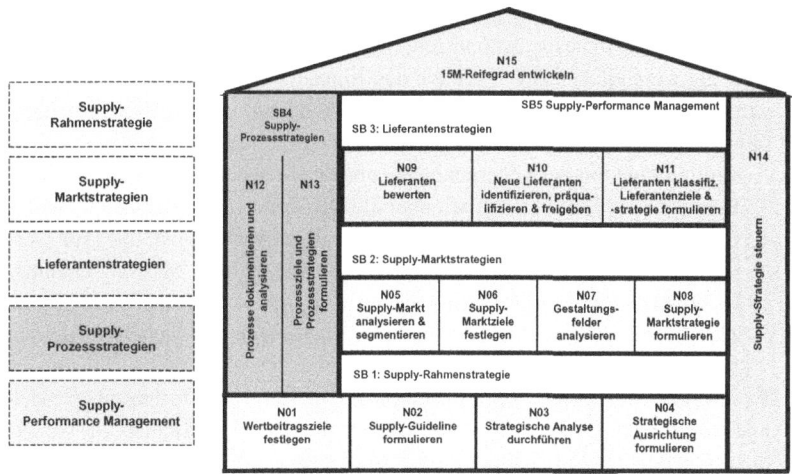

Abb. 3.3 Aufbau der 15M-Architektur. (Quelle: Heß 2017, S. 26.)

sein. Die einzelnen Module sollen in den folgenden Kapiteln vorgestellt werden, soweit sie für die Untersuchung der Resilienz im Einkauf relevant sind.

Hingewiesen sei, dass in der 15M-Architektur keine speziellen Module zur Nachhaltigkeit bzw. zum Risikomanagement vorgesehen sind. Diese Themen werden analog zu Zielsetzungen des Einkaufs innerhalb der gesamten Struktur beachtet. So ist das Risikomanagement mit der gesamten 15M-Architektur verwoben, wie in Abschn. 3.3 ausgeführt wird. (Zur Integration der Nachhaltigkeit in die 15M-Architektur vgl. Heß 2019).

Angemerkt sei ferner, dass das Akronym 15M im Namen 15M-Architektur für 15 Module steht. In der ursprünglichen Version waren die 15 Module mit M01 bis M15 durchnummeriert. Nach zehn Jahren Anwendungserfahrung wurde im Jahr 2017 die 15M-Architektur Version 2.0 veröffentlicht. Um Verwechslungen auszuschließen, wurden die Module mit N01 bis N15 bezeichnet. (N ist im Alphabet der Folgebuchstabe nach M und steht für „neues Modul".)

Neben der Ganzheitlichkeit sind folgende Eigenschaften für die 15M-Architektur prägend:

- **Integrativer Ansatz:** Die Vernetzung und die Zusammenarbeit mit allen internen und externen Stakeholdern innerhalb der Versorgung des Unternehmens sind in der 15M-Architektur von zentraler Bedeutung. Insbesondere

werden die Steuerungsprozesse an den Schnittstellen zu anderen Funktionen oder Prozessen intensiv thematisiert. Die cross-funktionale Zusammenarbeit wird als wesentlicher Erfolgsfaktor des Einkaufs verstanden. Dieser Aspekt wird sich insbesondere auch im Rahmen der Resilienzanalyse als sehr bedeutsam herausstellen. Folgende Schnittstellen sind besonders hervorzuheben:
- Verknüpfung mit der Unternehmens- und den Wettbewerbsstrategien
- Konzernweite Zusammenarbeit über die Divisionen und Regionen hinweg
- Cross-funktionale Zusammenarbeit mit allen Abteilungen, die zur Versorgung des Unternehmens beitragen, wie z. B. Logistik, Qualität, Produktion
- Zusammenarbeit mit Lieferanten, externen Kunden und weiteren externen Stakeholdern.
- **Evolutionärer Ansatz** (zum evolutionären Ansatz vgl. insbesondere Heß und Laschinger 2019, S. 133 ff.): Die Logik der 15M-Architektur ist auf die evolutionäre Entwicklung von Strategien sowie der Methoden und Instrumente der Strategien angelegt. Schrittweise werden die Konzepte fortentwickelt. Nur gelegentlich kommt es zur Disruption. Beispielsweise kann die Systematik zur Formulierung von Marktstrategien von einer zunächst sehr einfachen Vorgehensweise über die Jahre hinweg zu einer sehr differenzierten und toolbasierten Systematik ausgebaut werden. Analog gewinnen auch die einzelnen Marktstrategien schrittweise an strategischer Weitsicht und Tiefgang. Wesentlicher Treiber hierbei ist die Kompetenzentwicklung bei den Einkäufern, bei denen die erforderlichen Lernprozesse auch Zeit benötigen. Folgende Konzepte sind im Rahmen des evolutionären Ansatzes hervorzuheben:
  - Regelkreisorientierte Strategieentwicklung: Der Entwicklung der einzelnen Strategien liegt ein stringentes Denken in einfachen Regelkreisen zugrunde. Beispielsweise werden zur Rahmenstrategie die Ziele in Form von Wertbeitragszielen formuliert (Modul N01). Es folgt eine strategische Analyse (Modul N03), bevor strategische Stoßrichtungen definiert und mit Projekten und Maßnahmen (Modul N04) umgesetzt werden. In den dazu vorgesehenen Steuerungsprozessen werden die Umsetzungsergebnisse regelmäßig gecheckt und bei Abweichungen Konsequenzen ergriffen.
  - 15M-Reifegradmanagement: Im 15M-Reifegradmanagement wird die aktuelle Situation des Einkaufs im Unternehmen mit der Idealstruktur der 15M-Architektur gebenchmarkt. Dazu werden aus den 15 Modulen 36 Bewertungsfunktionen abgeleitet, die überprüft werden. Im Ergebnis lässt sich ein Reifegradscore errechnen, der die Reife des Einkaufs widerspiegelt und dessen Entwicklung über die Jahre hinweg zeigt, wie der strategische

Einkauf an Stärke gewinnt. Ferner ergeben sich viele differenzierte Ideen für Verbesserungsmaßnahmen, die in der Rahmenstrategie umgesetzt werden.

• **Strategie- und Umsetzungsorientierung:** Die 15M-Architektur ist stringent strategieorientiert, d. h. es stehen die Erfolgspotenziale des Einkaufs im Fokus. Die Leitfrage lautet: Welche Voraussetzungen sind heute zu schaffen bzw. zu erhalten, damit in den nächsten Jahren erfolgreich eingekauft werden kann. In der Praxis bedeutet das, dass mit Strategien die Einkaufsbedingungen für die folgenden Geschäftsjahre verbessert werden sollen. Die Stärkung der Resilienz ist dabei ein ganz wesentlicher Baustein, da es ja darum geht, gegenüber zukünftigen unerwarteten Krisen gewappnet zu sein.

Die 15M-Architektur ist insofern umsetzungsorientiert, da jede Strategie bis auf Projekte, Maßnahmen und KPI's heruntergebrochen wird. Der oben angesprochene evolutionäre Ansatz stärkt auch die Umsetzung der Strategien. Ferner müssen sich die Strategien sowie die Ausgestaltung der einzelnen Module auch an der Kompetenz und der Kapazität der Mitarbeiter orientieren. So kann die Geschwindigkeit bei der Entwicklung von Strategien ganz wesentlich durch die Mitarbeiterentwicklung beeinflusst werden.

3.3   Resilienz in der 15M-Architektur

In den folgenden zwei Abschnitten wird das Konzept zur 15M-Resilienz (= Resilienz im Einkauf mit der 15M-Architektur) im Überblick vorgestellt. Dazu werden zunächst die Ansatzpunkte innerhalb der 15M-Architektur identifiziert, an denen die Resilienz analysiert und ggf. entwickelt werden sollte. Dabei werden bereits Ideen beschrieben, wie die Resilienzanalyse angegangen werden kann. Ferner werden wesentliche Elemente des klassischen Risikomanagements knapp skizziert und innerhalb der 15M-Architektur positioniert. Insbesondere wird die Verknüpfung zwischen klassischem Risikomanagement und Resilienz erörtert. Anschließend wird in Abschn. 3.4 in Form eines Zwischenfazits das Konzept der 15M-Resilienz zusammengefasst und die weitere Vorgehensweise dieses Leitfadens vorgestellt.

3.3.1   Resilienz in der Rahmenstrategie

Die Rahmenstrategie, der erste Strategiebaustein der 15M-Architektur, zielt auf die strategische Ausrichtung des Einkaufs. Insbesondere stellt sie auch den Rahmen bereit, innerhalb dessen sich die Markt- und Lieferantenstrategien bewegen müssen. Die Rahmenstrategie ist in vier Modulen aufgebaut, die unter besonderer Beachtung von Resilienz und klassischem Risikomanagement vorgestellt werden. Die Ansatzpunkte der Resilienzanalyse werden dabei vertieft.

N01: Wertbeitragsziele festlegen
Die Wertbeitragsziele beschreiben die Ziele, die den Beitrag des Einkaufs für den Unternehmenserfolg definieren. Systematisch gesehen, sind die Wertbeitragsziele die Vorgaben der Unternehmensleitung oder anderer Stakeholder für den Einkauf. Die Wertbeitragsziele können sich.

- aus der Unternehmensstrategie (z. B. lokale Versorgung der Werke in China, wenn nach Unternehmensstrategie die Produktionskapazität in China stark ausgebaut werden soll),
- aus den Geschäftszielen (z. B. Einsparerfolge oder Qualitätsziele der Lieferanten),
- aus dem Wertesystem (z. B. Einhaltung der Risikopolitik oder der Nachhaltigkeitspolitik) oder
- aus der Risikopolitik des Unternehmens (z. B. Einhaltung einzelner risikopolitischer Grundsätze) ableiten.

Die enge Koppelung zwischen Risikomanagement im Unternehmen und im Einkauf wird überwiegend als Aufgabe des klassischen Risikomanagements gesehen und soll im Folgenden nicht vertieft werden.

N02: Supply-Guideline formulieren
In der Supply-Guideline werden die Leitideen zur Entwicklung des strategischen Einkaufs definiert, beispielsweise in Form einer Vision oder eines Leitbildes für den Einkauf. In diesem Rahmen können eine Supply-Risikopolitik bzw. risikopolitische Grundsätze für den Einkauf formuliert werden, die über die allgemeine Risikopolitik des Unternehmens hinausgehen. Zum einen können grundsätzliche prozessuale Richtlinien Vorgaben für die Einkaufsprozesse machen, z. B. welche Risikochecks bei neuen Lieferanten auszuführen sind. Zum anderen kann ein risikopolitischer Rahmen für Einkaufsentscheidungen formuliert werden. Beispielsweise können bestimmte Lieferregionen unter Risikogesichtspunkten ausgeschlossen oder Vorgaben zum Einsatz von Second Sources oder zur Sicherung von Werkzeugen gemacht werden.

N03: Strategische Analyse durchführen

Bevor die strategische Ausrichtung formuliert werden kann, sollte die strategische Situation analysiert und strategische Handlungsoptionen identifiziert und geprüft werden. Welche Analysen sinnvoll sind, muss im konkreten Fall entschieden werden. Üblicherweise beinhalten einige der strategischen Analysen bedeutsame Risikoaspekte. Beispielsweise beschäftigten sich im Jahr 2019 viele Unternehmen mit den Konsequenzen eines harten Brexit und in diesem Rahmen auch mit den damit verbundenen Risiken.

Jenseits der Betrachtung von einzelnen Risiken sind für die Analyse von Risiko und Resilienz zwei grundsätzliche Herangehensweisen hervorzuheben: (1) Analyse der Top-Risiken und (2) Analyse des Krisenmanagements.

(1) Analyse der Top-Risiken (Zur Vertiefung vgl. Heß 2017, S. 69 ff. sowie Heß und Laschinger 2019, S. 90 ff.): Als Teil des klassischen Risikomanagements werden im Rahmen der strategischen Analyse die Top-Risiken identifiziert, im Hinblick auf Schadensausmaß und Eintrittswahrscheinlichkeit bewertet und mit einer Risk-Map visualisiert. Für kritische Risiken sollen Maßnahmen zur Verminderung, Verlagerung oder Vermeidung der Risiken geprüft werden.

Die Analyse der Top-Risiken soll als Teil des klassischen Risikomanagements nicht vertieft werden. Es soll einzig auf eine bedeutsame Schnittstelle zur Resilienz hingewiesen werden. Bei der Analyse der Resilienz in Beschaffungsmärkten (siehe Kap. 5) können sich typische Muster ergeben. Beispielsweise kann eine umfangreiche Abhängigkeit von bestimmten Lieferregionen auffallen. Oder: Es gibt sehr viele kritische Single-Source-Situationen. Diese Erkenntnis kann aus der Resilienzanalyse in die Analyse der Top-Risiken einfließen. Konkret können für erkannte Risikomuster Initiativen gestartet werden (z. B. Initiative zur Reduzierung von Single-Source-Risiken). In der folgenden Übersicht finden sich typische strategische Initiativen. Die detaillierte Beschreibung dazu erfolgt in Kap. 5, insbesondere in Abschn. 5.5.1.

Übersicht über typische strategische Initiativen zur Stärkung der Resilienz
- Second-Source-Strategie
- Second-Site-Strategie (inklusive Backup-Werk-Strategie)
- Werkzeugsicherungs-Strategie
- Lokalisierungs-Strategie
- Globalisierungs-Strategie
- Bestandsoptimierungs-Strategie
- Währungssicherungen

(2) Analyse des Krisenmanagements: Die Widerstandsfähigkeit gegen unerwartete Risiken kann maßgeblich durch ein hervorragendes Krisenmanagement gestärkt werden. Mit einem guten Krisenmanagement können existenzbedrohende Krisen bewältigt oder zumindest deren Schadenswirkung stark abgemildert werden. Das Krisenmanagement ist zunächst unabhängig von der konkreten Bedrohung vorzubereiten und sollte im Krisenfall schnell und flexibel auf die jeweilige Bedrohungslage hin ausgerichtet werden können. Letztlich geht es darum, das Potenzial für ein hervorragendes Krisenmanagement zu schaffen. Der Aufbau eines Krisenmanagement-Potenzials wird als zentrales Element der Resilienz verstanden und insofern im Folgenden detailliert ausgearbeitet.

Im Rahmen der strategischen Analyse (N03) sollte (regelmäßig) das Krisenmanagement-Potenzial analysiert, mögliche Schwachpunkte identifiziert und Verbesserungsideen geprüft und ggf. implementiert werden. Als methodischer Ansatz wird eine Reifegradanalyse vorgeschlagen, die nach den oben beschriebenen Resilienzkriterien Orientierung, Transparenz, Vernetzung, Führung und Kultur sowie Mitarbeiter strukturiert ist. Innerhalb dieser Themen wird mit mehreren Fragen der Reifegrad des Einkaufs im Krisenmanagement beurteilt. Soweit Defizite zu erkennen sind, sollten die im Reifegradmodell implizierten Verbesserungsideen geprüft werden. Das Reifegradmodell zum Krisenmanagement wird im weiteren Verlauf dieser Untersuchung im Detail vorgestellt (siehe Kap. 4).

N04: Strategische Ausrichtung formulieren

Die strategische Ausrichtung (N04) wird in Form von meist drei bis fünf strategischen Stoßrichtungen formuliert. Strategische Stoßrichtungen beschreiben sloganhaft die zentralen strategischen Entwicklungslinien des Einkaufs. Sie werden mit Projekten, Maßnahmen und KPI's (Strategietreiber) konkretisiert. Erkenntnisse aus der Analyse von Risiko und Resilienz können.

- zu einer eigenständigen strategischen Stoßrichtung führen, z. B. weltweit sollen die Lieferketten (zu allen Produktionswerken) soweit wie möglich lokalisiert werden.
- zu ergänzenden Zielsetzungen in bestehenden strategischen Stoßrichtungen führen. Beispielsweise kann in der strategischen Stoßrichtung „mit Value Sourcing die Standardisierung bei Materialien intensiv vorangetrieben werden" eine Restriktion eingebaut werden, die besagt, dass in allen Standardisierungsprojekten eine gewisse Second-Source-Politik einzuhalten ist.
- in kleinen Verbesserungsmaßnahmen direkt umgesetzt werden.

Fazit: Die Analyse und Stärkung der Resilienz ist mit der Rahmenstrategie intensiv verwoben. Im Folgenden wird das Reifegradmodell zum Krisenmanagement-Potenzial entwickelt.

3.3.2 Resilienz in Marktstrategien

In der Marktstrategie wird für jeweils einen bedeutsamen Beschaffungsmarkt eine Strategie entwickelt, um auf dem Markt zukünftig kostengünstig und zuverlässig das Material zu beschaffen und somit eine hervorragende Wettbewerbsposition einzunehmen. In der 15M-Architektur wird als Vorgehensweise die Steckbriefmethode empfohlen. In vier großen Schritten wird die Strategie formuliert (Abb. 3.4). Dabei orientiert sich der Einkäufer am Steckbrief, einem Formular, mit dessen Fragestellungen schrittweise die Strategie entwickelt wird (Zur detaillierten Vorstellung der Marktstrategie mit der Steckbriefmethode vgl. Heß 2010; S. 161 ff.; Heß 2017 S. 93 ff.; Heß und Laschinger 2019, S. 98 ff.).

Die klassische Risikoanalyse ist in der Steckbriefmethode der 15M-Architektur bereits integriert. Die Resilienzanalyse hingegen ist neu. In den Modulen zur Markstrategie sind das klassische Risikomanagement sowie die Resilienzanalyse in folgender Weise verankert.

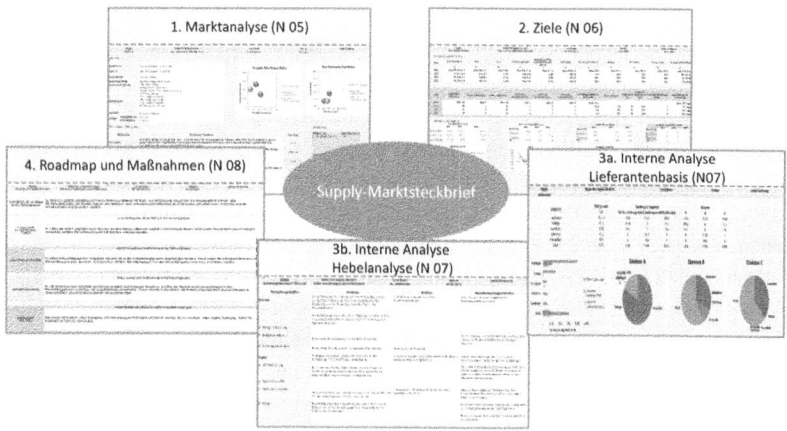

Abb. 3.4 Marktstrategie mit der Steckbriefmethode

N05: Marktanalyse
In der Marktanalyse wird im Sinne der Beschaffungsmarktforschung der Markt mit seinen Segmenten analysiert. Ziel ist umfassende Markttransparenz. Dabei wird – im Sinne des klassischen Risikomanagements – explizit auch nach Marktrisiken recherchiert, z. B. absehbare Allokationen oder das Aufkommen einer Insolvenzwelle. Aus Resilienzsicht ist eine umfassende Markttransparenz von großer Bedeutung.

N06: Marktziele
Bei den Marktzielen werden insbesondere quantitative Zielsetzungen bzw. Treibergrößen des Einkaufs im jeweiligen Markt definiert. Diese können aus den Unternehmens- bzw. aus den Einkaufszielen abgeleitet werden. Ebenso werden hier auch Treibergrößen überwacht, die sich aus der Strategie-Roadmap (siehe unten N08) ergeben. Innerhalb der Marktziele können und sollen auch KPI's berücksichtigt werden, die Risiken indizieren, z. B. Single-Source-Quote, Rahmenvertragsquote, Local-Content-Quote.

N07: Interne Analyse
Herzstück der Marktanalyse ist die interne Analyse. Neben einer ausführlichen Betrachtung des Lieferantenportfolios wird anhand einer umfangreichen Hebel-analyse die Situation des Unternehmens im Beschaffungsmarkt analysiert und nach Verbesserungsideen gescannt. Dabei wird seitens der 15M-Architektur eine systematisch aufgebaute Checkliste mit Einkaufshebeln zur Verfügung gestellt, z. B. Lieferantenbeziehung, Regionalstrategie, Lieferantenzahl, Bündelung, objektorientierte Hebel (vgl. z. B. Heß 2017, S. 102 ff.). In diesem Rahmen wird auch systematisch nach möglichen Risiken gefahndet.

Am Beispiel des Hebels zur Lieferantenbeziehung soll das Vorgehen mithilfe eines fiktiven Fallbeispiels erläutert werden: Es werden zunächst im Unternehmen die bestehenden Lieferantenpartnerschaften identifiziert und analysiert. Aktuell gibt es im Beispielunternehmen drei intensive Partnerschaften, von denen sich zwei auch auf eine Entwicklungsintegration beziehen, aber erhebliche Schwachpunkte aufweisen. Im Rahmen der Analyse wird nach Verbesserungs-ideen gesucht. Beispielsweise könnten die Partnerschaften mit den Entwicklungs-lieferanten A und B intensiviert werden. Dabei sind Risiken in der aktuellen Situation oder Risiken zu identifizieren, die sich aus den möglichen Strategien ergeben. Im Beispiel könnte die weitere Intensivierung der Partnerschaften zu einer erhöhten Abhängigkeit von den Lieferanten führen. Ziel der Hebelanalyse ist es also, sehr systematisch nach strategischen Verbesserungsideen im Markt und nach möglichen Risiken zu suchen. Im Ergebnis entsteht eine Übersicht über Handlungsoptionen für die Strategie und über die kritischen Risiken im Markt.

Die Resilienzanalyse setzt auch an dieser internen Analyse an. Zunächst müssen Materialien identifiziert werden, deren Resilienzniveau existenzbedrohend ist, z. B. dessen Ausfall zu erheblichen Umsatzeinbußen führt. Für jedes dieser Materialien können die Resilienzkriterien Stabilität und Flexibilität detailliert untersucht werden. Hieraus ergibt sich das vorhandene Resilienzniveau und die Resilienzlücke. Ferner werden im Rahmen dieser Analyse Verbesserungsideen identifiziert, um die Resilienz zu steigern, z. B. Aufbau einer Second Source oder interne Qualifizierung eines Alternativmaterials. Diese Handlungsoptionen lassen sich in der Regel problemlos den Hebeln der 15M-Architektur zuordnen und somit in die oben beschriebene ursprüngliche Hebelanalyse integrieren.

Neben der Betrachtung einzelner Materialien müssen auch die Stabilität und Flexibilität von sogenannten Risikoclustern analysiert werden. Bei Risikoclustern handelt es sich um Materialien, deren Risiken nicht voneinander unabhängig sind, so dass sich ein Ausfall sehr leicht gemeinsam ereignen kann. Beispielsweise stellt ein Lieferant ein Risikocluster dar. Fällt der Lieferant aus, fallen häufig alle seine Materialien aus. Weitere Risikocluster sind Materialien mit gleichem Ursprungsland, Materialien, die einen gemeinsamen kritischen Vorlieferanten haben, oder Materialien mit den gleichen Rohstoffen. Die Prüfung erfolgt analog zur Analyse von Stabilität und Flexibilität auf Ebene einzelner Materialien.

Nach der Analyse von Stabilität und Flexibilität von kritischen Materialien sowie von Risikoclustern sollte auch für die betrachtete Materialgruppe das Krisenmanagement Potenzial untersucht werden. Sollten unerwartete Risiken im Beschaffungsmarkt auftreten, hilft auch hier ein hervorragendes Krisenmanagement, die Krise zu bewältigen. Es wird vorgeschlagen, die Reifegradanalyse der Rahmenstrategieebene leicht modifiziert und vereinfacht zu verwenden.

N08: Supply-Marktstrategien formulieren
Im letzten Schritt wird die Marktstrategie in Form von strategischen Stoßrichtungen formuliert und mit Projekten und KPI's konkretisiert. Hierzu müssen aus den vielfältigen Handlungsoptionen der internen Analyse (N07) eine schlüssige Strategie abgeleitet werden. Dies erfordert eine gehörige Portion Kreativität. Insgesamt geht es darum, mit den strategischen Stoßrichtungen die Position des Unternehmens auf dem Beschaffungsmarkt – im Sinne der Unternehmensstrategie und der Rahmenstrategie des Einkaufs – fortzuentwickeln. Da die Konsequenzen der Risiko- wie auch der Resilienzanalyse bereits in die Handlungsoptionen eingeflossen sind, gehen diese auch unmittelbar in die Strategieformulierung ein.

Fazit: In den Marktstrategien wird die Resilienz über die Analyse der Stabilität und der Flexibilität von kritischen Materialien und von kritischen Risikoclustern analysiert. Diese Analyse wird in Kap. 5 detailliert ausgearbeitet. Auf die Anpassung des Reifegradmodells für das Krisenmanagement- Potenzial im Beschaffungsmarkt wird in diesem Zusammenhang ebenso eingegangen.

3.3.3 Lieferantenstrategie und Prozessstrategien

Lieferantenstrategie

In der Lieferantenstrategie wird die strategische Zusammenarbeit mit einzelnen Lieferanten entwickelt. Die Lieferantenbewertung und Lieferantenfreigabe sind in diesem Rahmen als Analysetools der Lieferantenbeziehung berücksichtigt, sodass die Lieferantenstrategie das gesamte Lieferantenmanagement umfasst. Allerdings liegt ein besonderer Fokus auf der Entwicklung der strategischen Zusammenarbeit.

Wie im vorausgehenden Kapitel bereits ausgeführt wurde, muss die Resilienz der Lieferantenbeziehung über die Analyse der Materialien erfolgen, die vom Lieferant geliefert werden. Da sich unerwartete Risiken eines Lieferanten leicht auf alle seine Materialien beziehen können, bezieht sich die Resilienzanalyse sinnvollerweise auch auf dessen gesamtes Lieferspektrum. Dieses wird – wie oben ausgeführt – als Risikocluster zum Lieferanten bezeichnet und im Rahmen der Resilienzanalyse auf der Marktebene mit behandelt.

Das klassische Lieferantenrisikomanagement erfolgt meist in Form einer Risikocheckliste, die für jeden (wichtigen) Lieferanten regelmäßig zu bearbeiten ist. Sobald hierbei Risiken identifiziert werden, wird entlang des Risikomanagementprozesses das Risiko bewertet und gesteuert. In der Praxis finden sich gelegentlich rudimentäre Vorläufer einer solchen Checkliste, z. B. die regelmäßige Abfrage von Kreditwürdigkeitsauskünften über Ratingagenturen.

Prozessstrategien

In den Prozessstrategien werden die wesentlichen Einkaufsprozesse, wie z. B. der Source2Contract- oder der Procure2Pay-Prozess, systematisch fortentwickelt. Stärkung der Resilienz in den Einkaufsprozessen bedeutet, diese gegenüber unerwarteten Risiken abzusichern. Das kann sich beispielsweise auf gravierende Störungen in der DV-technischen Abwicklung durch umfangreiche Störungen in der Stromversorgung, im Internet oder in der betrieblichen IT bzw. bei Cloud-Anbietern beziehen. Diese und vergleichbare Themen sind dem allgemeinen Business Continuity Management zuzuordnen und sollen deshalb hier nicht näher betrachtet werden.

Unterbrechungen der SCM-Prozesse aufgrund logistischer Störungen, z. B. Streiks, Blockaden, Handelshemmnisse, Vulkanasche, Erdbeben, mangelnde Transportkapazitäten und vieles mehr, werden bereits indirekt im Rahmen der Marktstrategien betrachtet. Dort wird die Resilienz von Materialien bzw. Vormaterialien auch danach beurteilt, aus welchen Lieferregionen sie stammen. Insofern können Störungen im Zahlungsverkehr, z. B. aufgrund von Strafmaßnahmen in der Handelspolitik eines Landes, analog behandelt werden. Insbesondere sollten in der Marktstrategie auch regionale Cluster untersucht werden. Regionale Bündelungen oder komplexe Logistikketten werden als Schwächen in der Resilienz gesehen. Gegebenenfalls sollten Maßnahmen zur Stärkung der Resilienz geprüft werden.

Fazit: Die Resilienz von Lieferanten wird im Rahmen der Markstrategie über die Resilienz der Materialien des Lieferanten geprüft. Die Resilienz der Prozesse wird – auf hoher Flughöhe – ebenso in der Marktstrategie auf Ebene einzelner Materialien oder einzelner Risikocluster (z. B. regionale Cluster) analysiert.

3.4 Zwischenfazit: Konzept der 15M-Resilienz im Einkauf

Nachdem die Ansatzpunkte zur Analyse und Steigerung der Resilienz in der 15M-Architektur identifiziert wurden, kann im Folgenden das Konzept der 15M-Resilienz im Überblick vorgestellt werden (siehe Abb. 3.5).

Ausgangspunkt der Überlegungen sind die definierten Resilienzkriterien. Stabilität und Flexibilität mit den dazugehörigen Subkriterien sollen direkt die Widerstandskraft der Lieferketten sichern. Orientierung, Transparenz und Planung, Vernetzung, Führung und Kultur sowie Mitarbeiter stärken das Krisenmanagement-Potenzial, sodass auf unerwartete Ereignisse schnell und wirkungsvoll reagiert werden kann.

Bevor diese Ansatzpunkte zur 15M-Resilienz kurz skizziert werden, sollen die wesentlichen Bausteine des klassischen Risikomanagements positioniert werden (siehe Abb. 3.5, rechte Spalte):

• Auf Ebene der Rahmenstrategie sind die Risikopolitik des Einkaufs sowie das Management der Top-Risiken die zentralen Elemente eines klassischen Risikomanagements. Die Steuerung der Top-Risiken erfolgt in der Regel mit dem klassischen Risikomanagement Prozess und der Risk-Map, indem die

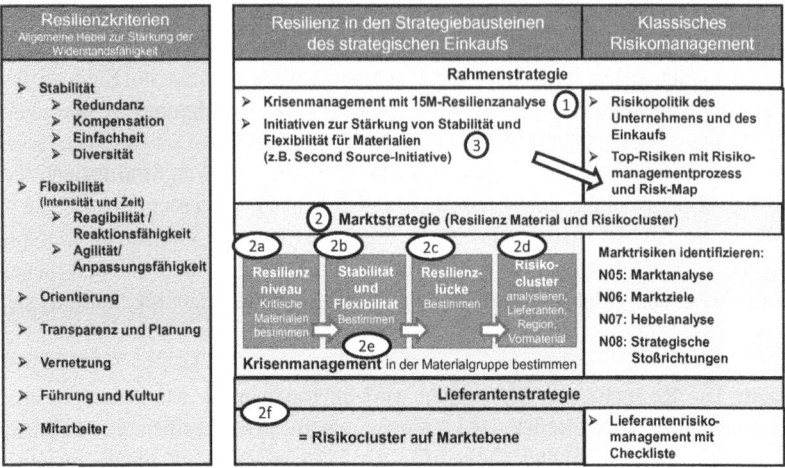

Abb. 3.5 Konzept der 15M-Resilienz

identifizierten Risiken nach Eintrittswahrscheinlichkeit und Schadensausmaß bewertet und mit angemessenen Aktionen gesteuert werden.

- Auf Ebene der Marktstrategie werden die Risiken innerhalb des Marktstrategie-Steckbriefs gesteuert. Es werden Marktrisiken und Risiken in der internen Analyse identifiziert. Die Konsequenzen werden bei der Formulierung der strategischen Stoßrichtungen und der strategischen Projekte unter Beachtung der vielfältigen Anforderungen an die Strategie ermittelt. Risikoorientierte Ziele und KPI's sollten definiert werden.
- Auf Ebene der Lieferantenstrategie wird empfohlen, das Lieferantenrisikomanagement im Rahmen der Lieferantenbewertung mit Hilfe von checklistenbasierten Lieferantenrisikobewertungen zu verankern. Die Konsequenzen ergeben sich insbesondere in der Lieferantenklassifizierung, der Lieferantenstrategie oder sind ggf. in die dazugehörige Marktstrategie zu integrieren. Prozessorientierte Risikoanalysen sind in Abb. 3.5 nicht weiter aufgeführt.

Innerhalb der 15M-Architektur wurden drei bedeutsame Ansatzpunkte zur Analyse und zur Stärkung der Resilienz im Einkauf identifiziert:

- Auf Ebene der Rahmenstrategie (1) die Entwicklung des Krisenmanagement Potenzials sowie (3) Initiativen zur Stärkung von Stabilität und Flexibilität für Materialien, Lieferanten und weiteren Risikoclustern.

- Auf Ebene der Marktstrategie (2) die Analyse und Stärkung der Resilienz einzelner Materialien und dazugehöriger Risikocluster. Über die Bildung geeigneter Risikocluster, z. B. alle Materialien eines Lieferanten, werden auch die Lieferanten- und Prozessstrategien ins Konzept integriert. Die Analyse des Krisenmanagement Potenzials soll auch für kritische Materialgruppen ausgeführt werden.

(1) Krisenmanagement-Potenzial

Auf Ebene der Rahmenstrategie bzw. auf Ebene des Gesamteinkaufs soll die Fähigkeit zu einem effektiven und effizienten Krisenmanagement in der Einkaufsorganisation entwickelt werden. Als methodischer Ansatz wird das Reifegradmanagement empfohlen. Mit einem Reifegradmodell wird das aktuelle Krisenmanagement Potenzial zu den Resilienzkriterien Orientierung, Transparenz und Planung, Vernetzung, Führung und Kultur sowie Mitarbeiter analysiert und bewertet. Im Rahmen dieser Betrachtung sollen konkrete Ansatzpunkte zur Stärkung der Resilienz im Einkauf identifiziert und konkretisiert werden.

Für das Resilienzkriterium Orientierung wird beispielsweise gefragt, ob es im Einkauf eine Risikopolitik gibt, an der sich die Einkäufer orientieren können. Im Sinne der Reifegradsystematik wird zu jedem Statement eine Abstufung zwischen „nicht vorhanden" bis „ganz exzellent" entwickelt. Im Beispiel erfolgt die Abstufung zwischen „es gibt keine Risikopolitik im Einkauf" bis hin zu „es gibt eine umfassende und systematisch gesteuerte Risikopolitik". Insgesamt enthält das Reifegradmodell zur 15M-Resilienz 46 Fragen. Im Sinne einer Selbstbewertung kann der Einkauf mit diesen Fragen seine derzeitige Situation beurteilen. Dies führt zu einem Reifegradscore, der die Reife des Krisenmanagements im Einkauf zum Ausdruck bringt. Ferner ergeben sich anhand der noch nicht erreichten Reifegradstufen Verbesserungsideen, deren Umsetzung über die Zeit zur Stärkung der Resilienz im Einkauf führt und damit zu einer Steigerung des Reifegradscores.

Auch wenn das vorgestellte Reifegradmodell vornehmlich auf die Entwicklung des Krisenmanagements ausgerichtet ist, fällt auf, dass die Stärkung der Widerstandsfähigkeit im Einkauf gleichzeitig auch zu einer grundsätzlichen Verbesserung der Managementkompetenz im Einkauf führt. In der Konsequenz kann das vorgeschlagene Reifegradmodell zur Stärkung der Resilienz im Einkauf gleichzeitig auch als Instrument zur Entwicklung der Managementkompetenz im Einkauf herangezogen werden.

(2) Resilienz von Materialien und Risikoclustern

Im zweiten Ansatz wird die Widerstandsfähigkeit in den Lieferketten einzelner Materialien und Risikocluster durch Beurteilung und Entwicklung von Stabilität und Flexibilität gestärkt.

(2 a) Zunächst werden im Rahmen der Marktstrategien kritische Materialien identifiziert, d. h. Materialien, bei denen beispielsweise ein Versorgungsdefizit oder eine Kostenexplosion zu einer existenzbedrohenden Krise im Unternehmen führen kann. Für diese kritischen Materialien wird das Resilienzniveau möglichst quantitativ bewertet. Beispielsweise wird gefragt, welcher Umsatzausfall droht, falls das Material ein Jahr lang nicht verfügbar wäre.

(2 b) Für die kritischen Materialien aus Schritt 2a werden die Stabilität und die Flexibilität der Versorgung analysiert. Hierzu wird in Kap. 5 eine differenzierte Vorgehensweise vorgestellt. Diese identifiziert zunächst die kritischen Elemente in der Versorgung des Materials, z. B. nur ein Lieferant des betrachteten Materials, nur ein Lieferant bei einem Vormaterial, nur ein Werkzeug. Für diese kritischen Elemente wird die Flexibilität untersucht, d. h. wie lange im Krisenfall die Bereitstellung eines Ersatzes dauern wird.

(2 c) Hieraus lässt sich die Resilienzlücke bestimmen. Sind beispielsweise in der Regel für drei Monate Bestände verfügbar und die Qualifizierung eines Ersatzmateriales dauert sechs Monate, beträgt die Resilienzlücke drei Monate (sechs Monate minus drei Monate):

Die Resilienzlücke kann durch Maßnahmen wie Bestandsaufbau verkleinert werden. Alternativ kann die Resilienzlücke durch sichere Elemente ein wenig abgesichert werden, z. B. durch sichere Lieferanten oder sichere Lieferregionen.

Soweit im Unternehmen die strategischen Materialgruppen mit Marktstrategien gesteuert werden, sollten die identifizierten Verbesserungsideen nicht direkt umgesetzt werden. Vielmehr sollten dann die Verbesserungsideen als Handlungsoptionen in die interne Analyse (N07) und darüber in die Formulierung der Markstrategie (N08) einfließen. Sollte es im Unternehmen keine Marktstrategien geben, werden die Verbesserungsideen direkt im Hinblick ihrer Umsetzbarkeit geprüft und umgesetzt.

(2 d) Analog zur Resilienzanalyse einzelner kritischer Materialien können und sollen Risikocluster untersucht werden, d. h. Materialien mit voneinander abhängigen Risiken. Typische Risikocluster sind Lieferanten, Beschaffungsregion, gemeinsamer Vorlieferant, Technologie.

(2 e) Darüber hinaus sollte das Krisenmanagement-Potenzial in der Materialgruppe entwickelt werden, sodass im Krisenfall der Einkauf schnell reagieren kann. Zur Analyse kann das oben angesprochene Reifegradmodell in einer vereinfachten und leicht angepassten Form verwendet werden.

(2 f.) Mit der Resilienzanalyse zu den Materialien eines Lieferanten wird also die Resilienzanalyse zur Lieferantenstrategie des Lieferanten durchgeführt. Die identifizierten Verbesserungsmaßnahmen der Resilienzanalyse fließen als Handlungsoptionen in die Lieferantenstrategie des Lieferanten und ggf. auch in die dazugehörige Markstrategie ein.

(3) Initiativen zur Stärkung von Stabilität und Flexibilität für Materialien
Ferner wird vorgeschlagen, materialgruppenübergreifende Initiativen zur Stärkung von Stabilität und Flexibilität durchzuführen, z. B. eine Second-Source-Initiative oder eine Initiative für eine ausgewogene Regionalverteilung von Lieferanten. Thematisch beziehen sich die Initiativen auf die gleichen Inhalte wie die Verbesserungsideen, die im Rahmen materialorientierter Analysen (siehe oben unter (2)) zur Wahl stehen. Allerdings beziehen sich die Initiativen auf alle relevanten Materialgruppen und werden innerhalb der Rahmenstrategie gesteuert. Am sinnvollsten können sie in die Risk-Map integriert werden. Beispielsweise werden im Rahmen einer Second Source-Initiative entsprechende Risikoleitlinien für den Aufbau von Second Sources festgelegt. Hierbei spielt die Frage, unter welchen Umständen, welche Zusatzkosten für eine Second Source akzeptiert werden, eine wichtige Rolle. Ferner sollten grundsätzliche materialgruppenübergreifende Bewertungsrichtlinien formuliert werden. Innerhalb der Initiative muss für jede Marktstrategie geprüft werden, ob Second Sources aufgebaut werden sollen. Damit wird ein unternehmensweit einheitliches Vorgehen möglich und die benötigten Kompetenzen und Ressourcen zur Verfügung gestellt. Ferner stärken Initiativen den Umsetzungsdruck ganz erheblich, da sie über erhebliche Management Attention verfügen.

Weitere Vorgehensweise
Die weitere Vorgehensweise in diesem Leitfaden orientiert sich am Aufbau des 15M-Resilienz-Konzeptes: (1) In Kap. 4 wird das Reifegradmodell zum Krisenmanagement vorgestellt. Dabei werden die Reifegradfragen und deren Hintergründe erläutert. Darüber hinaus wird der Aufbau des Reifegradmodells sowie die Auswertungssystematik zum 15M-Resilienzscore ausgeführt. (2) In Kap. 5 wird auf Ebene der Marktstrategie die Vorgehensweise zur Analyse der Stabilität und der Flexibilität von Materialien und Risikoclustern beschrieben. Nach einer detaillierten Beschreibung des Konzeptes werden die Ermittlung des Resilienzniveaus, die Analyse von Stabilität und Flexibilität, die Bestimmung der Resilienzlücke sowie Steuerungsprozesse auf Ebene der Materialgruppen betrachtet. In diesem Rahmen wird auf die Anwendung des Reifegradmodells zur Resilienz auf Ebene einzelner Materialgruppen eingegangen und (3) das materialgruppenübergreifende Initiativen-Management erläutert.

Literatur

Bengel, Jürgen, Lisa Lyssenko. 2012. *Resilienz und psychologische Schutzfaktoren im Erwachsenenalter Stand der Forschung zu psychologischen Schutzfaktoren von Gesundheit im Erwachsenenalter. Schriftenreihe zu Forschung und Praxis der Gesundheitsförderung.* Köln: BzgA.

Biedermann, Lukas. 2018. *Supply Chain Resilienz. Konzeptioneller Bezugsrahmen und Identifikation zukünftiger Erfolgsfaktoren.* Wiesbaden. Springer Gabler.

Drath, Karsten. 2018. *Die resiliente Organisation. Wie sich das Immunsystem von Unternehmen stärken lässt.* Freiburg, München Stuttgart: Haufe Group.

Heß, Gerhard. 2008. *Supply-Strategien in Einkauf und Beschaffung.* Systematischer Ansatz und Praxisfälle. Wiesbaden: Springer.

Heß, Gerhard. 2010. *Supply-Strategien in Einkauf und Beschaffung. Systematischer Ansatz und Praxisfälle,* 2. Aufl. Wiesbaden: Springer.

Heß, Gerhard. 2011. Supply-Performance-Management. Den Wertbeitrag im Einkauf messen und steuern. In *Praxishandbuch innovatives Einkaufsmanagement. Trends, Herausforderungen und Handlungsansätze,* Hrsg. C. Gabath, 53–88. Wiesbaden: Gaber.

Heß, Gerhard. 2015. *Reifegradmanagement im Einkauf. Mit dem 15M-Reifegradmodell zur Exzellenz im Supply Management.* Wiesbaden: Springer Gabler.

Heß, Gerhard. 2016. Den Wertbeitrag des Einkaufs strategisch steuern. Controlling & Management Review 60 (Sonderheft 2): 8–15.

Heß, Gerhard. 2017. *Strategischer Einkauf und Supply-Strategie. Schrittweise Entwicklung des strategischen Einkaufs mit der 15M-Architektur 2.0,* 4. Aufl. Wiesbaden: Springer.

Heß, Gerhard. 2019. Konzeption eines nachhaltigen Einkaufsmanagements auf Basis der 15M-Architektur der Supply-Strategie. In Nachhaltiges Beschaffungsmanagement. Strategien – Praxisbeispiele – Digitalisierung, Hrsg. W. Wellbrock und D. Ludin, 17–36. Wiesbaden: Springer.

Heß, Gerhard. 2020. *Strategic Purchasing and Supply Strategy. Step-by-Step Development of Strategic Purchasing with the 15M Architecture.* Nürnberg: Eigenverlag. Übersetzung von Heß 2017.

Heß, Gerhard, Elmar Holschbach, und Florian, C. Kleemann. 2020. *Strategischer Dienstleistungseinkauf. Leitfaden zur systematischen Umsetzung im Supply Management.* Wiesbaden: Springer Gabler.

Heß, Gerhard und Manfred Laschinger. 2019. *Strategische Transformation im Einkauf. Fallstudie und Anleitung zur praktischen Umsetzung.* Wiesbaden: Springer.

Hungenberg, Harald. 2014. *Strategisches Management im Unternehmen. Ziele – Prozesse – erfahren,* 8. Aufl. Wiesbaden: Springer Gabler.

ifaa – Institut für angewandte Arbeitswissenschaft u.a. Hrsg. 2018. Resilienzkompass. Zur Stärkung der individuellen und organisationalen Resilienz im Unternehmen. https://www.arbeitswissenschaft.net/fileadmin/Bilder/Forschung_und_Projekte/Resilienz-kompass.pdf. Zugegriffen: 15. Jan. 2021.

Steinmann, Horst, Georg Schreyögg, und Jochen Koch. 2013. *Management. Grundlagen der Unternehmensführung. Konzepte-Funktionen-Fallbeispiele*, 7. Aufl. Wiesbaden: Springer Gabler.

Unkrig, Erich, 2018. Das resiliente Unternehmen. Earned not given, Norderstedt Book on Demand.ISBN 978-3-7460-2537-7.

Resilienz im Einkauf durch Krisenmanagement

4

Unerwartete Krisen können durch ein wirkungsvolles Krisenmanagement gemeistert werden. Sind im Einkaufsmanagement die Voraussetzungen für eine effektive und effiziente Krisenbewältigung geschaffen, kann somit von einer resilienten Versorgung gesprochen werden. Im Management der Resilienz sind also die Voraussetzungen für ein wirkungsvolles Krisenmanagement zu analysieren und ggf. zu verbessern. Hierzu soll ein Reifegradmodell vorgestellt werden, mit dem der Einkauf sein Krisenmanagement-Potenzial analysieren und entwickeln kann. Zunächst soll ein Überblick über den Aufbau des Reifegradmodells gegeben werden (Abschn. 4.1). Danach werden zu den Resilienzkriterien Orientierung (Abschn. 4.2), Transparenz (Abschn. 4.3), Vernetzung (Abschn. 4.4), Führung und Kultur (Abschn. 4.5) sowie Mitarbeiter (Abschn. 4.6) die jeweils konkreten Analysefragen formuliert und erläutert. Abschließend werden Fragen zur Anwendung des Reifegradmodells in der Einkaufspraxis diskutiert (Abschn. 4.7). Der gesamte Reifegrad-Analysebogen findet sich im Anhang Kap. 7.

4.1 Überblick über das Reifegradmodell

Mit dem Reifegradmodell zum Krisenmanagement im Einkauf soll die Reife der Einkaufsorganisation entwickelt werden, unerwartete Krisen zu bewältigen. Im Einzelnen können damit folgende Ziele verfolgt werden (vgl. Heß, 2015, S. 5 f.):

- **Verständnis der Reife des Einkaufsmanagements im Hinblick auf Krisenbewältigung:** Mit dem Reifegradmodell wird konkretisiert, über welche Kompetenzen eine reife Einkaufsorganisation verfügen sollte. Hierzu müssen

© Der/die Autor(en), exklusiv lizenziert durch Springer Fachmedien Wiesbaden GmbH, ein Teil von Springer Nature 2021
G. Heß und A.-C. Kleinlein, *Resilienz im Einkauf,*
https://doi.org/10.1007/978-3-658-34462-7_4

die Aufgabenfelder strukturiert werden, die zu entwickeln sind (= Fachkonzept, siehe unten). Ferner muss präzisiert werden, was die Reife in den einzelnen Aufgabenfeldern ausmacht (= Konzept der Reife, siehe unten). Insgesamt wird damit der Maßstab für die Entwicklung des Krisenmanagements transparent gemacht.

- **Ganzheitliche Analyse der Reife:** Das Reifegradmodell hat den Anspruch, alle wesentlichen Aspekte zur Entwicklung des Krisenmanagements im Einkauf zu umfassen (vgl. jedoch die methodischen Bemerkungen unten in diesem Abschnitt).
- **Identifikation und Umsetzung von Verbesserungspotenzialen:** Innerhalb der Reifegradanalyse wird zu den einzelnen Analysefragen jeweils ein „idealer" Entwicklungspfad aufgezeigt. Nach der Beurteilung der aktuellen Situation des Unternehmens können damit leicht die nächsten Schritte zur Verbesserung des Krisenmanagements abgeleitet werden.
- **Transparenz zu den Fortschritten bei der Entwicklung des Krisenmanagements:** Im Rahmen der Reifegradanalyse wird ein Reifegradscore ermittelt. Bei jährlicher oder zweijähriger Wiederholung der Analyse kann über die Veränderung des Reifegradscores die Fortentwicklung der Reife des Einkaufs aufgezeigt und damit auch gesteuert werden.
- **Gemeinsames Vorgehen im Führungskreis:** Die Reifegradanalyse sollte im Führungskreis durchgeführt werden. In der Diskussion zur Beurteilung der einzelnen Fragestellungen entwickelt sich ein gemeinsames Verständnis zu den Stärken und Schwächen im Krisenmanagement und somit auch zu den Ansätzen, wie das Krisenmanagement fortentwickelt werden sollte. Idealerweise sollten die cross-funktionalen Partner des Einkaufs im Beurteilungsprozess eingebunden sein.
- **Ermöglicht Benchmark im Unternehmen bzw. mit anderen Unternehmen:** Da das Reifegradmodell ein Idealmodell darstellt, dienen die Ergebnisse auch der Einordnung der eigenen Leistung im Vergleich zu anderen Abteilungen bzw. anderen Unternehmen.

Zur Beschreibung des Reifegradmodells sind das Fachkonzept, das Konzept der Reife und das Bewertungskonzept auszuführen (Heß 2015, S. 10 ff.).

Das **Fachkonzept** gibt Auskunft, welche fachlichen Themen für ein reifes Krisenmanagement zu beachten sind. Das vorliegende Fachkonzept strukturiert sich nach den oben vorgestellten Resilienzkriterien. Zu den Resilienzkriterien werden jeweils mehrere Themengebiete analysiert, zu denen es jeweils mehrere Analysefragen geben kann. Die folgende Übersicht gibt einen ersten Überblick über die Resilienzkriterien mit deren Themengebieten. Die Analysefragen werden in den nächsten Abschnitten detailliert besprochen:

- Orientierung
  - (A) Vision und Strategie
  - (B) Risikophilosophie
- Transparenz und Planung
  - (A) Objekte der Transparenz
  - (B) Krisenplan
  - (C) Frühwarnsysteme
- Vernetzung
  - (A) Krisenstab
  - (B) Cross-funktionale Zusammenarbeit
  - (C) Zusammenarbeit mit Lieferanten
  - (D) Zusammenarbeit mit weiteren Stakeholdern
- Führung und Kultur
  - (A) Zusammenarbeitskultur
  - (B) Verbesserungskultur
  - (C) Risikobewusstsein
- Mitarbeiter
  - (A) Individuelle Resilienz und Persönlichkeitsmerkmale
  - (B) Fachkompetenz
  - (C) Sozialkompetenz

Das **Konzept der Reife** orientiert sich am 15M-Reifegradmodell mit den darin zugrunde liegenden Managementprinzipien (vgl. im Detail Heß 2015, S. 31 ff.) Um das vorliegende Konzept einfach zu halten, werden diese implizit in den Bewertungsstufen der einzelnen Analysefragen berücksichtigt.

In den folgenden Abschnitten werden die Fragestellungen zu den Resilienzkriterien diskutiert und konkretisiert. In Abschn. 4.7 werden auf den Bewertungsprozess und das Bewertungskonzept eingegangen. Ferner wird gezeigt wie mit der 15M-Resilienzanalyse der Reifegrad im Krisenmanagement gesteigert werden kann. Auf einige methodische Probleme des Reifegradmodells wird im Kasten „Methodische Probleme im Reifegradmodell" hingewiesen.

Methodische Probleme im Reifegradmodell
Um die Ergebnisse der Reifegradanalyse richtig bewerten zu können, soll auf einige Probleme bei der Erstellung des Reifegradmodells hingewiesen werden.

- Die **Komplexität der Wirkmechanismen** im Management ist sehr hoch. Wie wirken beispielsweise die Kulturaspekte im Einkauf auf dessen Krisenfestigkeit bzw. welche Aspekte der Einkaufskultur sind dabei entscheidend? Wie wirkt beispielsweise eine Vertrauens- oder eine Fehlerkultur auf die Resilienz? Wie die Beispiele zeigen, wird sowohl die Auswahl der relevanten Kriterien wie auch deren Analyse in Hinblick auf ihre Wirkung für das Krisenmanagement zu einer Aufgabe, die stringente Vereinfachung erfordert, insbesondere wenn die Analyse innerhalb eines kleinen Leitfadens zur Steigerung der Resilienz im Einkauf erfolgen soll.
- Die relevanten Managementthemen verfolgen **jeweils vielfältige Zielsetzungen**. Die Vorbereitung eines wirkungsvollen Krisenmanagements ist darin nur ein Aspekt und in der Regel auch nicht priorisiert. So dient beispielsweise die Entwicklung der Unternehmenskultur vielfältigen Zielen. Die Entwicklung einer offenen Kommunikation bzw. der Aufbau einer Fehlerkultur kann gleichermaßen helfen, einen kontinuierlichen Verbesserungsprozess zu unterstützen, wie auch im Krisenfall schnell verschiedene Lösungswege auszutesten. Die Anforderungen der verschiedenen Zielsetzungen sind aufeinander abzustimmen. Auch diese Aufgabe kann in einem kleinen Leitfaden zur Resilienz im Einkauf nur tentativ angegangen werden.
- Es gibt zu den aufgeworfenen Fragestellungen **keine direkt verwertbaren Studien**. Die folgenden Erkenntnisse beruhen somit teils auf persönlichen Erfahrungen und Einschätzungen, teils Studienergebnissen, die auf die Fragestellung transferiert werden mussten. Die durchgeführten explorativen Interviews mit Führungspersonen im Einkauf verbreitern zwar die Basis der Erfahrungen. Allerdings beruhen die Aussagen der Interviewpartner ebenso nur auf deren persönlichen Einschätzungen.

In der Konsequenz sind die vorgestellten Ergebnisse als strukturierte Ideensammlung zu verstehen. Als Ordnungsprinzip wurden – wie oben bereits ausgeführt – die Managementfunktionen (Planung, Organisation, Führung, Personal und Kontrolle) zugrunde gelegt.

Wie bei jeder Ideensammlung können und sollen die folgenden Aussagen kritisch diskutiert und ggf. ergänzt werden. Im Laufe der Zeit wird die Ideensammlung damit an Qualität gewinnen.

4.2 Resilienz durch Orientierung

Orientierung im Einkauf bedeutet, dass Klarheit über die Ausrichtung der Einkaufsorganisation besteht und diese als sinnvoll beurteilt wird. Wie oben in Abschn. 3.1 detailliert ausgeführt, soll Orientierung Identität, Identifikation und Mobilisierung bewirken und im Krisenfall helfen, die Bedrohung zu erkennen, zu bewerten und gemeinsam zu bekämpfen. Darüber hinaus führt die gemeinsame Orientierung dazu, in der Krise schneller und besser aufeinander abgestimmt zu handeln.

Das Resilienzkriterium „Orientierung" konkretisiert sich im Einkauf (bzw. in der 15M-Architektur) mit der Unternehmens- bzw. Supply-Vision[1], mit den Strategien der einzelnen Strategiebausteine (Rahmenstrategie, Marktstrategien, Lieferantenstrategien, Prozessstrategien) sowie mit der Risikophilosophie.

(A) Vision und Strategie
Eine Vision bzw. eine Strategie richtet das Handeln in der Organisation sowie bei den relevanten Stakeholdern aus. Damit werden die Kräfte der beteiligten Personen gebündelt. Projekte und Maßnahmen können im Gesamtkontext beurteilt und priorisiert werden. Damit können wenig bedeutsame Projekte zurückgestellt und Reibungsverluste konfligierender Maßnahmen vermieden werden. Im Rahmen der Resilienz ist bedeutsam, dass beim Vorliegen wirkungsvoller Visionen und Strategien diese Bewertungsprozesse sehr schnell erfolgen können.

---

[1] Die grundsätzliche Ausrichtung des Einkaufs kann in Unternehmen verschiedene Formen annehmen, z. B. Guidelines, Visionen, Leitbilder. Zur Vereinfachung wird folgend der gebräuchlichste Begriff „Vision" als pars pro toto verwendet. Zu den Begriffen vgl. Heß 2017, S. 62 ff.

Orientierung 01 – Vision Gibt es im Unternehmen bzw. im Einkauf eine Vision, die dokumentiert ist und gelebt wird?

Orientierung 02 bis 04 – Strategie Gibt es eine ausdifferenzierte Strategie, die dokumentiert ist und gelebt wird?

- **O-02 für SB01**[2] **Rahmenstrategie:** Gibt es eine ausdifferenzierte Rahmenstrategie, die dokumentiert ist und gelebt wird?
- **O-03 für SB02 Marktstrategien:** Gibt es zu allen relevanten Beschaffungsmärkten (Materialgruppen) Marktstrategien (=Materialgruppenstrategien), die dokumentiert sind und gelebt werden?
- **O-04 für SB03 Lieferantenstrategien:** Gibt es zu allen Top-Lieferanten Lieferantenstrategien, die dokumentiert sind und gelebt werden?

Die Analyse für den Strategiebaustein SB04 Prozessstrategien wird aus Gründen der Vereinfachung ausgeblendet.

(B) Risikophilosophie (synonym Risikopolitik)
Mit der Risikophilosophie werden Vorgaben definiert, wie mit Risiken im Einkauf umzugehen ist. In diesem Rahmen sollten auch Hinweise zum Management der Resilienz erfolgen. Typische Beispiele können sein:

- Second-Source-Politik, nach welchen Gesichtspunkten Second Sources aufgebaut bzw. auch nicht aufgebaut werden sollen,
- Politik für Investitionen in Zweitwerkzeuge,
- Grundsätze einer Bestandspolitik.

Sollte im Unternehmen (nur) eine allgemeine Risikophilosophie vorliegen, muss bei deren Beurteilung die Aussage- und Wirkkraft für den Einkauf betrachtet werden.

Damit das Resilienzkriterium „Orientierung" Wirkung entfalten kann, ist eine intensive Kommunikation und Abstimmung mit allen Stakeholdern erforderlich. Visionen, Strategien und die Risikophilosophie müssen im Unternehmen und in Zusammenarbeit mit externen Stakeholdern gelebt werden. Da die „Vernetzung mit den Stakeholdern" ein eigenes Resilienzkriterium darstellt, konzentriert sich

---

[2]Zur Erinnerung SB steht für Strategiebaustein: SB01 = Rahmenstrategie; SB02 = Marktstrategien, SB03 = Lieferantenstrategien; SB04 = Prozesstrategien.

das Resilienzkriterium „Orientierung" allein darauf, ob Visionen, Strategien und Risikophilosophien vorliegen:

Orientierung 05 – Risikophilosophie Gibt es eine ausdifferenzierte und dokumentierte Risikophilosophie bzw. Risikopolitik im Einkauf, inklusive der damit verknüpften Initiativen?

4.3 Resilienz durch Transparenz und Planung

Transparenz bedeutet, die relevanten Einflussgrößen von Entscheidungen und die zugrunde liegende Handlungssituation zu kennen und zu verstehen. Das hilft im Krisenfall alternative Lösungswege zu identifizieren, zu bewerten und umzusetzen. Dabei ist meist die zeitliche Dimension von entscheidender Bedeutung. Die Schnelligkeit der Reaktion kann im Krisenmanagement für den Erfolg genauso wichtig sein wie der Inhalt der Reaktion. Die Schnellsten können häufig erhebliche Vorteile im Markt für sich realisieren. Dauert es zu lange, können knappe Ressourcen „ausverkauft" oder mögliche Lösungswege besetzt sein.

Wie in Abschn. 3.1. ausgeführt, wird Planung als spezifische Vorgehensweise verstanden, Transparenz zu schaffen. In der Planung wird im Vorfeld der Entscheidung die Handlungssituation strukturiert, mögliche Lösungswege identifiziert und bewertet. Der gewählte Lösungsweg wird konkretisiert. Auf diese Weise wird detailliert geklärt, für welche Themen Transparenz zu schaffen ist. Für diese Themen wird dann versucht, die erforderlichen Informationen zu beschaffen.

Somit erweitern Transparenz und Planung im Krisenfall das Spektrum der Reaktionsmöglichkeiten und erhöhen die Reaktionsgeschwindigkeit. Wie bereits beim Kriterium der Orientierung diskutiert, spielt auch bei der Transparenz und der Planung die Vernetzung der relevanten Stakeholder eine wichtige Rolle. Diese wird – analog zum Kriterium „Orientierung" – unten im Abschnitt zum Resilienzkriterium Vernetzung betrachtet.

Im Rahmen der 15M-Resilienzanalyse wird das Resilienzkriterium „Transparenz und Planung" in die Bereiche „Objekte der Transparenz", „Notfallpläne" sowie „Frühwarnsysteme" strukturiert. Für den Einkauf ergeben sich folgende Konkretisierungen.

(A) Objekte der Transparenz

Im ersten Schritt wird analysiert, ob im Einkauf eine umfassende Transparenz bzw. eine angemessene Planung vorliegt. Zur Beurteilung dieser Frage, wäre allerdings eine Übersicht der relevanten Fragestellungen erforderlich, die transparent sein sollten. Eine solche Systematik ist aber entweder sehr abstrakt – und damit für die Praxis ungeeignet – oder anwendungsorientiert und lückenhaft. Innerhalb dieses Zielkonfliktes wird im Folgenden ein pragmatischer Mittelweg auf Basis der 15M-Architektur gewählt. Es wird generell nach der Transparenz und der Planung innerhalb der einzelnen Strategiebausteine der 15M-Architektur gefragt. Darüber hinaus werden wesentliche Themengebiete je Strategiebaustein konkret abgefragt. In der Unternehmenspraxis sollte jenseits der folgend behandelten Fragestellungen nach weiteren relevanten Themengebieten gesucht werden.

Markttransparenz: Im Rahmen des SB02 „Marktstrategie" wird die strategische Vorgehensweise für einen Beschaffungsmarkt bzw. für eine Materialgruppe geplant. Dazu ist eine umfassende Analyse der Marktsituation erforderlich. Innerhalb der 15M-Architektur werden die Marktanalyse sowie die Planungsprozesse zur Ableitung der Marktstrategie sehr detailliert und systematisch beschrieben (Vgl. Heß 2017; S. 93 ff.; Heß 2010, 161 ff., für ein Beispiel Heß und Laschinger 2019, S. 98 ff., für Dienstleistungen Heß et al. 2020, S. 89 ff.). Da eine umfängliche Beschreibung den Rahmen dieser Abhandlung sprengen würde, werden nur die wichtigsten Analysebereiche mit illustrierenden Beispielen knapp skizziert:

- **Externe Marktanalyse:** In der externen Marktanalyse wird die vom Unternehmen nicht oder bestenfalls kaum beeinflussbare Marktsituation betrachtet, z. B. Marktstrukturen, Marktvolumina, Marktpreisentwicklung, Technologieentwicklung, Entwicklung der Marktfachfrage, Entwicklung des rechtlichen Rahmens.
- **Lieferantenübersicht:** Eine Marktübersicht zu den Lieferanten hilft, schnell auf Krisen zu reagieren. Dabei sind einerseits die bereits aktiven Lieferanten mit ihren Stärken und Schwächen sowie ihren Einsatzpotenzialen zu betrachten. Diese Aspekte werden in der folgenden Transparenzfrage betrachtet. Andererseits sollte eine Übersicht zu weiteren potenziellen Lieferanten bekannt sein. Im Rahmen der Resilienzanalyse können auch Lieferanten interessieren, die aktuell noch nicht in der Branche anbieten, aber im Krisenfall aktivierbar erscheinen, z. B. weil sie grundlegende Technologien beherrschen. Dieser Aspekt sollte im Rahmen der Markttransparenz untersucht werden.
- **Zielsetzungen des Unternehmens im Markt:** Zur Bewertung der Handlungsalternativen sollten die Zielsetzungen des Unternehmens im Beschaffungsmarkt definiert sein und die Zielerreichung gemessen werden.

- **Interne Marktanalyse:** Die interne Analyse der Gestaltungsfelder und der Hebel im Beschaffungsmarkt beschreiben die Situation der mehr oder minder gut beeinflussbaren Determinanten, z. B. Form der Zusammenarbeit mit Lieferanten, Regionalstruktur der Lieferanten, Lieferantenzahl, Umfang der Bedarfsbündelung. Die interne Analyse zeigt insbesondere Handlungsspielräume und -restriktionen im Markt auf.
- **Strategische Stoßrichtungen und Marktstrategie:** Als Ziel der Planung ergibt sich die Marktstrategie, die im Rahmen des Resilienzkriteriums „Orientierung" bereits angesprochen wurde.

Transparenz 01 – Markttransparenz (Objekte) Ist die Marktsituation zu den relevanten Supply-Märkten transparent? Die Transparenz bezieht sich auf die externe Marktanalyse, Lieferantenübersicht, Zielsetzungen im Markt und interne Marktanalyse.

Transparenz zur Leistung und zu Risiken der aktiven Lieferanten: Zu den aktiven Lieferanten sollten deren Stärken und Schwächen sowie deren Potenziale bekannt sein. Im Fall von Störungen sind die Bestandslieferanten in der Regel die erste Adresse, die angefragt wird, wenn es um Notfalllösungen geht. Innerhalb der 15M-Architektur ist detailliert beschrieben, nach welchen Gesichtspunkten Lieferanten zu analysieren sind (Vgl. Heß 2017, S. 129 ff.; Heß 2010, 283 ff., für ein Beispiel Heß und Laschinger 2019, S. 110 ff., für Dienstleistungen Heß et al. 2020, S. 135 ff.). Wesentliche Aspekte sind beispielsweise: Produkt- bzw. Produktionsprogramm, Kernkompetenzen, Fertigungskompetenzen, Maschinenpark, regionale Verteilung der Standorte, Performance als Ergebnis der Lieferantenbewertung.

Transparenz 02 – Transparenz zur Leistung und Risiken der aktiven Lieferanten (Objekte) Sind die Leistungsfähigkeit und die Risiken der aktiven Lieferanten transparent? Transparenz bezieht sich beispielsweise auf das Produkt- und Produktionsprogramm, Kernkompetenzen, Fertigungskompetenzen, Maschinenpark usw.

Transparenz der Lieferketten: Die Transparenz der Lieferketten ist für die Resilienzanalyse von hervorgehobener Bedeutung. Deshalb wird die Transparenz der Lieferketten eigenständig betrachtet und mit einer direkten Frage beurteilt, obwohl sie Teil der Markttransparenz ist. Um Risiken frühzeitig zu erkennen, sollte zunächst der Aufbau wichtiger Lieferketten transparent sein, d. h. welche Produktionsstufen durchläuft das betrachtete Material. Innerhalb kritischer Produktionsstufen sollten die kritischen Materialien und die wichtigsten Lieferanten bekannt sein, zumindest soweit es sich nicht um polypolistische Strukturen handelt. Neben dem Aufbau der Lieferkette sollten die Kostenstrukturen innerhalb der Lieferkette nachvollziehbar sein. Wie entwickelt sich die Wertschöpfung über die einzelnen Stufen und welche Kostentreiber sind in den einzelnen Stufen dominierend? Gegebenenfalls sollten zu den Lieferketten auch die Bedarfs- und Produktionsmengen, regionale Clusterungen oder kritische Technologien bekannt sein (vgl. hierzu auch die Ausführungen in Kap. 5).

Transparenz 03 – Transparenz der Lieferketten (Objekte) Sind die wesentlichen Lieferketten transparent? Transparenz bezieht sich beispielsweise auf die Produktionsstufen mit Lieferanten und Material, Kostenstrukturen, Mengenentwicklungen, regionale Clusterung.

Transparenz zu den vorgelagerten Märkten: Aus der Lieferkettenanalyse sollten kritische vorgelagerte Märkte abgeleitet werden. Beispielsweise können beim Kauf von Kunststoffteilen spezielle Granulate oder in den Vorstufen spezielle Polyamide Rohstoffe sein, die auf vorgelagerten Märkten gehandelt werden. Die Versorgungssituation auf diesen Märkten kann somit ursächlich für Krisen auf dem betrachteten Markt für Kunststoffteile werden. Insofern muss sich die Transparenz auch auf die Kenntnis der vorgelagerten Märkte erstrecken. Konkret müssen die Märkte bekannt und es muss die Marktsituation auf den vorgelagerten Märkten transparent sein. Die Systematik der Marktanalyse entspricht der oben aufgezeigten Systematik der Marktanalyse, in der Regel allerdings mit weniger Tiefgang.

Transparenz 04 – Transparenz der vorgelagerten Märkte (Objekte) Ist die Marktsituation zu den relevanten vorgelagerten Supply-Märkten transparent? Die Transparenz bezieht sich auf die Kenntnisse der kritischen vorgelagerten Supply-Märkte sowie auf die externe Marktanalyse, Lieferantenübersicht, Zielsetzungen im Markt und interne Marktanalyse.

Beschaffungsregionen: Ferner sollten die politischen, sozialen, rechtlichen, marktlichen, ökologischen Entwicklungen in den wesentlichen Beschaffungsregionen bekannt sein. Auch dieser Aspekt ist einerseits Teil der Supply-Markttransparenz, geht aber über die Betrachtung einzelner Commodities hinaus, wie das Beispiel einer Brexit-Analyse im Jahr 2019 veranschaulicht.

Transparenz 05 – Transparenz zu den Beschaffungsregionen (Objekte) Sind die politischen, sozialen, rechtlichen, marktlichen, ökologischen Entwicklungen in den wesentlichen Beschaffungsregionen transparent?

Identifikation und Analyse weiterer Transparenzbereiche: Die bisher vorgestellten Transparenzbereiche sind in den meisten Unternehmen relevant. Allerdings kann eine solche Liste niemals abgeschlossen sein. In bestimmten Branchen bzw. Unternehmen können vielfältige weitere marktübergreifende Themen bedeutsam sein, z. B. Produkt- bzw. Fertigungstechnologien, Logistiksysteme bzw. spezifische Prozesse. So ist es für die Reife zum Resilienzkriterium Transparenz erforderlich, dass Anstrengungen unternommen werden, die relevanten Transparenzbereiche zu erkennen und diese daraufhin für sich zu erschließen. In der 15M-Architektur ist für diese Aufgabe insbesondere die strategische Analyse (Modul 3) vorgesehen, in der nach bedeutsamen Transparenzbereichen gesucht wird. Für die erkannten Fragestellungen werden dann konkrete Analysen durchgeführt.

Transparenz 06 – Weitere Transparenzbereiche erkennen und sich erschließen (Objekte) Werden weitere Transparenzbereiche identifiziert und erschlossen, z. B. in der Rahmenstrategie Modul 3?

(B) Krisenplan
Ein Krisenplan (synonym Notfallplan) ist ein auf Vorrat erstellter Plan für eine Krisensituation, so dass das Unternehmen im Krisenfall unmittelbar auf den Plan zurückgreifen kann. Das führt im Falle einer Krise zu einer schnellen Reaktion. Ferner kann die Planungsqualität, z. B. die Vollständigkeit der relevanten Aktivitäten oder die Geeignetheit und die Kreativität möglicher Lösungswege, höher sein, da der Plan „in ruhigen Zeiten" vor der Krise aufgestellt wurde. Insofern werden Krisenpläne als Vorsorge für Krisensituationen umfangreich empfohlen. Im Rahmen der von den Autoren durchgeführten Einkaufsleiterbefragung wurde die Vorbereitung von Krisenplänen fast durchgängig befürwortet. Nach einer Studie zum Supply Chain Risk Management des Bundesverbandes für Materialwirtschaft, Einkauf und Logistik in Zusammenarbeit mit riskmethods aus dem Jahr 2020 gaben 25 % der Teilnehmer an, dass im Unternehmen Maßnahmenpläne für die Reaktion auf die wichtigsten Gefährdungen vorliegen. 53 % antworteten mit teilweise und 22 % gaben an, entsprechende Krisenpläne nicht zu haben (BME, riskmethods 2020, Frage 10).

Interessant ist allerdings die Frage, wie Krisenpläne zur Steigerung der Resilienz im Einkauf aussehen können. Typische Krisenpläne des klassischen

Risikomanagements gehen von einem erkannten Risiko aus – z. B. Lieferant Müller & Söhne ist insolvenzbedroht – und planen für den Fall, dass sich das Risiko realisiert, also, dass Müller & Söhne insolvent geht.

Resilienz bezieht sich hingegen per definitionem auf Widerstandsfähigkeit gegenüber unerwarteten Risiken. Insofern muss sich in diesem Fall ein Krisenplan auf eine völlig unbekannte Krisensituation beziehen. Aus der Befragung heraus ließen sich drei Formen von Krisenplänen zur Steigerung der Resilienz unterscheiden: „Krisenrahmenplan", „generische Krisenpläne", „objektorientierte Krisenpläne":

Krisenrahmenplan: Es wird ein Krisenrahmenplan im Einkauf erstellt, der mehr Template bzw. formales Planungsraster ist als ein wirklicher Plan (vgl. Übersicht „Inhalte eines Krisenrahmenplans"). Im Krisenrahmenplan werden alle Aspekte gesammelt und strukturiert, die im Falle einer Krise geregelt werden müssen. Zu einzelnen Fragestellungen kann es auch bereits erste Regelungen oder Regelungsvorschläge geben, ggf. auch in Abhängigkeit von situativen Merkmalen der Krise. Beispielsweise ist der Vorstand und der Aufsichtsratsvorsitzende direkt zu informieren, wenn die erwartete Schadenssumme einen bestimmten Wert übersteigen kann.

Im Krisenfall kann aus dem Krisenrahmenplan sehr schnell ein konkreter Plan für die Krise erstellt werden. So berichtet ein Interviewpartner, dass mit Aufkommen der Corona-Krise im Jahr 2020 in kurzer Zeit aus dem Rahmenplan ein „Pandemiebuch" entstanden ist, in dem alle relevanten Aspekte zum Umgang mit der Corona-Pandemie im Unternehmen geregelt werden. Ein weiterer Vorteil entsprechender Krisenrahmenpläne ist, dass sie im Laufe der Zeit nachhaltig verbessert werden können. Hierzu dienen zum einen Lessons-Learned-Analysen nach der jeweiligen Krise, zum anderen Erfahrungen aus Krisenübungen.

Inhalte eines Krisenrahmenplans
Folgende Fragestellungen sind für Krisenrahmenpläne typisch (vgl. Kersten und Klett 2017, S. 88 und S. 166):

- Verantwortlichkeiten bzw. Rollen in der Krisensituation
  - Wer entscheidet darüber, dass eine Krise vorliegt bzw. welche Bedeutung die Krise für das Unternehmen bzw. für den Einkauf hat?
  - Wer leitet den Krisenstab? (Wer entscheidet darüber?)

- Wer ist Mitglied des Krisenstabs? (Wer entscheidet darüber?)
- Welche weiteren Gremien sind vorgesehen? (z. B. Teil-Team Versorgung, inklusive Leitung und Teilnahme in den Gremien)
- Steuerung: Prozesse und Organisation
  - Geschäftsordnung in den Gremien
  - Erforderliche Entscheidungen, z. B. Häufigkeit der Treffen, ...
- Kommunikation (Wer – Was – Wann – Wie)
  - Kommunikation ins Top Management (Vorstand – Aufsichtsgremien)
  - Kommunikation an externe Aufsichtsgremien
  - Kommunikation interne Stakeholder
  - Kommunikation mit externen Stakeholdern, insbesondere Lieferanten
  - Kommunikation an Mitarbeiter
  - Öffentlichkeitsarbeit (Medien – Investor Relation)
- Checkliste wichtiger Sofortmaßnahmen (für Resilienz sehr allgemein)
- Aufbau der Dokumentation (Welche Inhalte – Welche Ordnungsstruktur)

Transparenz 07 – Krisenrahmenplan (Krisenplan) Gibt es im Einkauf einen bewährten und ausdifferenzierten Krisenrahmenplan?

Generische Krisenpläne: Im zweiten Ansatz werden – unabhängig von konkreten erkannten Risiken – für typische Krisensituationen generische Krisenpläne erstellt. Beispielsweise kann ein Krisenplan für Lieferanteninsolvenz bereitgestellt werden. Das Risiko einer Lieferanteninsolvenz wird als latent drohend gesehen. So kann eine Vorgehensweise für den Insolvenzfall eines Lieferanten definiert werden, ohne dass bereits eine konkrete Lieferanteninsolvenz im Fokus steht. Der Vorteil eines generischen Krisenplans gegenüber einem Krisenrahmenplan liegt darin, dass sehr viel konkretere Regelungen bzw. Checklisten ausgearbeitet werden können. Das bedeutet gegenüber dem Rahmenplan Reaktionsgeschwindigkeit und Planungsqualität. Weitere Beispiele für generische Krisenpläne sind:

- Unterbrechung von Transportketten (z. B. Vulkanasche oder Streik)
- Versorgungsausfall einer Beschaffungsregion (z. B. Naturkatastrophe)
- Beschaffung von Elektronikbauteilen auf grauen Märkten
- Versorgungsausfall eines Lieferanten

- Rohstoffpreisexplosion
- Ausfall eines Absatzmarktes (Welche Konsequenzen ergeben sich für den Einkauf?)

Transparenz 08 – Generische prozessorientierte Krisenpläne (Krisenplan) Gibt es im Einkauf aktuelle generische Krisenpläne? Wird sichergestellt, dass alle relevanten Themen abgedeckt sind?

Objektorientierte Krisenpläne: Für Objekte, die für ein Unternehmen existentiell sind, können auch risikounabhängige Krisenpläne ausgearbeitet werden. Beispielsweise kann der Ausfall eines Lieferanten wesentliche Teile des Absatzes bzw. des Umsatzes betreffen. Sollten die unten in Kap. 5 besprochenen Maßnahmen zur Stabilität und Flexibilität nicht hinreichend greifen, kann ein Krisenplan erstellt werden für den Fall, dass der Lieferant – aus welchem Grund auch immer – ausfällt. Kritische Materialien sowie kritische Standorte von Lieferanten sind weitere Beispiele für Objekte, für die es objektorientierte Krisenpläne geben kann.

Transparenz 09 – Generische objektorientierte Krisenpläne (Krisenplan) Gibt es im Einkauf aktuelle objektorientierte Krisenpläne? Wird sichergestellt, dass alle relevanten Themen abgedeckt sind?

(C) Frühwarnsysteme
Eine schnelle Reaktion auf eine Krise setzt ein frühzeitiges Erkennen voraus, dass sich ein Problem anbahnt, worin das Problem im Konkreten besteht und welche Größenordnung das Problem annehmen kann. Wirkungsvolle Frühwarnsysteme erhöhen somit die Schnelligkeit und Treffsicherheit der Reaktion auf Störungen und steigern auf diese Weise die Resilienz im Einkauf. Es lassen sich mindestens drei komplementäre Herangehensweisen unterscheiden: „Personale Frühaufklärung", „klassisches Risikomanagement" sowie „Internetbasierte Frühwarnsysteme".

Personale Frühaufklärung: Es wird die Frühaufklärung als eine wichtige Aufgabe des Lead Buyers, ggf. auch weiterer Einkäufer, gesehen. Der Lead Buyer hat durch die Nutzung seiner persönlichen Netzwerke, seiner Lieferantenkontakte, von Medien, Internetrecherchen, Studien und weiterer Quellen frühzeitig sich anbahnende Gefahren zu erkennen. Die enge Verknüpfung zu den oben besprochenen Objekten der Transparenz ist offenkundig. Ergänzend zu diesem Grundprinzip sind weitere Aspekte einer personalen Frühaufklärung zu beachten:

- Die personale Frühaufklärung setzt bei den Lead Buyern umfangreiche Kompetenzen voraus, die ggf. systematisch entwickelt werden müssen. Beispielsweise ist eine Sensibilität für Risiken sowie auch die fachliche Kompetenz, schwache Signale auf ihre betriebswirtschaftliche Wirkung hin zu beurteilen, erforderlich. Auf diese und weitere notwendige Anforderungen an die Mitarbeiter wird unten in Abschn. 4.6 zur Resilienz durch Mitarbeiter näher eingegangen.
- Die personale Frühaufklärung kann durch datenbankgestützte Tools unterstützt werden. In diesen Tools werden risikorelevante Informationen zu Risikoobjekten (z. B. Lieferanten) zusammengetragen und interpretiert. Beispielsweise können Meldungen über Auffälligkeiten eines Lieferanten aus verschiedenen Standorten in einem solchen Tool zusammenfließen. Die einzelne Meldung an sich ist unproblematisch. In der Summe ergibt sich aber ein kritisches Bild des Lieferanten (Vgl. Moder 2008, S. 83 ff., vgl. auch Heß 2017 S. 142).
- Die gewonnenen Erkenntnisse müssen im Rahmen der personalen Frühaufklärung an verschiedene Adressaten verteilt werden. In einem Interview wurde von einem Intranet basierten Ampelsystem berichtet, das vom Lead Buying gepflegt wird und die Organisation auf Versorgungsengpässe bei Materialien bzw. bei Materialgruppen hinweist.

Transparenz 10 – Personale Frühaufklärung (Frühwarnsystem): Wird durch die Lead Buyer (oder andere Einkäufer) die Frühaufklärung sich anbahnender Krisen betrieben? Erfolgt eine Toolunterstützung?

Klassisches Risikomanagement: Das klassische Risikomanagement zielt – wie oben bereits ausgeführt – auf die Identifikation und Beurteilung von Risiken. Gegebenenfalls werden Maßnahmen ergriffen, um diese Risiken zu steuern. Das klassische Risikomanagement trägt mit seiner Vorgehensweise auch zur Frühaufklärung und somit zur Transparenz bei. In diesem Sinne leistet das klassische Risikomanagement – gleichsam als positive Nebenwirkung seiner Analysen – auch einen Beitrag zur Steigerung der Resilienz im Einkauf. Da das klassische Risikomanagement nicht direkter Gegenstand der Resilienzanalyse ist, wird im Folgenden nur mit einer sehr pauschalen Fragestellung die aktuelle Situation beurteilt.

Transparenz 11 – Klassisches Risikomanagement (Frühwarnsystem) Wird im Einkauf ein klassisches Risikomanagement betrieben, mit dem Risiken identifiziert, bewertet, gesteuert und überwacht werden? (Bereiche des klassischen

Risikomanagements sind Top-Risiken, Supply-Marktrisiken, Lieferantenrisiken, Prozessrisiken).

Internetbasierte Frühwarnsysteme: Das Internet als allumfassende Kommunikations- und Informationsplattform bietet vielfältige Möglichkeiten, Frühwarninformationen bereitzustellen und damit die Resilienz im Einkauf zu steigern. So wird beispielsweise der Lead Buyer im Rahmen seiner Aufgabe der „personalen Frühaufklärung" üblicherweise auch intensiv auf Internetquellen zurückgreifen, z. B. auch über Nachrichten-Abos oder Newsfeeds relevanter Seiten. Dieser Aspekt wurde bereits oben innerhalb der Herangehensweise „personale Frühaufklärung" behandelt.

Darüber hinaus haben sich Internet-Dienstleister darauf spezialisiert, das Internet systematisch auf kritische Informationen abzusuchen und Einkaufsabteilungen über sich anbahnende Risiken zu informieren. Zwei prominente Anbieter sind beispielsweise Riskmethods sowie IntegrityNext:

- **Riskmethods (2021):** Riskmethods bildet Lieferketten von Unternehmen mit ihren geopolitischen Daten ab. Mit einem permanenten Internet-Radar kann daraufhin ein breites Spektrum an Bedrohungen der Lieferkette des Unternehmens gescannt werden, z. B. Finanzrisiken, Katastrophenrisiken, Reputationsrisiken, geopolitische Risiken. Die erkannten Bedrohungen werden per KI-Tools auf Relevanz beurteilt und den Einkäufern als Alert-Meldung zugesandt. Besondere Vorteile können sich aus der Schnelligkeit der Frühaufklärung und der Breite der gescannten Quellen ergeben. Jenseits der wirtschaftlichen Aspekte stellt die richtige Interpretation und Bewertung von Internet-Meldungen eine besondere Herausforderung dar (siehe Kap. 5.1; vgl. www.riskmethods.net).
- **IntegrityNext:** IntegrityNext unterstützt Unternehmen bei der Überwachung der Lieferanten bezüglich Nachhaltigkeit und Compliance. Besondere Aufmerksamkeit wird auf vielfältige gesetzliche Vorgaben gelegt (20 Themenfelder), z. B. Menschen- und Arbeitsrechte Arbeitssicherheit, Sanktionslisten, Datenschutz, Konfliktmineralien REACH und RoHS. Zum einen wird eine cloudbasierte Plattform zur Lieferantenselbstauskunft betrieben. Zum anderen werden umfangreiche Meldungen sozialer Netzwerke gescannt. Nach Aussage von IntegrityNext werden täglich eine Milliarde Nachrichten und Mitteilungen ausgewertet (vgl. www.integritynext.com).

In beiden Beispielen müssen seitens des einkaufenden Unternehmens die Risikoobjekte an den Dienstleister übermittelt werden, z. B. Lieferanten mit Standorte, Belieferungsrelationen. Daraufhin werden das Internet und ggf. auch noch weitere Offline-Quellen auf aktuelle Informationen zu den Risikoobjekten gescannt. Die gefundenen Informationen werden auf ihre Relevanz sowie auf ihre Kritikalität hin beurteilt. Das ist angesichts der Fülle an Informationen ein besonders anspruchsvoller Schritt, der aufwendig und fehleranfällig ist. Mit Nachdruck wird zu dieser Fragestellung an KI-Instrumenten gearbeitet. Informationen, die als kritisch eingestuft werden, werden an die zuständigen Einkäufer per Alert meist aufs Mobiltelefon gesandt. Dieser hat die Information nochmals zu bewerten und entsprechende Maßnahmen zu ergreifen.

Transparenz 12 – Internetbasierte Frühwarnsysteme (Frühwarnsystem) Werden internetbasierte Frühwarnsysteme zur Frühaufklärung eingesetzt? (Systeme vergleichbar riskmethods bzw. Integrity Next 2021).

4.4 Resilienz durch Vernetzung

Eine unerwartete Krise ist dadurch gekennzeichnet, dass vielfältige neuartige Frage- bzw. Problemstellungen von existentieller Tragweite auftauchen, die gerade nicht durch die Regelprozesse im Unternehmen abgedeckt sind. In der Corona-Krise im Jahr 2020/2021 wurden plötzlich Lieferketten unterbrochen, z. B. weil Ausfuhrbestimmungen nicht systemrelevante Exporte untersagten oder weil ein Lieferant seine Maschinenkapazität für die Produktion von Materialien für Mund-Nasen-Schutz umwidmete und somit für andere Produkte nicht mehr lieferfähig war. Wie die beiden Beispiele zeigen, sind gleichermaßen kreative wie auch firmenspezifische Problemlösungen erforderlich, die aufgrund ihrer Einzigartigkeit in den Prozessen nicht vorgeregelt sein können. Im ersten Beispiel musste über den Vertrieb beim Kunden eine Bescheinigung eingeholt werden, dass die Produkte in eine systemrelevante Produktion eingehen. Hierzu war eine enge Abstimmung zwischen Einkauf und Lieferant erforderlich, damit die Bescheinigung auch den Anforderungen der Ausfuhrbehörde genügte. Im zweiten Beispiel musste in kürzester Zeit ein Alternativmaterial eines Alternativlieferanten zugelassen werden.

Diese Einführungsbeispiele verdeutlichen, dass es in Krisensituationen insbesondere auf die Vernetzung bzw. das Zusammenspiel der Stakeholder ankommt, um die Krise zu meistern:

- **Stakeholder Interaktion:** Im Zusammenspiel zwischen den Stakeholdern sind für die kritischen Fragestellungen gemeinsam kreative Problemlösungen zu identifizieren und danach in enger Abstimmung umzusetzen. Da zu den kritischen Fragestellungen meist keine Standardregelungen existieren bzw. diese ggf. nicht richtig passen, ist eine enge und vertrauensvolle Kommunikation erforderlich, um Lösungen zu finden, die allen Interessen gerecht werden.
- **Krisenstab:** Je nach Größe der Krise und nach der Zahl der betroffenen Stakeholder ist eine mehr oder minder intensive Koordination der Einzelaktivitäten erforderlich. Dies erfolgt üblicherweise in einem Krisenstab, in dem alle Stakeholder hinreichend vertreten sein müssen.
- **Schnelligkeit:** Wie bereits ausgeführt, ist die Reaktionszeit ein wesentlicher Erfolgsfaktor, um drohenden Schaden abzuwenden, knappe Ressourcen zu sichern oder einzigartige Lösungswege zu besetzen.
- **Mitarbeiter, Führung und Kultur:** Darüber hinaus spielen die Fähigkeiten der Mitarbeiter und der Führungskräfte sowie der kulturelle Rahmen eine entscheidende Rolle. Auf diese drei Aspekte wird in den folgenden Abschnitten 4.5 und 4.6 eingegangen.

Für die Resilienz im Einkauf ist die Vernetzung zwischen den Stakeholdern von zentraler Bedeutung. Diese Vernetzung umfasst gleichermaßen vertrauensvolle persönliche Beziehungen der handelnden Personen wie auch Strukturen und Prozesse der Interaktion, die sich in Gremien wie einem Krisenstab oder in Abstimmrunden konkretisieren. Es benötigt Zeit, die Vernetzung zu entwickeln. Persönliche Beziehungen und Vertrauen müssen wachsen. Strukturen und Prozesse müssen eingeübt und „glattgeschliffen" werden. Innerhalb einer Krise ist es meist nicht mehr möglich, enge Vernetzungen aufzubauen. Auf alle Fälle würde wesentliche Zeit verloren gehen, wenn in einer Krisensituation zunächst Ansprechpartner identifiziert und anschließend eine Kommunikationsbasis entwickelt werden müsste.

Eine enge Vernetzung muss vor der Krise aufgebaut werden und kann dann innerhalb der Krise schnell aktiviert werden, um die anstehenden Probleme zu lösen. Die Existenz einer engen Vernetzung ist somit ein wesentliches Resilienzkriterium. Das wurde auch von allen Interviewpartnern mit Nachdruck betont.

Im Rahmen der 15M-Resilienzanalyse wird das Resilienzkriterium „Vernetzung" in die Bereiche „Krisenstab", „Cross-funktionale Zusammenarbeit", „Zusammenarbeit mit Lieferanten" sowie „Zusammenarbeit mit sonstigen Stakeholdern" strukturiert. Es ergeben sich folgende Konkretisierungen.

(A) Krisenstab

Der Krisenstab strukturiert, gestaltet, koordiniert und steuert alle Aktivitäten, um die Krise zu managen. Im Krisenstab laufen alle Fäden zusammen, es werden die erforderlichen Aufgaben entschieden, priorisiert und an die jeweils Zuständigen verteilt. Insofern ist der Krisenstab das Herz und der Motor der Vernetzung. Alle für die Krisenbewältigung bedeutsamen Stakeholder sollten im Krisenstab repräsentiert sein. Das heißt aber nicht, dass jeder Stakeholder persönlich vertreten sein muss. Es genügt, wenn ein direkter persönlicher Kontakt zu einem Mitglied im Krisenstab besteht. Bei Bedarf ist eine fallweise Teilnahme im Krisenstab sinnvoll. In der Übersicht „Tipps zur Bildung und Steuerung eines Krisenstabs" finden sich einige Anregungen zum Management eines Krisenstabs. Die Hinweise stammen weitgehend aus den geführten Experteninterviews und dem Workshop im Rahmen des Projektes „Resilienz im Einkauf" (vgl. auch Burghart 2020).

Tipps zur Bildung und Steuerung eines Krisenstabs:
Struktur des Krisenstabs:

- Lenkungsausschuss steuert den Krisenstab
- Arbeitskreise für spezielle Fragestellungen
- Satelliten, d. h. einzelne angebundene Experten oder Stakeholder, ggf. auch nur temporär

Zusammensetzung des Lenkungsausschusses:

- Die Entscheiderebene führt den Lenkungsausschuss. Eine Delegation von Aufgaben und Entscheidungen ist nur im kleinen abgegrenzten Rahmen möglich. Die Gesamtverantwortung ist nicht delegierbar.
- Die Geschäftsleitung bestimmt die Teilnehmer im Krisenstab, im Lenkungsausschuss sowie in den Arbeitskreisen. „Ehrenamtliche und Freiwillige" sind nicht erwünscht.
- Im Lenkungsausschuss sind alle Stakeholder direkt oder indirekt vertreten.
- Direkte Vertretung bedeutet, dass der Leiter des Arbeitskreises Mitglied im Lenkungsausschuss ist.

- Indirekte Vertretung bedeutet, dass jeder Arbeitskreis bzw. jeder Satellit direkt an ein Mitglied des Lenkungsausschusses (im Sinne einer Patenschaft) angebunden ist.
- Die Gremien sollten so schlank wie möglich gehalten werden.

Regeln der Zusammenarbeit:

- Regelmäßige Treffen des Lenkungsausschusses sowie der Arbeitskreise: In der heißen Phase tägliches Treffen des Lenkungsausschusses, z. B. jeden Morgen um 8.00 Uhr.
- Agiles Projektmanagement mit offener Punkte-Liste, klaren Terminen und strikter Nachverfolgung.
- Regelmäßige Calls mit Lieferanten zur aktuellen Situation, z. B. täglich oder wöchentlich je nach Lage.
- Klare Verantwortlichkeiten ergeben sich meist aus der Rolle der Krisenstabmitglieder vor der Krise. (Lead Buyer Guss ist und bleibt auch in der Krise für Guss zuständig.)
- Klare Verantwortlichkeiten zur Organisation von Ausschuss- und Arbeitskreissitzungen, zur Maßnahmenverfolgung oder zu Dokumentation der Entscheidungen.
- Entscheidungen werden gemeinsam getroffen und getragen. Bei Fehlentscheidungen gibt es keine Schuldigen.
- Schnelle, flexible und direkte Kommunikation.

Regeln zur Kommunikation

- Klare Kommunikationsstrategie: Fokussierte, zeitnahe und richtige Information an alle Stakeholder bezüglich deren tatsächlichen Informationsbedarf.
- Richtige Information an Stakeholder außerhalb des Krisenstabs – Sorgen ernst nehmen.

Verankerung in der Einkaufsstrategie

- Das Krisenmanagement sollte in der Markt- und Lieferantenstrategie verankert sein.

Die hierarchische Verankerung des Krisenstabes ist je nach Tragweite der Krise vorzunehmen. Für umfassende Krisen, die das ganze Unternehmen betreffen, ist der Geschäftsführungskreis der geborene Krisenstab. Der Kreis ist etabliert. In ihm sollten in der Regel alle relevanten Interessen vertreten sein. Für Krisen, die (auch) die Supply Chain mit der Versorgung und den Materialströmen vom Kunden bis zum Lieferanten betreffen, müssen alle relevanten Stakeholder der Supply Chain im Krisenstab repräsentiert sein. Hierbei lassen sich verschiedene organisatorische Varianten vorstellen. Beispielsweise eine direkte Integration der zentralen Stakeholder in den zentralen Krisenstab und eine enge Abstimmung mit den anderen Abteilungen. Alternativ kann ein eigener Krisenstab zur Supply Chain gebildet werden, an dem sich die Geschäftsführung beteiligt. Unabhängig von der Organisationsvariante ist die enge Vernetzung aller Stakeholder von zentraler Bedeutung.

Damit die Vernetzung im Krisenfall schnell aufgebaut werden kann und reibungslos funktioniert, muss die Vernetzung aller Stakeholder der Supply Chain vor der Krise im „normalen Geschäft" reibungslos funktionieren. Drei Ansatzpunkte haben sich diesbezüglich in den geführten Interviews als bedeutsam herausgestellt.

SC-Board (Supply-Chain-Board): Als sehr hilfreich erweist es sich, wenn es – unabhängig von einer Krise – einen etablierten Entscheiderkreis zur Gestaltung und Steuerung der Supply Chain vom Kunden bis zum Lieferanten und zurück gibt. Die Namen für ein derartiges Board sind in den Unternehmen sehr unterschiedlich, z. B. Procurement Board, Value Chain Board, Supply-Chain-Board. In einem solchen Entscheiderkreis sollten alle wesentlichen Abteilungen, die mit Supply-Chain-Aufgaben befasst sind, vertreten sein, beispielsweise Vertrieb, Fertigung, Logistik, Einkauf, Qualitätsmanagement, Engineering. Im Unternehmen eines Interviewpartners wurde von einem Eskalationsteam berichtet, das eine zu einem SC-Board vergleichbare Struktur aufweist, allerdings nur bei größeren Problemen in der Supply Chain zusammenkommt.

Existiert ein SC-Board dann muss kein Krisenstab gebildet werden, da diese Aufgabe originär vom SC-Board übernommen wird. Das SC-Board ist sofort arbeitsfähig, die Teilnehmer sind definiert, die Geschäftsordnung der Zusammenarbeit ist klar, die Zuständigkeiten im Board sind definiert, es liegt ein hochgradig geteiltes Verständnis zu den Anforderungen und Prozessen der Beteiligten vor und die Kommunikation und die Sozialstruktur ist eingeschwungen. Das SC-Board kann sehr schnell den Krisenmodus beschließen und Krisenteams bilden, die abteilungsübergreifend mit den erforderlichen Teilaufgaben betraut werden.

Vernetzung 01 – Supply-Chain-Board Gibt es (unabhängig von einer Krise) ein Supply-Chain-Board mit allen relevanten Stakeholdern, das gemeinsam die Gestaltung und Steuerung der Supply Chain verantwortet? Dabei geht es um die gesamte Lieferkette vom Kunden bis zu den Vorlieferanten.

Top Management Einbindung: Für ein wirkungsvolles Krisenmanagement muss eine enge Koppelung zwischen dem Top Management und dem Supply-Chain-Board bestehen. Soweit es kein Supply-Chain-Board gibt, sollte eine enge Koppelung zwischen allen wesentlichen Entscheidungsträgern in der Supply Chain und dem Top Management bestehen. Das Top Management bringt wesentliche Informationen zur Unternehmensstrategie sowie zu aktuellen Entwicklungen außerhalb der Supply Chain ein. Damit hilft es, Entscheidungen über alternative Lösungswege sowie zu den Prioritäten der verschiedenen Alternativen zu treffen. Es stellt ein wichtiges Vernetzungselement zum zentralen Krisenmanagement her. Darüber hinaus kann es außergewöhnliche finanzielle oder personelle Ressourcen bereitstellen, falls diese im Krisenfall erforderlich sind. Beispielsweise wurde in den Interviews mehrfach berichtet, dass Krisenbudgets nicht erforderlich sind, da die benötigten Mittel bei Bedarf sofort vom Top Management frei gegeben werden.

Idealerweise ist das Top Management bereits vor der Krise im Supply-Chain-Board eingebunden, notfalls erst im Krisenfall. Alternativ – jedoch nicht so ideal – sind einzelne Teilnehmer des SC-Boards auch im Geschäftsführungskreis bzw. sind Direct Reports vom Top Management und haben insofern einen direkten Top Management Zugang.

Vernetzung 02 – Top-Management-Einbindung Wie ist der Top-Management-Zugang des Supply-Chain-Boards bzw., falls es kein Supply-Chain-Board gibt, der wesentlichen Entscheidungsträger der Supply Chain?

Kommunikationskanäle: Neben einer umfangreichen persönlichen Kommunikation sollte in der Krise – zumindest ab einer mittleren Unternehmensgröße – auch über formale Kommunikationskanäle kommuniziert werden und die aktuelle Situation und absehbare Entwicklungen erläutert werden. Dazu ist es hilfreich, wenn entsprechende Kommunikationskanäle bereits vor der Krise etabliert und damit in der Krise sofort verfügbar sind. Beispielsweise kann die aktuelle Versorgungslage an berechtigte Führungskräfte und Mitarbeiter in den verschiedenen Abteilungen über (geschützte) Intranet-Seiten berichtet werden. Eine zeitnahe Aktualisierung ist auf diese Weise leicht möglich. Ebenso können spezielle Berichtsformate für das Top Management und die Beteiligten im

Supply-Chain-Board existieren, die einen schnellen Überblick über die Versorgungslage geben. Diese Berichte können in Krisenzeiten häufiger aktualisiert werden, wenn sie nicht sowieso tagesaktuelle Onlineberichte sind. Gegenüber Mitarbeitern kann ein Newsletter für die Kommunikation der aktuellen Entwicklungen sorgen.

Vernetzung 03 – Kommunikation Welche formalen Kommunikationskanäle gegenüber den Stakeholdern gibt es? Sind die Kanäle in der Lage auch die Krisenkommunikation zu unterstützen?

(B) Cross-funktionale Zusammenarbeit
Im Krisenstab sitzen die Verantwortlichen bzw. die Repräsentanten der relevanten Abteilungen ggf. mit dem Top Management zusammen, um alle erforderlichen Aktivitäten zur Krise zu managen. Zur Ausführung der einzelnen Aufgaben werden in der Regel Mitarbeiter und Krisenteams beauftragt. Auch diese Tätigkeiten verlangen in der Regel intensive Vernetzungen zwischen den Abteilungen. Man denke beispielsweise an die Freigabe eines neuen Lieferanten, da ein bestehender Lieferant nicht mehr lieferfähig ist. Zur Freigabe muss ein passender Lieferant identifiziert (Einkauf), mit Audit auf technische Passgenauigkeit geprüft (Entwicklung und Qualität), Logistikprozesse entwickelt und mit der Fertigungsvorbereitung abgestimmt werden. Es ist gut vorstellbar, dass keiner der beteiligten Mitarbeiter im Krisenstab vertreten ist. Damit solche und vergleichbare Aufgaben in der Krise trotzdem schnell und reibungslos gelingen, müssen die cross-funktionalen Teams bereits vor der Krise aufeinander eingespielt sein und die Zusammenarbeitsprozesse hervorragend funktionieren. Die Qualität der cross-funktionalen Zusammenarbeit soll mit den folgenden drei Fragestellungen geprüft werden.

Vernetzte Zusammenarbeit: Der erste Aspekt ist grundlegend. Die cross-funktionale Zusammenarbeit muss bereits vor der Krise eingespielt sein. Dies setzt zunächst klare Verantwortlichkeiten der einzelnen Abteilungen voraus, die gleichermaßen von den Verantwortlichen gut ausgefüllt werden und abteilungsübergreifend von allen Beteiligten akzeptiert werden. An dieser Stelle spielen kulturelle Aspekte sowie Führung und Mitarbeiter eine wichtige Rolle. Beispielsweise muss die Zusammenarbeit vertrauensvoll und lösungsorientiert erfolgen. Diese Aspekte werden in den folgenden Kapiteln näher betrachtet.

Die vernetzte Zusammenarbeit konkretisiert sich nicht nur in einer „partnerschaftlichen" Zusammenarbeit zwischen den Abteilungen, sondern insbesondere auch darin, dass übergreifende Aufgaben in gemeinsamen Gremien und abgestimmten Prozessen gelöst werden. Die beiden folgenden Beispiele sollen diesen Gedanken illustrieren: Wie vernetzt werden Strategien für die Beschaffungsmärkte entwickelt und umgesetzt. Wird die Strategie gemeinsam entwickelt? Oder nur abgestimmt, nachdem der Einkauf diese beschlossen hat? Oder wird die Strategie den anderen Abteilungen nur mitgeteilt? Oder wird die Strategie überhaupt nicht kommuniziert? Vergleichbare Abstufungen gibt es für die cross-funktionale Zusammenarbeit bei der Umsetzung der Marktstrategien. Für eine starke Vernetzung spricht, wenn es ein cross-funktionales Team gibt, das die Umsetzung der Strategie gemeinsam vorantreibt. Das zweite Beispiel stammt aus dem Lieferantenmanagement. Wie werden die Lieferantenbewertungen durchgeführt, die Konsequenzen aus der Bewertung beschlossen und gegenüber dem Lieferanten umgesetzt? Bringt jede Abteilung ihre Sicht in die Lieferantenbewertung ein, indem sie ihre Kriterien bewertet? Gibt es cross-funktional besetzte Gremien, in denen die Vorgehensweise gegenüber dem Lieferanten abgestimmt und beschlossen wird? In solchen Abstimmprozessen und -gremien wächst die Vernetzung, die im Krisenfall eine effektive und schnelle Lösung ermöglicht.

Vernetzung 04 – Vernetzte Zusammenarbeit Ist die Zusammenarbeit zwischen den Abteilungen entlang der Supply Chain eng vernetzt? Sind die Verantwortlichkeiten klar aufeinander abgestimmt, akzeptiert und mit geeigneten Personen besetzt? Gibt es cross-funktionale Abstimmgremien, z. B. zur Abstimmung von Marktstrategien, von Lieferantenstrategien, bei Fehlteilen, zur Materialoptimierung?

„Feuerwehrübungen" kritischer Prozesse: Zur Steigerung der Resilienz ist es sinnvoll, kritische Zusammenarbeitsprozesse im Vorfeld zu identifizieren. Typische Kandidaten für solche kritischen Prozesse können Zulassungsprozesse für neue Materialien oder für neue Lieferanten sowie die Priorisierung von Bedarfen im Rahmen von Allokationsphasen sein. Diese Prozesse sollten im Krisenfall extrem schnell und extrem reibungslos ablaufen. Deshalb kann es neben der Erstellung von Notfallplänen für den Krisenfall (siehe oben, z. B. Beschaffung von Materialien über den grauen Markt) sinnvoll sein, sogenannte Feuerwehrübungen durchzuführen. In einer solchen Feuerwehrübung werden auf Anordnung des Top Managements kritische Prozesse innerhalb fiktiver Krisenszenarien durchgespielt. Beispielsweise kann die Zulassung eines neuen Lieferanten innerhalb von drei Wochen geübt werden. Auf Vorgabe des Vorstandes wird eine aktuell anstehende Neuzulassung ausgewählt. Das Ziel der Feuerwehrübung ist es, die Neuzulassung innerhalb von drei Wochen zu realisieren. Dazu sind auch außergewöhnliche Aufwände zulässig. Letztlich wird in der Feuerwehrübung die Zusammenarbeit unter Krisenbedingungen trainiert. Ferner können auf diese Weise Schwachpunkte im Prozess identifiziert und ggf. abgestellt werden.

Vernetzung 05 – Feuerwehrübungen Werden kritische Prozesse identifiziert, mit sogenannten „Feuerwehrübungen" trainiert und auch in Hinblick auf mögliche Krisen optimiert?

Vernetzte Zielvereinbarungen: Die Form der persönlichen Ziele wirkt sich intensiv auf die Leistung der Mitarbeiter und die Zusammenarbeit von Mitarbeitern aus. Diese sehr komplexe Thematik kann folgend nicht umfassend erläutert, sondern nur im Hinblick auf Ihre Wirkung auf die cross-funktionale Vernetzung skizziert werden. (Für eine tiefgehende Diskussion der Wirkung von Zielvereinbarungen in Unternehmen vgl. beispielsweise Watzka 2017. Für die folgend angesprochenen Zielkonflikte insbesondere S. 105 ff.)

Klare smarte Ziele steigern in der Regel die Motivation und die Leistung. Kritisch ist allerdings in diesem Zusammenhang die Leistungsincentivierung. Werden die Ziele stark incentiviert und die Zielerreichung als von externen nicht beeinflussbaren Größen abhängig gesehen, kann Unzufriedenheit entstehen. In der cross-funktionalen Zusammenarbeit sind die Leistungen der einzelnen Mitarbeiter meist auch von den Leistungen der anderen Teammitglieder stark abhängig. So entstehen sehr leicht Zielkonflikte im Team. Klassiker unter den Beispielen sind der kostenoptimierende Einkäufer, der in Konflikt mit dem Wunsch nach besonders zuverlässigen Lieferanten in der Qualität und der Logistik steht.

Für die Vernetzung sind somit stark incentivierte Ziele der cross-funktionalen Partner kritisch, soweit diese zueinander in Konflikt stehen. Da Zielkonflikte zwischen den wesentlichen Wertbeitragszielen grundsätzlich kaum vermeidbar sind, bleiben zwei Auswege. Idealerweise werden Teamziele für die cross-funktionalen Teams formuliert, an denen alle Teammitglieder gemeinsam arbeiten. Als kleiner Ausweg könnte auf Incentivierungen bzw. zu strikte Konsequenzen bei Nichterreichung der Ziele verzichtet werden. Dies könnte allerdings die Leistungsmotivation negativ beeinflussen.

Vernetzung 06 – Vernetzte Zielvereinbarungen Werden cross-funktionale Teams über gemeinsam geteilte Teamziele gesteuert?

(C) Zusammenarbeit mit Lieferanten

Die enge partnerschaftliche Zusammenarbeit mit Lieferanten ist eines der zentralen Erfolgskriterien, um Krisen in der Versorgung zu meistern. Das wurde von jedem Interviewpartner der Studie „Resilienz im Einkauf" bestätigt. Dabei werden für das Krisenmanagement folgende Vorteile aus Lieferantenpartnerschaften erwartet:

*   **Kreative Lösungen:** Aufgrund der Kompetenz des Lieferanten wird erwartet, dass für schwierige Situationen gemeinsam neuartige und kreative Lösungen gesucht und gefunden werden.
*   **Unbürokratische Umsetzung der Lösungsideen:** Es geht allerdings nicht nur darum, die neuen Lösungsideen zu finden, sondern auch um die Bereitschaft des Lieferanten, sich unabhängig von den bestehenden Prozessen und Regelungen auf Notfalllösungen bzw. auf neuartige Vorgehensweisen einzulassen.
*   **Besonderes Engagement:** Es wird erwartet, dass sich der Lieferant bei der Umsetzung der neuen Lösungsideen besonders engagiert, selbst dann, wenn dies für den Lieferanten mit zusätzlichem Aufwand oder sonstigen Nachteilen verbunden ist.
*   **Bevorzugte Behandlung:** In der Krisensituation sind regelmäßig wichtige Ressourcen knapp, z. B. Rohstoffe, Materialien, Fertigungskapazitäten, Mitarbeiterkapazitäten. Eines der wichtigsten Ziele des Einkaufs im Rahmen des Krisenmanagements ist es somit, in Allokationsphasen vom Lieferanten relativ zu dessen anderen Kunden bevorzugt behandelt zu werden und somit überdurchschnittlich von den Engpassressourcen abzukommen.

Analog zur cross-funktionalen Zusammenarbeit müssen Lieferantenpartnerschaften (lange) vor der Krise gebildet und entwickelt werden. Nur so können vertrauensvolle persönliche Beziehungen zwischen den handelnden Personen reifen und ein wechselseitiges Verständnis für die jeweils spezifische Situation und für die jeweiligen Anforderungen des Partners entstehen. Die Entwicklung einer Partnerschaft benötigt Zeit, die in der Krise nicht vorhanden ist.

Hervorzuheben ist ferner, dass sich Lieferantenpartnerschaften notwendigerweise nicht immer auf direkte Lieferanten beziehen müssen. Grundsätzlich müssen die gesamten Lieferketten im Fokus stehen, sodass kritische Vorlieferanten oder Vorvorlieferanten identifiziert werden können. Allerdings wird diese theoretische Forderung schnell an pragmatische Grenzen stoßen, sodass der alte Spruch zu beherzigen gilt: „Mondschein ist heller als dunkle Nacht." Eine punktuelle Berücksichtigung einiger weniger zentraler Vorlieferanten ist zwar nicht perfekt, aber besser als die Lieferketten völlig auszublenden.

Zur Beurteilung der Zusammenarbeit mit Lieferanten werden drei Fragestellungen untersucht: Partnerschaftsstrategie, Zusammenarbeit und Kommunikation mit Partnern, Top-Management-Einbindung.

Partnerschaftsstrategie: Für das Gelingen einer Partnerschaft im Allgemeinen sowie für eine wirkungsvolle Zusammenarbeit im Krisenfall ist die Wahl der richtigen Partner von zentraler Bedeutung. Ohne folgend tiefgehend auf die Lieferantenklassifizierung und die damit verknüpfte Auswahl von Lieferanten als Partner eingehen zu können, sollen drei wesentliche Aspekte der Partnerwahl hervorgehoben werden (Zur Lieferantenklassifizierung und der Wahl von Partner-unternehmen vgl. tiefgehend Heß und Laschinger 2019, S. 113 ff. sowie Heß 2017, S. 145 ff.):

- **Leistungsfähigkeit:** Partner sollten sich durch nachhaltig hohe Leistungs-fähigkeit auszeichnen. Diese sollte zu konstant sehr guten Ergebnissen in der Lieferantenbewertung führen. Die Partner sollten über die richtigen Kernkompetenzen und ein passendes Produktportfolio sowie eine passende Regionalstruktur verfügen.
- **Cultural Fit:** Partner sollten über ein passendes Cultural Fit verfügen, d. h. ein vergleichbares Werte- und Zielsystem. Das sollte sich beispielsweise auf Werte wie Innovationswille oder Wertschätzung von Zuverlässigkeit, aber auch die Offenheit in der Kommunikation beziehen. Der umgangssprachliche Begriff „Die Chemie muss stimmen" beschreibt den Cultural Fit treffend.
- **Commitment zum Key Account Status:** Eine bevorzugte Behandlung durch den Lieferanten sowie ein nachhaltig überdurchschnittliches Engagement sind nur zu erwarten, wenn der Lieferant dem Unternehmen einen Key Account Status verleiht. Neben der grundsätzlichen Bereitschaft hierzu, spielt dabei die Attraktivität des Kunden für den Lieferanten eine entscheidende Rolle. Dieser Aspekt soll etwas näher beleuchtet werden.

Ist der Kunde für den Lieferanten sehr attraktiv, wird er sehr bemüht sein, ihn als Kunden zu halten und die Beziehung auszubauen. Dies drückt sich im Key Account Status aus. Diesen Schritt kann und sollte der Einkauf unterstützen, indem er die Attraktivität des Unternehmens für Lieferanten erhöht. Folgende Beispiele zeigen, wie Attraktivität eines Kunden beim Lieferanten entsteht und somit auch an welchen Hebeln der Einkauf ansetzen kann, um seine Attraktivität zu steigern:

- Ist das Umsatzpotenzial bzw. das Deckungsbeitragspotenzial des Kunden sehr hoch und sehr dynamisch (attraktive Branche und darin überdurchschnittliche Wachstumschancen des Kunden), führt dies zu einer hohen Attraktivität. Da aber der Einkauf das Einkaufsvolumen in einer Warengruppe nicht beliebig vergrößern kann bzw. nicht unbedingt sein gesamtes Einkaufsvolumen an einen Lieferanten vergeben möchte, sollte er bei der Wahl des Partners darauf achten, dass sein Einkaufsvolumen für den Lieferanten ein wichtiger Umsatzbringer ist. In der Konsequenz sollten Mittelständler damit möglichst mittelständische Unternehmen als Partner wählen.
- Der Lieferant kann in Zusammenarbeit mit dem Kunden seine Kernkompetenzen, z. B. durch außergewöhnliche Innovationsprojekte, fortentwickeln.
- Der Lieferant erwartet erhebliche Marketingvorteile, z. B. weil er eine allgemein hoch geschätzte Referenz bekommt oder weil er mit dem Kunden spezifische weiter vermarktbare Lösungen entwickelt.
- Die Zusammenarbeit mit dem Kunden wird als reibungslos und sehr zuverlässig beurteilt.

Fazit Aus Sicht der Resilienz im Einkauf sollten in wesentlichen Beschaffungsmärkten partnerschaftliche Lieferbeziehungen gepflegt werden. Besondere Aufmerksamkeit ist auf die Wahl des Partners und auf die Pflege der partnerschaftlichen Beziehung zu legen. Angemerkt sei, dass bei der Entscheidung, ob eine Geschäftsbeziehung eher partnerschaftlich oder eher wettbewerbsorientiert ausgestaltet werden sollte, ein erheblicher Zielkonflikt von Resilienz gegenüber Wettbewerbsorientierung bestehen kann.

Vernetzung 07 – Partnerschaftsstrategie Werden in den wesentlichen Beschaffungsmärkten/Materialgruppen partnerschaftliche Lieferbeziehungen gepflegt und auf die Attraktivität des Unternehmens für die Lieferanten geachtet?

Zusammenarbeit und Kommunikation mit Partnern: Damit in einer Partnerschaft im Krisenfall schnell der Krisenmodus aktiviert werden kann und gemeinsame Lösungen gesucht und angegangen werden können, müssen die Zusammenarbeitsprozesse etabliert sein. Da es im Krisenfall in der Regel um neuartige Fragestellungen geht, sind die Kommunikationsprozesse besonders hervorzuheben. Idealerweise sollten die Kommunikationsprozesse auf allen Ebenen zu allen Stakeholder- Beziehungen gepflegt sein. Zwischen dem zuständigen Key Account Manager des Lieferanten und dem zuständigen Einkäufer (im Mittelstand in der Regel der Einkaufsleitung) sollte ein permanenter Dialog stattfinden, gleichermaßen über geplante strategische Entwicklungen, über die Fortentwicklung der Partnerschaft, über die Optimierung von Zusammenarbeitsprozessen oder über aktuelle (operative) Probleme. Beispielsweise berichtet die Schreiner Group von folgenden Elementen der Kommunikation mit strategischen Partnern (Heß und Laschinger 2019, S. 118 f.):

- **Strategiemeetings:** Es werden jährlich vier Strategiemeetings, teils mit Top-Management- Beteiligung (siehe unten), durchgeführt. Dabei werden die strategischen Planungen vorgestellt und insbesondere geplante Entwicklungen zu neuen Produkten, Kundengruppen und Märkten besprochen. In der Konsequenz folgen dann Überlegungen zur Absatz-, Bedarfs- und Investitionsplanung. Dabei wird offen kommuniziert. Die den Märkten immanente Ungewissheit wird gemeinsam geteilt.
- **Projektmeetings:** Neben den Aufträgen zu Kundenprojekten gibt es vielfältige gemeinsame Strategieprojekte, wie beispielsweise das Projekt gezielte Materialumstellung, in dem der Partner hilft, den Materialeinsatz in langlaufenden Produkten zu optimieren. In einem zweiwöchig stattfindenden Projektmeeting werden die aktuellen Projekte durchgesprochen. Darüber hinaus werden alle neuen Kundenprojekte mit dem Partner abgestimmt.
- **Kommunikation in der Zusammenarbeit:** Innerhalb der Projekte gibt es vielfältige Abstimmungen auf der „Arbeitsebene", sodass sich im Laufe der Zeit ein breites Netzwerk von Kommunikationsbeziehungen entwickelt hat.
- **Schulung:** Sehr erfolgreich waren auch Schulungen bei Mitarbeitern in der Produktion und im Qualitätsmanagement des Lieferanten. Die Mitarbeiter lernen die Anforderungen der Schreiner Group kennen und verstehen somit, worauf es ankommt. Dies verbesserte nicht nur unmittelbar die Qualitätsleistung, sondern schafft eine wertvolle Zusammenarbeitsbasis für den Krisenfall.

Während enge Partnerschaften im Krisenfall unbestritten als sehr hilfreich angesehen werden, wurde von einzelnen Teilnehmern der Studie zur „Resilienz im Einkauf" auf Compliance-Gefahren hingewiesen. Enge Partnerschaften gehen in der Regel immer mit intensiven persönlichen Beziehungen einher. Aus menschlicher Zuneigung oder auch nur aus einer überzogenen Angst heraus, die Partnerschaft zu beschädigen, können leicht wirtschaftlich nicht begründbare Bevorzugungen des Lieferanten entstehen. Ferner scheint damit auch die Basis für unlautere oder illegale Machenschaften bereitet zu sein. Diesen Zielkonflikt muss man im Auge behalten. Intensive Transparenz ist das zentrale Element, um diese Gefahren einzudämmen.

Vernetzung 08 – Zusammenarbeit und Kommunikation mit Partnern Sind die Zusammenarbeitsprozesse und insbesondere die Kommunikationsprozesse zwischen Unternehmen und Lieferant auf allen Ebenen durchgängig etabliert? (Top-Management-Beteiligung siehe V09).

Top-Management-Zugang: Innerhalb der Zusammenarbeit und der Kommunikation mit Lieferanten ist ein Top-Management-Zugang von zentraler Bedeutung, um im Krisenfall wirkungsvoll agieren zu können. Wie oben ausgeführt, geht es in der Krise häufig darum, über knappe Ressourcen zu verfügen bzw. neuartige nicht freigegebene Wege zu gehen. Derartige Entscheidungen sind in der Regel dem Top Management des Lieferanten vorbehalten. Ein direkter Zugang – z. B. ein direktes Telefonat – kann somit maßgeblich helfen, kritische Fragen bzw. Konflikte in der Krise für sich zu entscheiden. Umgekehrt kann ein Mangel direkter Top-Management-Kommunikation dazu führen, dass andere Kunden des Lieferanten bevorzugt werden, die über einen solchen Zugang verfügen.

Da der Rang des Gesprächspartners die Wertschätzung für den Partner zum Ausdruck bringt und Kommunikation üblicherweise auf Augenhöhe erfolgt, sollte die Top-Management-Kommunikation unter gleichrangigen Ansprechpartnern erfolgen. In Mittelbetrieben bzw. in eigentümergeführten Unternehmen sollte dies in der Regel die Geschäftsführung oder der Eigentümer sein, in Konzernen die entsprechende Entscheiderebene.

Je nach Bedeutung des Partners, sollte ein bis zweimal jährlich ein Strategiemeeting auf Top- Management-Ebene angestrebt werden (vgl. auch oben das Fallbeispiel zur Schreiner Group).

Vernetzung 09 – Top Management Zugang Besteht bei den wesentlichen Lieferanten ein Top-Management-Zugang?

(D) Zusammenarbeit mit weiteren Stakeholdern
Im Rahmen der Vernetzung stehen die cross-funktionale Zusammenarbeit und die partnerschaftliche Kommunikation mit den Lieferanten im Mittelpunkt. Allerdings kann die Vernetzung mit weiteren Stakeholdern für das Krisenmanagement wirkungsvoll sein. Einige Beispiele sollen derartige Stakeholder Beziehungen aufzeigen:

- **Kunde:** Mit dem Kunden können schnell Prioritäten und Vorgehensweisen in der Krise abgestimmt werden. Das ist originär die Aufgabe des Vertriebs. In der Krise helfen allerdings direkte Kontakte, um die Entscheidungen zu beschleunigen, ggf. auch diese ein wenig kreativer zu machen.
- **Behörden, z. B. Zollbehörden oder regionale Behörden:** Es ist wichtig, Veränderungen in den Regelwerken frühzeitig mitzubekommen. Es ist hilfreich, die Entscheidungsspielräume der Behörden zu kennen und sich daran auszurichten. Ferner sind Behörden im Rahmen ihrer Regulierungsaufgabe auf eine Beurteilung der Situation angewiesen. Eine Vernetzung kann helfen, die eigenen Nöte und Anforderungen, den Behörden zu verdeutlichen, so dass sie im Regelwerk berücksichtigt werden.
- **Einkaufsleitungen anderer Unternehmen, durchaus auch Wettbewerber:** Die Vernetzung mit anderen Unternehmen hilft schnell und differenziert die Krisensituation einzuschätzen. Die Diskussion mit Personen, die gleichermaßen betroffen sind, erweitert meist sehr effizient die Informationsbasis und ermöglicht die Ausreifung der eigenen Positionen.
- **IHK und Verbände:** Analog zum Kontakt mit anderen Unternehmen; ferner können IHK's und Verbände auch gut als Interessenvertreter auftreten, die somit wichtige Interessen in die öffentliche Diskussion einbringen.
- **Forschungseinrichtungen und Hochschulen:** Forschungseinrichtungen und Hochschulen können mit Expertise helfen, die Krisensituation zu beurteilen, ggf. mit tiefgehenden Studien. Sie können Lösungskonzepte entwickeln und ausarbeiten. Ferner hilft die Diskussion einen neutralen externen Blick auf die Krise zu bekommen.

Vor diesem Hintergrund sollte im Einkauf (vor der Krise) ein Stakeholder Management bestehen, das – insbesondere auch in Hinblick auf Krisen – interessante Stakeholder identifiziert und systematisch die Kontakte zu diesen Stakeholdern pflegt.

Vernetzung 10 – Stakeholder Management Gibt es ein Stakeholder Management zu externen Stakeholdern auch jenseits der Vernetzung mit Lieferanten und ist dieses auch auf Krisensituationen ausgerichtet (z. B. mit Kunden, Behörden, Einkaufsleitungen anderer Unternehmen, IHK, Verbände oder Forschungseinrichtungen)?

4.5 Resilienz durch Führung und Kultur

Resilienz durch Führung und Kultur ist ein sehr mächtiges Thema, das im Rahmen dieses Buches zur Resilienz im Einkauf nur skizzenhaft und impulsgebend behandelt werden kann. Vergleicht man zunächst das Verhalten von Führungskräften mit sehr hohen Resilienzwerten mit Führungskräften mit sehr niedrigen Resilienzwerten zeichnen sich die Führungskräfte mit starker Resilienz durch folgende Eigenschaften aus (Studie von Zenger und Folkman 2017, zitiert nach Unkrig 2018, S. 105 ff.):

- **Kraftvolle Kommunikation:** Hoch-resiliente Führungskräfte informieren ihr Umfeld zu ihren Absichten und Aktivitäten intensiv und wirkungsvoll. Mit effektiver Kommunikation unterstützen sie die Mitarbeiter beim Verstehen notwendiger Veränderungen, neuartiger Zielsetzungen und neuer Strategien.
- **Lernfähigkeit:** Hoch-resiliente Führungskräfte sind nicht nur offen für Feedback, sondern motivieren auch, aktiv Feedback zu geben. Sie reflektieren das Feedback und entwickeln daraufhin ihre persönlichen Einstellungen sowie ihre Aktionspläne. Hoch-resiliente Führungskräfte erhalten diese Feedback-Kultur bis zum Ende ihrer Karriere.
- **Vertrauen:** Hoch-resiliente Führungskräfte entwickeln über starke persönliche Beziehungen eine Vertrauenskultur mit ihren Mitarbeitern. Sie formen somit starke Teams, die motiviert sind, kritische Veränderungen schnell anzugehen.
- **Mut zur Veränderung:** Hoch-resiliente Führungskräfte gehen die erforderlichen Veränderungen aktiv an. Sie scheuen sich nicht vor Neuem bzw. vor Lernen. Ausprobieren und kalkulierte Risiken einzugehen sind für sie selbstverständliche Eigenschaften.
- **Wille, Führung zu übernehmen:** Hoch-resiliente Führungskräfte sind bereit, sich im Veränderungsprozess an die Spitze zu setzen und Verantwortung zu übernehmen. Dazu gehört auch der Mut, sich selbst und den eigenen Verantwortungsbereich zu verändern.
- **Entscheidungsfreude:** Entscheidungen in einer Situation mit hochgradiger Ungewissheit (in einer VUCA-Welt) ist schwierig, aber trotzdem unerlässlich. Hoch-resiliente Führungskräfte sind bereit, solche Entscheidungen zu treffen. Sie sind allerdings auch sehr schnell bereit, die Entscheidungen zu revidieren, falls sie sich als falsch herausgestellt haben. Solche Kehrtwendungen erfolgen ohne Selbstzweifel und werden dem Umfeld transparent gemacht.

Bereits an dieser Aufzählung wird deutlich, welchen Einfluss Führung auf die Resilienz des Einkaufs haben kann. In der Managementfunktion „Führung" steht der tägliche Arbeitsvollzug und dessen optimale Veranlassung und Steuerung durch die Vorgesetzten im Fokus. Konkret sind Themen wie Motivation, Kommunikation, Konfliktbereinigung und Einfluss auf die soziale Mikrostruktur in Teams von besonderer Bedeutung (Steinmann et al. 2013, S. 11 sowie 481 ff.). An dieser Aufzählung wird deutlich, dass Führung die herausragende Managementfunktion ist, wenn es um die Bewältigung unerwarteter Ereignisse geht. Neben Führung spielt in diesem Zusammenhang die Unternehmenskultur eine wesentliche Rolle. Dabei kann Unternehmenskultur – ohne auf wissenschaftliche Definitionen eingehen zu wollen – als unternehmensspezifische „Vorstellungs- und Orientierungsmuster" verstanden werden, die das Verhalten der Mitarbeiter nachhaltig prägen (Steinmann et al. 2013, S. 651 ff.). Auch die grundlegenden Orientierungen im Einkauf sind für die Krisenbewältigung sehr bedeutsam. Zur Stärkung der Resilienz kann versucht werden, Resilienz fördernde Orientierungen und Verhaltensmuster zu entwickeln.

Folgend sollen an den Beispielen (1) der ISO Norm 22.316:2017, (2) dem Business Resilience Tool sowie (3) der Culture of Flexibility von Sheffi mögliche Herangehensweisen zum Thema Resilienz durch Führung und Kultur beschrieben werden.

(1) ISO 22316:2017: In der ISO-Norm 22.316, die bereits in Abschn. 3.1 vorgestellt wurde, beschäftigen sich zwei der neun „Attributes for Organizational Resilience" mit Führung und Kultur. Das Resilienzkriterium „effective und empowered Leadership" zielt darauf ab, die Resilienz durch Führung zu stärken. Insbesondere wird zur Verantwortungsübernahme auch bei Vorliegen einer hohen Ungewissheit und in Krisenzeiten ermutigt. Dazu werden weitere Ansatzpunkte skizziert, wie beispielsweise Förderung einer Resilienzorientierung im Unternehmen oder eine Führung, die Anpassungsfähigkeit steigert. Zur Umsetzung dieser Forderungen werden vier priorisierte Aktivitäten empfohlen. So sollen beispielsweise Rollen und Verantwortlichkeiten definiert werden, die für die Förderung der Resilienz zuständig sind. Ferner sollen systematisch Lessons-Learned-Prozesse durchgeführt und Verbesserungsideen daraus abgeleitet werden. Ferner wird eine Unternehmenskultur angeraten, die für organisationale Resilienz dienlich ist. Hierzu soll ein Bekenntnis zu entsprechenden Werten, Überzeugungen, Einstellungen und Verhalten erfolgen. Es werden konkrete Maßnahmen vorgeschlagen, wie diese Forderung umgesetzt werden kann.

(2) Benchmark Resilience Tool (vgl. Drath 2018, S. 249 ff.): Die neusee-ländische Non-Profit-Organisation Resilient Organisations stellte fest, dass es Unternehmen gab, die sich nach Naturkatastrophen relativ widerstandsfähig zeigten, obwohl sie sich nicht direkt auf die Katastrophe vorbereitet hatten. In umfangreichen empirischen Studien zeigte sich, dass Führung, Kultur bzw. zwischenmenschliche Beziehungen eine sehr bedeutsame Rolle bei der Krisen-bewältigung einnahmen. Auf Basis der Untersuchungen entwickelte die Gruppe das sogenannte Benchmark Resilience Tool, das anhand von 46 Fragen die Widerstandsfähigkeit von Unternehmen messen soll. Es werden drei Schutz-faktoren identifiziert:

- Führung, Identifikation, Innovation und Kultur
- Kollaboration, Vernetzung, Wissen teilen
- Sinn, Veränderungsbereitschaft, Vorbereitung

Zum Schutzfaktor Führung, Identifikation, Innovation und Kultur werden folgende Messdimensionen unterschieden (Auszug, vollständige Liste bei Drath 2018, S. 251 f.):

- „Führung
  - Hohes Maß an Klarheit in der Richtung
  - Verständnis dafür, dass in Krisensituationen Entscheidungen ohne ausführ-liche Rücksprache getroffen werden
  - Sicherstellen von angemessener Arbeitsbelastung
  - Hohes Maß an strategischem Denken und Handeln
  - Führung als Vorbildfunktion
  - Deutlich erkennbare Verbindung zwischen Führungsverhalten und dem Ziel, die Unternehmensziele zu erreichen.
- Identifikation der Mitarbeiter
  - Mitarbeiter fühlen sich verantwortlich für die Handlungsfähigkeit der Organisation
  - …
- Situationsbewusstsein
  - Gute Kenntnis über relevante Vorgänge im Markt
  - …
- Entscheidungsfindung
  - Mitarbeiter haben Zugang zu Entscheidungsträgern
  - …
- Innovation und Kreativität

- oErmunterung der Mitarbeiter, Herausforderungen zu suchen
- …
- Ermutigung der Mitarbeiter, innovativ und kreativ zu sein."

(3) Culture of Flexibility von Sheffi: Sheffi untersucht in seinem Werk „The Resilient Enterprise" (Sheffi 2007, S. 243 ff.) die Resilienz in Lieferketten. Neben vielfältigen Ansätzen, wie das Design von Supply Chains zur Resilienz beiträgt, beschäftigt er sich mit dem Beitrag der Unternehmenskultur zur Flexibilität und somit zur Resilienz von Unternehmen. Dabei beschreibt er zunächst anhand von Firmenbeispielen, wie die Unternehmenskultur die Resilienz stärkt. Die prägenden Werte der Firma Dell werden beispielsweise mit (1) Besessenheit von (kurzfristigen) Ergebnissen, (2) Teamwork und Kommunikation, (3) Informelle Netzwerke persönlicher Beziehungen sowie (4) Unternehmertum auf allen Ebenen charakterisiert.

Jenseits der Firmenbeispiele werden vier allgemeine Kulturmerkmale für Resilienz hervorgehoben, die Firmen helfen, schnell und flexibel auf Herausforderungen zu reagieren (Sheffi 2007, S. 255 ff.):

- **Continuous Communication among Informed Employees:** Schnelle und flexible Unternehmen stellen allen Mitarbeitern entsprechend ihrer Zuständigkeit kontinuierlich aktuelle Informationen zur Verfügung. Hintergrund ist die Erkenntnis, dass Mitarbeiter mit Verantwortung für ihren Job ein tiefgehendes Verständnis von den Vorgängen benötigen, über die sie reden. Nur so können sie schnell die richtigen Entscheidungen treffen, auch im Krisenfall. Es gibt allerdings auch ein zu viel an Information. Mitarbeiter sollten nur die für sie relevanten Informationen bekommen. Mitarbeiter schalten nach Sheffi einfach ab, falls sie irrelevante Informationen bekommen oder Informationen, die jenseits ihrer Entscheidungsbefugnisse liegen. Eine besondere Herausforderung ist die Sozialisation neuer Mitarbeiter, sodass sie schnell Teilnehmer der Wissensbasis sowie der kulturellen Gemeinschaft werden.
- **Distributed Power:** Flexibilität bedeutet, dass auf Probleme schnell reagiert werden kann. Dazu dient das Konzept „Kultur der verteilten Macht", nach dem Mitarbeiter an der „front line" berechtigt (empowered) werden, auf Probleme sofort zu reagieren, wenn sie auf diese Weise größeren Schaden abwenden können. Damit Mitarbeiter in solchen Krisensituationen richtig reagieren können, müssen sie allerdings die Mission und die aktuelle Situation des Unternehmens tiefgehend verstanden haben. Ferner muss die Anreizstruktur im Unternehmen die Initiative des Mitarbeiters belohnen. Keinesfalls

sollten Fehler, die in einer solchen Drucksituation passieren können, bestraft werden.

- **Passion:** Ein weiteres gemeinsames Kulturelement resilienter Unternehmen ist „Leidenschaft". Mitarbeiter fühlen sich tief verpflichtet und verantwortlich, die Ziele des Unternehmens zu unterstützen. Leidenschaft für das Unternehmen lässt Mitarbeiter sehr schnell und mit vollem Engagement handeln, sobald kritische Probleme erkannt werden.
- **Conditioning for Disruption:** Resiliente Unternehmen bereiten sich auf große Herausforderungen mit kleiner Eintrittswahrscheinlichkeit kontinuierlich vor, indem sie mit den häufig auftretenden kleinen Herausforderungen üben. Bereits im Tagesgeschäft werden Innovation und Flexibilität trainiert.

Die einführenden Beispiele zeigen ein breites Spektrum an Ansätzen, wie Führung und Kultur zur Resilienz eines Unternehmens beitragen können. Wie bereits angesprochen würde eine umfassende Analyse den Rahmen dieses Werkes sprengen. Für tiefgehende Analysen der Resilienz von Unternehmen wird beispielsweise auf das Fire-Modell der organisationalen Resilienz von Draht (Drath 2018, S. 339 ff.), das bereits angesprochene Benchmark Resilience Tool (vgl. Drath 2018, S. 249 ff.) bzw. den Resilienz-Kompass (vgl. ifaa 2018) verwiesen.

In der 15M-Resilienzanalyse sollen drei Themen hervorgehoben werden, die gleichermaßen in der Literatur wie auch in den geführten Interviews als Schlüsselelemente eines resilienten Einkaufs betont werden: Förderung der Zusammenarbeitskultur, Verbesserungskultur und Risikobewusstsein.

(A) Förderung der Zusammenarbeitskultur

Die Bedeutung von Zusammenarbeit für die Resilienz wurde im Abschnitt zur Resilienz durch Vernetzung ausführlich beschrieben. Inwieweit sich eine Zusammenarbeit im Unternehmen zwischen den Abteilungen bzw. in den Teams entwickeln kann, wird wesentlich durch die Führung sowie durch die Unternehmenskultur geprägt. Insofern muss die Führung eine Kultur der Zusammenarbeit entwickeln. Im Rahmen der 15M-Resilienzanalyse sollen dazu die vertrauensvolle Zusammenarbeit zwischen Führungskraft und Mitarbeiter sowie die Zusammenarbeit zwischen den Abteilungen analysiert werden.

Vertrauen in die Mitarbeiter (Empowerment): Aufbau einer Vertrauenskultur sowie Empowerment wird in den geführten Interviews, wie auch in den aufgeführten Studien (vgl. oben, bei Zenger den Abschnitt zu Vertrauen, in der ISO 22316:2017 das Element Empowered Leadership oder bei Sheffi den Faktor Distributed Power), intensiv betont. Mitarbeiter sollen die Berechtigung wie auch die Befähigung erhalten, in kritischen Situationen Entscheidungen treffen zu können. Dazu benötigen sie neben der fachlichen Kompetenz sowie den notwendigen Informationen auch die Sicherheit darüber, was sie dürfen und was nicht. Ferner brauchen sie auch Vertrauen in die Führung, bei Fehlern nicht bestraft zu werden (vgl. unten Verbesserungskultur/Fehlerkultur). Insgesamt erhöht die Vertrauenskultur die Flexibilität, auf Krisen zu reagieren.

FK01 Führung und Kultur – Zusammenarbeitskultur: Vertrauen in die Mitarbeiter (Empowerment) Wird im Einkauf eine Vertrauenskultur gelebt: Wie weit dürfen Mitarbeiter (Lead Buyer) (in Krisensituationen) selbstständig entscheiden? (Empowerment).

Vertrauen in die Führung: Eine Vertrauenskultur ist aber auch in die umgekehrte Richtung erforderlich. Damit ein Unternehmen flexibel reagieren kann, müssen Führungsentscheidungen in Krisensituationen schnell getroffen und von Mitarbeitern mit voller Kraft unterstützt werden. Langwierige Diskussionen, um Mitarbeiter von der Richtigkeit der Entscheidung zu überzeugen, kann viel (unnötige) Zeit kosten und somit die flexible Reaktion auf Störungen behindern. Vertrauen in die Führung bedeutet, dass Mitarbeiter zeitkritische Entscheidungen mittragen können, weil sie Vertrauen in die „Gutwilligkeit" und die „Kompetenz" der Führungskräfte haben.

Schnelle Entscheidungsprozesse sind jedoch auch in sehr autoritären Systemen üblich. Man denke nur an eine militärische Befehlshierarchie. Da hier aber ein krasser Widerspruch mit dem vorangehenden Statement zum Empowerment der Mitarbeiter besteht, erscheinen autoritäre Befehlshierarchien für die Resilienz von Unternehmen in einer VUCA-Welt fragwürdig.

FK02 Führung und Kultur – Zusammenarbeitskultur: Vertrauen in die Führung Wird im Einkauf eine Vertrauenskultur gelebt: Wie weit vertrauen die Mitarbeiter den Führungskräften, dass Entscheidungen zum Wohle des Unternehmens sowie auch zum persönlichen Wohle des Mitarbeiters getroffen werden?

Zusammenarbeit mit anderen Abteilungen: Interessengegensätze zwischen Abteilungen sind grundsätzlich nicht zu beseitigen. Es ist sogar anzunehmen, dass Interessengegensätze helfen unterschiedliche Sichten in der Entscheidungsfindung zu berücksichtigen. Bedeutsam ist allerdings, wie mit Interessengegensätzen im Unternehmen umgegangen wird. In einer Kultur, in der ein tiefgehendes Verständnis für die Interessenslagen der anderen Abteilungen vorhanden ist, die gelernt hat, die unterschiedlichen Interessen ganzheitlich abzuwägen, und in der eine grundsätzlich vertrauensvolle Zusammenarbeitsatmosphäre vorherrscht, können auch kontroverse Entscheidungen schnell getroffen werden. Dies sollte auch für Krisensituationen mit unvollständiger Information gelten. Führungskräfte haben aktiv auf eine solche vertrauensvolle Zusammenarbeitsatmosphäre hinzuwirken und insbesondere ihre Mitarbeiter auch darauf zu verpflichten.

FK03 Führung und Kultur – Zusammenarbeitskultur: Zusammenarbeit mit anderen Abteilungen Wie kooperativ und lösungsorientiert wird mit anderen Abteilungen zusammengearbeitet? Wird eine Zusammenarbeitskultur von allen Führungskräften gefordert und gefördert?

(B) Verbesserungskultur
In allen Studien und in allen Interviews besteht große Einigkeit, dass Veränderungsbereitschaft und Verbesserungsorientierung wesentliche Eigenschaften resilienter Organisationen sind. Sheffi bringt dies mit seiner Dimension „Conditioning for Disruption" auf den Punkt (Sheffi 2007, S. 263 f.). Organisationen, bei denen Veränderung und Innovation der „Normalmodus" sind, werden im Krisenfall schnell auch große Herausforderungen lösen können. Die Frage der Verbesserungskultur wird sehr facettenreich diskutiert. Die folgenden vier Fragen der 15M-Resilienzanalyse beleuchten wesentliche Aspekte.

Verbesserungsorientierung – Flexible Lösungsorientierung: In der ersten Frage ist zunächst die grundsätzliche Bereitschaft der Einkaufsorganisation zur Veränderung enthalten. Werden Verbesserungsideen eher positiv oder eher zurückhaltend aufgenommen? Die Frage konkretisiert sich für Problem- bzw. für Krisensituationen, in denen die Regelprozesse des Unternehmens nicht oder nicht gut passen. Wie schwierig ist es, in solchen Situationen flexible Lösungen zu finden, die vom bestehenden Regelwerk abweichen. Üblicherweise sind diesbezüglich kleine und mittlere Unternehmen gegenüber Großunternehmen und Konzernen stark im Vorteil.

Allerdings darf die flexible Lösungsorientierung nicht so weit gehen, dass Prozesse und Regeln keinerlei Verbindlichkeit haben. Ansonsten kann die Funktionsfähigkeit des Unternehmens stark eingeschränkt sein. Für eine resiliente Organisation sollte also ein klares Regelwerk gelten und allseits gelebt werden. Die Organisation sollte aber in der Lage sein, zu erkennen, wann das Regelwerk zu eng ist und flexible Lösungen notwendig sind, um Probleme zu lösen.

FK04 Führung und Kultur – Verbesserungsorientierung: Flexible Lösungsorientierung Ist die Kultur im Einkauf flexibel und lösungsorientiert? (vs. bürokratisch und regelorientiert; Aufgeschlossenheit gegenüber Verbesserungsideen).

Verbesserungsorientierung – Fehlerkultur in der Führung: Es besteht Einigkeit darüber, dass Verbesserungsorientierung nur in einer guten Fehlerkultur gedeihen kann, wie sie oben im Rahmen der Frage FK01 und FK02 bereits angesprochen wurde. Bereitschaft zur Veränderung setzt Entscheidungsfreude zu einem Zeitpunkt hoher Ungewissheit voraus (siehe oben die Studie von Zenger), insbesondere im Krisenfall. Trotz solider Prüfung sind Fehlentscheidungen in einem solchen Setting nicht auszuschließen. Fehlerkultur bestraft nicht die Fehlentscheidung, sondern verlangt nach transparenter Prüfung der Entscheidung und ggf. der Korrektur der Entscheidung. So können Lernprozesse initiiert und Verbesserungsideen gefördert werden. Fehler sind somit in der Fehlerkultur kein Mangel, sondern Ausdruck eines starken Handlungs- und Verbesserungswillens.

FK05 Führung und Kultur – Verbesserungsorientierung: Fehlerkultur in der Führung Ist in der Führung des Einkaufs eine konstruktive Fehlerkultur verankert?

Verbesserungsorientierung: Fehlerkultur gegenüber Mitarbeitern: Analoge Überlegungen gelten für Mitarbeiter, die Verantwortung übernehmen sollen (Empowerment). Auch hier sollen Fehlentscheidungen als Lernchancen erkannt und genutzt werden.

FK06 Führung und Kultur – Verbesserungsorientierung: Fehlerkultur gegenüber Mitarbeitern Ist bei den Mitarbeitern im Einkauf eine konstruktive Fehlerkultur verankert?

Verbesserungsorientierung: Lessons-Learned-Kultur: In den geführten Interviews war die Einstellung und die Umsetzung einer Lessons-Learned Kultur sehr zwiespältig. Insbesondere wurden die Fragen diskutiert, ob nach der Bewältigung einer Krise ein systematischer Lessons-Learned-Prozess gestartet werden sollte und wie der Prozess im Unternehmen abläuft. In den Gesprächen bestand große Übereinstimmung, dass die Lessons-Learned-Prozesse sehr wichtig sind und ernsthaft durchgeführt werden sollten. Die Qualität der Umsetzung hingegen war sehr breit gestreut. Ein Unternehmen wies auf die strukturierte Vorgehensweise hin, wie nach jeder Krise Lernerfahrungen gesichert werden. Bei den meisten Interviewpartnern herrschte eine implizite, wenig dokumentierte

Vorgehensweise vor. Es gab aber auch Unternehmen, die auf Lessons-Learned-Prozesse trotz besseren Wissens vollständig verzichteten (Vgl. hierzu auch die Studie von Burghart (2020, S. 14 sowie 70 ff.), die zu ähnlichen Ergebnissen kommt.)

Unabhängig von der gelebten Praxis besteht Einigkeit, dass strukturierte Lessons-Learned-Prozesse wesentlicher Bestandteil einer Verbesserungsorientierung sein sollten. Auch die ISO-Norm 22.316:2017 hebt Lessons-Learned-Prozesse als ein Kernelement hervor.

FK07 Führung und Kultur – Verbesserungsorientierung: Lessons Learned-Kultur Gibt es eine Lessons-Learned-Kultur? Werden Krisen und das Krisenmanagement nach Abschluss systematisch aufgearbeitet und werden Konsequenzen daraus gezogen?

(C) Risikobewusstsein

Risikobewusstsein bedeutet zunächst, dass Führungskräfte und Mitarbeiter die Möglichkeit von Risiken stets in Betracht ziehen und Risikoüberlegungen in allen Entscheidungen berücksichtigen. Risikobewusstsein verlangt darüber hinaus, dass die Mitarbeiter zum Umgang mit den Risiken geschult sind. Gerade eine „vernünftige" Einschätzung von Unsicherheit und Wahrscheinlichkeit fällt vielen Menschen jedoch schwer. Typisches Beispiel hierzu ist der Umgang mit sehr geringen Eintrittswahrscheinlichkeiten bei gleichzeitig extrem hohem Schadensausmaß, dem zentralen Anliegen dieses Buches. Konsequent weitergedacht, führt die Beschäftigung mit dem Risikobewusstsein auch zur Reflexion der angestrebten Risikokultur im Unternehmen (vgl. zur Risikokultur Burghart 2020, S. 57 f. sowie Meierbeck 2010, S. 243 ff.). Wie (tiefgehend) sind Risiken zu prüfen? Welches Risikoniveau ist noch zu akzeptieren, welches nicht mehr? Eine zu große Risikoaversion vernichtet alles unternehmerische Handeln. Eine zu große Risikobereitschaft kann das Unternehmen leicht in den Ruin treiben. Risikobewusstsein verlangt also eine Sensibilisierung für Risiken, die Kompetenz, Risiken in Entscheidungssituationen richtig zu beurteilen, und eine reflektierte Einschätzung, welche Risiken für das Unternehmen akzeptabel sind.

Risikobewusstsein Führung und Mitarbeiter: Das Risikobewusstsein muss gleichermaßen bei Führungskräften wie bei den Mitarbeitern entwickelt bzw. verankert werden.

FK08 Führung und Kultur – Risikobewusstsein Führung Ist im Führungsteam des Einkaufs ein Risikobewusstsein verankert?

FK09 Führung und Kultur – Risikobewusstsein Mitarbeiter Ist bei den Mitarbeitern im Einkauf (Lead Buyer und weitere) ein Risikobewusstsein verankert?

4.6 Resilienz durch Mitarbeiter

Bei der Bewältigung von Krisen spielen Mitarbeiter eine bedeutende Rolle. Sie sind diejenigen, die in außergewöhnlichen Stresssituationen besonnen und wirkungsvoll handeln müssen. Die Mitarbeiter als intime Kenner der Handlungssituation sind häufig besonders privilegiert, wenn es um kreative situationsspezifische Lösungen für gestörte Prozesse geht. Sie haben ein umfangreiches Netzwerk im Unternehmen und häufig auch außerhalb des Unternehmens. Die Mitarbeiter sind in vielen Dingen die konkreten Umsetzer, ohne die die besten Krisenbewältigungsstrategien nicht greifen können.

Im Rahmen der 15M-Resilienzanalyse wird das Resilienzkriterium „Mitarbeiter" in die Bereiche „Individuelle Resilienz der Mitarbeiter", „Persönlichkeitsmerkmale", „Fachkompetenz" und „Sozialkompetenz" strukturiert. Es ergeben sich folgende Konkretisierungen.

(A) Individuelle Resilienz der Mitarbeiter
Mitarbeiter sind in Krisensituationen des Unternehmens auch häufig persönlich existenzbedrohenden Stresssituationen ausgesetzt. Man denke beispielsweise nur an einen jungen Familienvater mit drei kleinen Kindern, der sich für den Kauf einer Wohnung hoch verschuldet hat und dessen Arbeitsplatz durch die Krise ernstlich bedroht ist. Ebenso kann ein Einkäufer unter starken Stress geraten, wenn von seinem Erfolg die Versorgung und in Folge das Überleben des Unternehmens abhängt. In solchen Situationen handlungsfähig zu bleiben, erfordert eine hohe Resilienz der Mitarbeiter selbst. Die Resilienz des Einkaufs hängt also auch von der individuellen Resilienz seiner Mitarbeiter ab.

In Abschn. 3.1.1 wurde mit der Metastudie von Bengel und Lyssenko (2012) ein Überblick über empirische Forschungen zur individuellen Resilienz gegeben und elf Schutz- bzw. Resilienzfaktoren ausführlich vorgestellt. Darüber hinaus gibt es zur Analyse der individuellen Resilienz vielfältige Analyse-Tools. Exemplarisch sei das Fire-Modell der individuellen Resilienz von Draht erwähnt mit den Analyse-Sphären Persönlichkeit, Biografie, Haltung, Mentale Agilität,

Energie Management, Geist-Körper-Achse, Authentische Beziehung und Sinn (vgl. Drath 2018, S. 213 ff., und 2019).

Individuelle Resilienz der Mitarbeiter: Eine systematische Untersuchung der individuellen Resilienz der Mitarbeiter wird im Rahmen der 15M-Resilienzanalyse des Einkaufs in der Regel nicht möglich sein. Trotzdem erscheint es sinnvoll, sich die individuelle Widerstandsfähigkeit jedes einzelnen Mitarbeiters vor Augen zu führen. Soweit ernsthafte Bedenken bestehen, dass der Mitarbeiter für die Bewältigung von Krisensituationen resilient genug ist, sollten Personalentwicklungsmaßnahmen – am besten in Zusammenarbeit mit der Personalabteilung – durchgeführt werden.

M01 Individuelle Resilienz der Mitarbeiter Wie resilient sind die Mitarbeiter? (Individuelle Resilienz).

Persönlichkeitsmerkmale: In den Studien und insbesondere in den Interviews der Studie zur Resilienz im Einkauf werden ausgewählte Persönlichkeitsmerkmale von Mitarbeitern beschrieben, die für die Krisenbewältigung als besonders hilfreich eingeschätzt werden. In der 15M-Resilienzanalyse sollte selbstkritisch beurteilt werden, ob bei einzelnen Mitarbeitern oder in einzelnen Teams zu bestimmten Persönlichkeitsmerkmalen ein Handlungsbedarf besteht.

Verantwortungsübernahme: Sind Mitarbeiter bereit, im Rahmen ihrer Kompetenzen Verantwortung zu übernehmen, Entscheidungen zu treffen und umzusetzen? Dies ist häufig ein Schlüssel zur Krisenbewältigung, da es in der Krise meist auf schnelle direkte Reaktionen vor Ort ankommt. Dieses Kriterium korrespondiert mit dem Kriterium FK 01 Vertrauen in die Mitarbeiter.

M02 Persönlichkeitsmerkmale: Verantwortungsübernahme Wie ist die Bereitschaft der wesentlichen Mitarbeiter, Verantwortung zu übernehmen?

Flexibilität, Kreativität, Lösungsorientierung: In Krisen sind schnelle kreative Lösungen gefragt. Dies führt zum Persönlichkeitsmerkmal Flexibilität, Kreativität und Lösungsorientierung. Sind die Mitarbeiter fähig, sich auf außergewöhnliche Situationen einzulassen, sich von bestehenden Prozessen und Denkmustern zu lösen, völlig neuartig und kreativ an das Problem heranzugehen und letztlich eine Lösung für das Problem zu finden?

M03 Persönlichkeitsmerkmale: Flexibilität, Kreativität, Lösungsorientierung Wie sind die wesentlichen Mitarbeiter in Bezug auf Flexibilität, Kreativität und Lösungsorientierung einzuschätzen?

Kognitive Fähigkeiten: Bei der Identifikation und Analyse des Problems sowie daran anschließend bei der Problemlösung spielen die kognitiven Fähigkeiten von Mitarbeitern eine bedeutende Rolle. Ist der Mitarbeiter in der Lage scharfsinnig das Problem zu durchdringen und den Kern des Problems zu erkennen? Ist er ferner in der Lage eine in sich nachvollziehbare logische Problemlösung zu entwickeln und verfügt er über ein hinreichendes Abstraktionsvermögen, um nicht nur Symptome, sondern die wirklichen Problemursachen zu diagnostizieren und zu heilen?

M04 Persönlichkeitsmerkmale: Kognitive Fähigkeiten Wie sind die kognitiven Fähigkeiten der wesentlichen Mitarbeiter zu beurteilen? (Scharfsinnigkeit, Logik, Abstraktionsvermögen…).

(B) Fachkompetenz
Neben den Persönlichkeitsmerkmalen sind die Fachkompetenzen der Mitarbeiter ein wesentlicher Faktor der Krisenbewältigung. Dieser Aspekt korrespondiert mit den Fragen zur Transparenz T03 bis T06, die sich eher auf die Objekte der Transparenz beziehen.

Betriebliche Abläufe: Fundierte Kenntnisse der betrieblichen Abläufe sind unerlässlich, wenn Mitarbeiter Krisensituationen analysieren und lösen sollen. Welche Abteilungen bzw. welche Arbeitsschritte sind erforderlich, um gestörte Prozesse zu ersetzen. Dabei sollten die Kenntnisse zu den betrieblichen Abläufen deutlich über den engen Arbeitsbereich des Mitarbeiters hinausgehen.

M05 Fachkompetenz: Betriebliche Abläufe Wie ist die Fachkompetenz der Mitarbeiter in Bezug auf die Prozesse bzw. die betrieblichen Abläufe zu beurteilen? (Insbesondere auch betriebliche Abläufe außerhalb der eigenen Abteilung).

Schulung Krisenmanagement: Verfügen Mitarbeiter über die Fähigkeiten und Kompetenzen, Krisen zu bewältigen. Gegebenenfalls sollten Mitarbeiter zum Krisenmanager geschult werden.

M06 Fachkompetenz: Schulung Krisenmanagement Wie ist die Fachkompetenz in Bezug auf Krisenmanagement zu beurteilen? Wie intensiv sind die Mitarbeiter geschult?

Methodenkompetenz: Neben den betrieblichen Abläufen sollten Mitarbeiter auch tiefgehend über die relevanten betriebswirtschaftlichen Methoden Bescheid wissen, z. B. über Kalkulationsmethoden, Ermittlung von Sicherheitsbeständen, Lieferantenbewertungen oder Lieferanten Auditierungen.

M07 Fachkompetenz: Methodenkompetenz Wie ist die Fachkompetenz in Bezug auf Methoden (z. B. Kalkulationsmethoden, Lieferantenbewertung usw.) zu beurteilen?

Marktkenntnisse (Kunde, Lieferant, Produkte, Materialien): Ferner sollten Mitarbeiter über tiefgehende Marktkenntnisse verfügen (vgl. die Transparenzkriterien). Dabei ist zu beachten, dass Mitarbeiter im Einkauf nicht nur die Beschaffungsobjekte und Lieferanten kennen sollten, sondern auch fundiert über die Produkte und die Kunden des Unternehmens Bescheid wissen sollten. Nur so ist es im Krisenfall einer gestörten Versorgung möglich, kundengerechte Ersatzlösungen zu entwickeln.

M08 Fachkompetenz: Marktkenntnisse (Kunde, Lieferant, Produkte, Materialien) Wie ist die Fachkompetenz der Mitarbeiter zu den Märkten zu beurteilen? (Über den eigenen Aufgabenbereich hinausgehende Kenntnisse zu den Absatzmärkten, Kunden, Lieferanten, Produkten, Materialien).

(C) Sozialkompetenz
Die Sozialkompetenz der Mitarbeiter korrespondiert eng mit dem Resilienzkriterium Vernetzung. Sozialkompetenz ist die Basiskompetenz, um Netzwerke aufzubauen. Sozialkompetenz ist aber auch erforderlich, um gemeinsam mit anderen Personen unter Zeitdruck Lösungen zu entwickeln und zu realisieren. Sozialkompetenz ist ein facettenreiches Kriterium, das hier nicht in aller Tiefe behandelt werden kann. Folgend sollen insbesondere die Kommunikationsfähigkeit sowie die persönliche Vernetzung betrachtet werden.

Kommunikationsfähigkeit: Die Kommunikationsfähigkeit ist zunächst die innere Offenheit bzw. Bereitschaft mit anderen Menschen zu kommunizieren. Dabei geht es um ganz unterschiedliche Ziele der Kommunikation: Es sollen Inhalte vermittelt werden: Information, Wissen und Meinungen. Neben dem Inhaltsaspekt sind Beziehungsaspekte – gerade auch in der Krise – bedeutsam.

Es gilt Lieferanten und andere Stakeholder zu überzeugen und zu Handlungen zu motivieren. Letztlich sollen auch Gefühle wie Vertrauen oder Angst transportiert werden. Die Kommunikationsfähigkeit von Mitarbeitern sollte im Rahmen der Personalentwicklung entwickelt werden.

M09 Sozialkompetenz: Kommunikationsfähigkeit Wie ist die Sozialkompetenz, insbesondere die Kommunikationsfähigkeit der Mitarbeiter zu beurteilen?

Persönliche Vernetzung: Korrespondierend zum Kriterium der Vernetzung ist zu klären, wie gut die einzelnen Mitarbeiter vernetzt sind. Sollten einzelne Mitarbeiter an dieser Stelle Schwachpunkte aufweisen, sollten Personalentwicklungsmaßnahmen geprüft werden.

M10 Sozialkompetenz: Persönliche Vernetzung Wie ist die persönliche Vernetzung von Mitarbeitern im Unternehmen bzw. zu Marktpartnern zu beurteilen?

4.7 Bewertungskonzept und Entwicklung des Reifegrades

Im folgenden Abschnitt soll gezeigt werden, wie mit der 15M-Resilienzanalyse der Reifegrad für das Krisenmanagement gesteigert werden kann. Zunächst soll das zugrunde liegende Bewertungskonzept vorgestellt werden. Anschließend wird der Bewertungsprozess im Rahmen einer einmaligen Durchführung der Resilienzanalyse aufgezeigt. Abschließend wird die Integration der 15M-Resilienzanalyse in die 15M-Architektur diskutiert.

Bewertungskonzept

Das **Bewertungskonzept** soll einfach gehalten werden und beruht deshalb auf einem einstufigen Scoring-Modell. Ziel ist ja ein Quickcheck, der eine schnelle Selbstbewertung durch den Einkauf ermöglicht. Dabei werden fünf Bewertungsstufen vorgeschlagen. Am Beispiel der Frage zur Risikophilosophie wird das Konzept der Reife und das Bewertungskonzept vorgestellt:

Frage: Gibt es eine ausdifferenzierte und dokumentierte Risikophilosophie bzw. Risikopolitik im Einkauf, inklusive der damit verknüpften Initiativen? (z. B. Second-Source-Politik; Reservewerkzeug; Bestandspolitik).

Es werden fünf Antwortkategorien angeboten, die abgestuft die Reife der Risiko-politik abbilden sollen:

- 0 %:   Es gibt keine Risikophilosophie

- 25 %:   Es gibt einzelne Aussagen und Vorgaben, die aber nicht systematisch dokumentiert sind

- 50 %:   Es gibt einzelne Aussagen und Vorgaben, die systematisch dokumentiert und mit Initiativen hinterlegt sind

- 75 %:   Es gibt eine Risikopolitik, die systematisch formuliert, dokumentiert und mit Initiativen hinterlegt ist

- 100 %:   Wie 75 %, allerdings umfassend und gesteuert, d. h. systematisch fortentwickelt

Zu allen Fragen werden konkrete Antwortkategorien angeboten. Diese orientieren sich stets an der folgenden allgemeinen Abstufung zur Reife der Resilienz im Unternehmen. Damit ergibt sich eine Normierung der Bewertungsniveaus der einzelnen Reifegradfragen:

- 0 %:   Keine Lösung vorhanden

- 25 %:   Initiale Lösung vorhanden

- 50 %:   Bewährte (einfache) Lösung vorhanden

- 75 %:   Hervorragende Lösung mit kleinen Schwächen vorhanden

- 100 %:   Exzellente bzw. Weltklasse-Lösung vorhanden

Nach der Bewertung der Fragen kann der Gesamtscore als gewichteter Durchschnittswert der einzelnen Statements errechnet werden. Dabei werden die einzelnen Fragen gewichtet, indem die Bewertung der Frage jeweils mit einem Wert zwischen 1 bis 3 multipliziert wird. Insgesamt erhalten die Resilienzkriterien folgende Gewichtungspunkte:

- Orientierung: 10 Punkte

- Transparenz: 20 Punkte

- Vernetzung: 20 Punkte

- Führung und Kultur: 15 Punkte

- Mitarbeiter: 15 Punkte

Neben den vorgegebenen Gewichtungsfaktoren können durch das Unternehmen auch eigene abweichende Gewichtungen verwendet werden. Dabei besteht auch die Möglichkeit, Fragen, die vom Unternehmen als irrelevant angesehen werden, mit dem Gewichtungsfaktor 0 aus der Analyse zu eliminieren. Ferner sind neben der Ermittlung von Ist-Werten auch die Berücksichtigung von Planwerten vor-gesehen. Wird beispielsweise beabsichtigt innerhalb des nächsten Jahres eine Risikopolitik explizit aufzubauen, kann neben einem Ist-Wert von 25 % ein Plan-wert von 75 % eingegeben werden. Abb. 4.1 zeigt beispielhaft eine tabellarische Auswertung und Abb. 4.2 die dazugehörige grafische Darstellung.

		Titel	Ist-Wert	Plan-Wert	Prio
		Gesamt	**70%**	**76%**	**80**
		Orientierung	**64%**	**68%**	**10**
Q01	RS	Vision	40%	40%	1
Q02	RS	Rahmenstrategie	80%	90%	2
Q03	RS	Marktstrategien	60%	70%	2
Q04	RS	Lieferantenstrategien	55%	55%	2
Q05	RS	Risikophilosophie	70%	70%	3
		Transparenz	**72%**	**77%**	**20**
T01	RS	Markttransparenz (Objekte)	70%	75%	2
T02	RS	Transparenz zur Leistung und Risiken der aktiven Lieferanten	65%	75%	2
T03	RS	Transparenz der Lieferketten (Objekte)	70%	75%	2
T04	RS	Transparenz zu den vorgelagerten Märkten (Objekte)	60%	65%	1
T05	RS	Transparenz zu den Beschaffungsregionen (Objekt)	80%	85%	2
T06	RS	Weitere Transparenzbereiche erkennen und erschließen (Objekt)	80%	85%	1
T07	RS	Krisenrahmenplan (Krisenplan)	60%	70%	2
T08	RS	Generische Krisenpläne (Krisenplan)	80%	85%	1
T09	RS	Objektorientierte Krisenpläne (Krisenplan)	85%	90%	1
T10	RS	Personale Frühaufklärung (Frühwarnung)	70%	75%	2
T11	RS	Klassisches Risikomanagement	85%	90%	3
T12	RS	Internetbasierte Frühwarnsysteme	40%	40%	1
		Vernetzung	**61%**	**65%**	**20**
V01	RS	Supply-Chain-Board	60%	65%	2
V02	RS	Top-Management-Einbindung	80%	80%	3
V03	RS	Kommunikationskanäle	50%	60%	1
V04	RS	Vernetzte Zusammenarbeit	55%	60%	3
V05	RS	Feuerwehrübung	40%	40%	1
V06	RS	Vernetzte Zielvereinbarungen	45%	45%	1
V07	RS	Partnerschaftsstrategie	80%	100%	2
V08	RS	Zusammenarbeit und Kommunikation mit Partnern	60%	65%	3
V09	RS	Top-Management-Zugang	45%	45%	3
V10	RS	Stakeholder-Management	75%	75%	1
		Führung und Kultur	**79%**	**89%**	**15**
FK01	RS	Zusammenarbeitskultur:Vertrauen in die Mitarbeiter (Empowerment)	80%	90%	2
FK02	RS	Zusammenarbeitskultur: Vertrauen in die Führung	90%	100%	1
FK03	RS	Zusammenarbeitskultur: Zusammenarbeit mit anderen Abteilungen	70%	80%	2
FK04	RS	Verbesserungsorientierung: Flexible Lösungsorientierung	75%	85%	1
FK05	RS	Verbesserungsorientierung: Feherkultur in der Führung	80%	90%	2
FK06	RS	Verbesserungsorientierung: Fehlerkultur gegenüber Mitarbeitern	75%	85%	2
FK07	RS	Verbesserungsorientierung: Lessons-Learned-Kultur	65%	80%	2
FK08	RS	Risiko-Bewusstsein Führung	90%	100%	2
FK09	RS	Risiko-Bewusstsein Mitarbeiter	95%	100%	1
		Mitarbeiter	**75%**	**81%**	**15**
M01	RS	Individuelle Resilienz der Mitarbeiter	85%	80%	1
M02	RS	Persönlichkeitsmerkmale: Verantwortungsübernahme	60%	65%	2
M03	RS	Persönlichkeitsmerkmale:Flexibilität, Kreativität, Lösungsorientierung	75%	80%	2
M04	RS	Persönlichkeitsmerkmale: Kognitive Fähigkeiten	80%	85%	2
M05	RS	Fachkompetenz:Betriebliche Abläufe	65%	70%	1
M06	RS	Fachkompetenz: Schulung Krisenmanagement	65%	70%	1
M07	RS	Fachkompetenz:Methodenkompetenz	80%	90%	1
M08	RS	Fachkompetenz:Marktkenntnisse (Kunden, Lieferanten, Produkte, Materialien)	85%	90%	1
M09	RS	Sozialkompetenz: Kommunikationsfähigkeit	75%	80%	2
M10	RS	Sozialkompetenz:Persönliche Vernetzung	80%	100%	2

Abb. 4.1 Beispiel: Tabellarische Auswertung der 15M-Resilienzanalyse

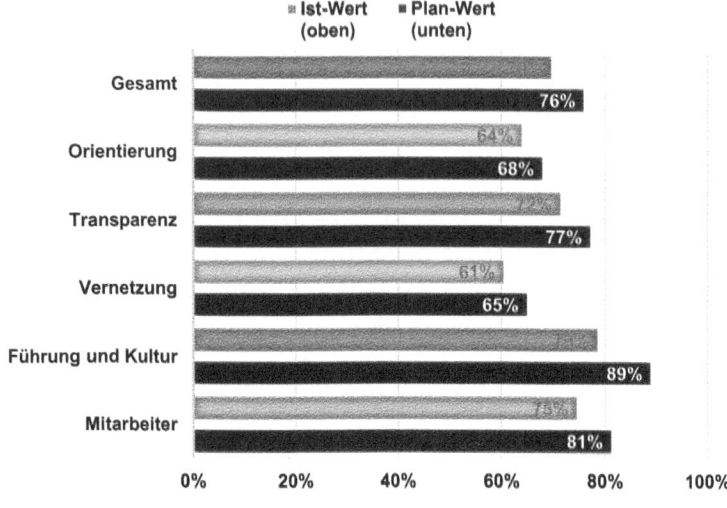

15M-Resilienz-Score

	Ist-Wert (oben)	Plan-Wert (unten)
Gesamt	70%	76%
Orientierung	64%	68%
Transparenz	72%	77%
Vernetzung	61%	65%
Führung und Kultur	79%	89%
Mitarbeiter	75%	81%

Abb. 4.2 Beispiel: Grafische Auswertung der 15M-Resilienzanalye

Bewertungsprozess

Bei der Bewertung handelt es sich um eine Selbstbewertung, bestenfalls unterstützt durch einen kritischen externen Begleiter oder Coach. Damit stehen die kritische Selbstreflexion, die Abstimmung unterschiedlicher Einschätzungen der Einkaufsverantwortlichen, der Blick von außen auf die Resilienz im Einkauf sowie die Identifikation von Verbesserungsideen im Zentrum des Bewertungsprozesses. Folgende Vorgehensweise wird vorgeschlagen:

Bewertungsteam: In größeren Einkaufsabteilungen kann das Führungsteam des Einkaufs die Bewertung durchführen. Bei kleineren Unternehmen ist es möglich, sämtliche Einkäufer zu beteiligen. Die Einbindung cross-funktionaler Partner anderer Abteilungen verbessert den Bewertungsprozess, wird aber nicht immer möglich sein.

Bewertungsprozess: Der Bewertungsprozess orientiert sich an den Fragen. Zur jeweiligen Frage sollte eine einvernehmliche Einschätzung der aktuellen Situation vorgenommen werden. Soweit in Ausnahmefällen keine Einigung möglich ist, können Minderheitsmeinungen dokumentiert werden. Mit der Analyse der aktuellen Situation sollten auch Verbesserungsideen diskutiert werden. Diese können aus den reiferen Kategorien der Frage entnommen werden und müssen für die Firmensituation konkretisiert werden. Auf dieser Basis kann dann die Ist-Situation bewertet, Verbesserungsideen ermittelt und ein Planwert festgelegt werden. Ferner kann geprüft werden, ob die Gewichtung modifiziert werden soll. Der Gesamtreifegrad wird automatisch errechnet. Die Erfahrungen in den Pilot-anwendungen zeigen, dass für den Bewertungsprozess ca. 2 bis 3 h benötigt werden.

Steuerung innerhalb der 15M-Architektur

Die 15M-Resilienzanalyse sollte als vorbereitende Arbeit zur Erstellung der Rahmenstrategie durchgeführt werden. Die Steuerung erfolgt in analoger Weise und parallel zum 15M-Reifegradmanagement, das ausführlich beschrieben ist (Heß 2017, S. 202 ff.). Empfohlen wird eine jährliche Aktualisierung. Die Ergebnisse und insbesondere die Verbesserungsideen sind Teil der strategischen Analyse (N03). Unter Beachtung weiterer strategischer Anforderungen werden die Verbesserungsideen priorisiert und fließen in die Formulierung der Rahmenstrategie ein. Je nach Bedeutung können die Verbesserungsideen eine eigenständige strategische Stoßrichtung werden bzw. in andere strategische Stoßrichtungen oder einzelne strategische Projekte einfließen. Kleinere Maßnahmen sollten direkt umgesetzt werden.

Literatur

Bengel, Jürgen, und Lisa Lyssenko. 2012. Resilienz und psychologische Schutzfaktoren im Erwachsenenalter Stand der Forschung zu psychologischen Schutzfaktoren von Gesundheit im Erwachsenenalter. Schriftenreihe zu Forschung und Praxis der Gesundheitsförderung. Köln: BzgA.

BME, Riskmethods. Hrsg. 2020. Supply chain risk management. Herausforderungen und Status Quo 2020. München, Eschborn: Studie (Download am 6. Febr. 2021. https:// go.riskmethods.net/bme-scrm-umfrage).

Burghart, Stephanie. 2020. Risikomanagement der Beschaffung deutscher mittelständischer Industrieunternehmen mit Fokus auf Versorgungssicherheit. Bratislava: Dissertation.

Drath, Karsten. 2018. Die resiliente Organisation. Wie sich das Immunsystem von Unternehmen stärken lässt. Freiburg im Breisgau: Haufe.

Drath, Karsten. 2019. Die Kunst der Selbstführung. Was Führungskräfte über Resilienz wissen sollten, 2. Aufl. Freiburg im Breisgau: Haufe.

Heß, Gerhard. 2010. *Supply-Strategien in Einkauf und Beschaffung. Systematischer Ansatz und Praxisfälle,* 2. Aufl. Wiesbaden: Springer.

Heß, Gerhard. 2015. Reifegradmanagement im Einkauf. Mit dem 15M-Reifegradmodell zur Exzellenz im Supply Management. Wiesbaden: Springer Gabler.

Heß, Gerhard. 2017. *Strategischer Einkauf und Supply-Strategie. Schrittweise Entwicklung des strategischen Einkaufs mit der 15M-Architektur 2.0,* 4. Aufl. Wiesbaden: Springer.

Heß, Gerhard, Elmar Holschbach, und Florian C. Kleemann. 2020. Strategischer Dienstleistungseinkauf. Leitfaden zur systematischen Umsetzung im Supply Management. Wiesbaden: Springer Gabler.

Heß, Gerhard, und Manfred Laschinger. 2019. Strategische Transformation im Einkauf. Fallstudie und Anleitung zur praktischen Umsetzung. Wiesbaden: Springer.

ifaa – Institut für angewandte Arbeitswissenschaft u.a. Hrsg. 2018. Resilienzkompass. Zur Stärkung der individuellen und organisationalen Resilienz im Unternehmen. https:// www.arbeitswissenschaft.net/fileadmin/Bilder/Forschung_und_Projekte/Resilienzkompass.pdf. Zugegriffen: 15. Jan. 2021.

Integrity Next. www.integritynext.com. Zugegriffen: 15. Febr. 2021. ISO 22316:2017-03.

Kersten, Heinrich, und Gerhard Klett. 2017. Business Continuity und IT-Notfallplanung. Grundlagen, Methoden und Konzepte. Wiesbaden: Springer Vieweg.

Meierbeck, Reiner. 2010. *Strategisches Risikomanagement der Beschaffung.* Entwicklung eines ganzheitlichen Modells am Beispiel der Automobilindustrie. Lohmar, Köln: Eul-Verlag.

Moder, Marco. 2008. Supply Frühwarnsysteme. Die Identifikation und Analyse von Risiken in Einkauf und Supply Management. Wiesbaden: Gabler.

Riskmethods. www.riskmethods.net. Zugegriffen: 15. Febr. 2021.

Sheffi, Yossi. 2007. The resilient enterprise. Overcoming vulnerability for competitive advantage. Cambridge. London: MIT-Press.

Steinmann, Horst, Georg Schreyögg, und Jochen Koch. 2013. *Management. Grundlagen der Unternehmensführung. Konzepte-Funktionen-Fallbeispiele,* 7. Aufl. Wiesbaden: Springer Gabler.

Unkrig, Erich. 2018. Das resiliente Unternehmen. Earned not given, Norderstedt Book on Demand. ISBN 978-3-7460-2537-7.

Watzka, Klaus. 2017. *Zielvereinbarungen in Unternehmen. Grundlagen, Umsetzung, Rechtsfragen,* 2. Aufl. Wiesbaden: Springer Gabler.

Zenger, John, und Joseph Folkman. 2017. Speed: How leaders accelerate successful execution. New York: McGraw Hill Education.

Resilienz in der Marktstrategie 5

In diesem Kapitel wird erläutert, wie ein Unternehmen die Resilienz in seinen Beschaffungsmärkten analysieren und verbessern kann. Im Zentrum der Betrachtung steht die Frage, wie mithilfe der Resilienzkriterien Stabilität und Flexibilität, die Versorgung von Unternehmen widerstandsfähiger gemacht werden kann. Zunächst wird das zugrunde liegende Konzept zur Resilienzanalyse in Beschaffungsmärkten vorgestellt. Dieses setzt sich aus zwei Teilen zusammen. Im ersten Teil wird der Risikomanagementprozess für die Steuerung der Resilienz konkretisiert. Im zweiten Teil wird ein Modell vorgestellt, mit dem die Stabilität und die Flexibilität der Lieferketten gut beschrieben und analysiert werden können (Abschn. 5.1).

Die folgenden Schritte orientieren sich am Risikomanagementprozess. Im ersten Schritt der Analyse erfolgt die Risikoidentifikation durch die Bestimmung des Resilienzniveaus von Materialien und Risikocluster (Abschn. 5.2). Die Betrachtung von Versorgungsdefiziten startet zunächst mit der Analyse einzelner Materialien, deren Widerstandsfähigkeit durch die Analyse von Stabilität und Flexibilität ermittelt wird. Anschließend werden die Resilienzlücke bewertet und erste Verbesserungsideen bestimmt. Hierzu dient der „Schnelltest" (Quickcheck) zur Bestimmung der Resilienz in der Lieferkette. Nach der Analyse auf Ebene einzelner Materialien wird der Fokus auf Risikocluster wie Lieferanten, Technologien oder Beschaffungsregionen ausgeweitet (Abschn. 5.3). Neben der Widerstandsfähigkeit gegenüber Versorgungsdefiziten wird auch kurz auf die Resilienz gegenüber der Explosion von Einstandskosten eingegangen (Abschn. 5.4).

Die Steuerung der Resilienz, d. h. die Festlegung von Verbesserungsmaßnahmen, sollte in die Formulierung der Marktstrategie integriert werden. Das Tracking von abgeleiteten Maßnahmen und KPI's erfolgt ebenso innerhalb der Umsetzungsmaßnahmen der betroffenen Marktstrategie. Losgelöst von einzelnen

© Der/die Autor(en), exklusiv lizenziert durch Springer Fachmedien Wiesbaden GmbH, ein Teil von Springer Nature 2021
G. Heß und A.-C. Kleinlein, *Resilienz im Einkauf*,
https://doi.org/10.1007/978-3-658-34462-7_5

Materialien bzw. Risikoclustern sollten übergreifende Initiativen (z. B. Second Source-Initiative, Bestandsoptimierungs-Initiative) die Entwicklung der Resilienz in den Materialgruppen und in der Rahmenstrategie des Einkaufs unterstützen. Ferner sollte das Krisenmanagement Potenzial in der Materialgruppe ermittelt und ggf. verbessert werden (Abschn. 5.5).

5.1   Konzept zur Analyse der Resilienz in Märkten

Zunächst soll das Konzept der Resilienzanalyse vorgestellt werden. Dazu wird der zugrunde liegende Risikomanagementprozess beschrieben, mit dem die Resilienz gesteuert werden kann. Ferner wird ein Modell zur Analyse von Lieferketten vorgestellt. Dieses muss einerseits die große Komplexität von Lieferketten bzw. Liefernetzwerken soweit reduzieren, dass ein „Schnelltest" möglich wird. Andererseits müssen alle Elemente berücksichtigt sein, die in einer Analyse von Stabilität und Flexibilität in der Lieferkette maßgeblich sind.

5.1.1   Risikomanagementprozess zur Steuerung der Resilienz

Die Steuerung der Resilienz orientiert sich am klassischen Risikomanagementprozess (vgl. z. B. Diederichs 2018, S. 91 ff. oder enger in Bezug auf Resilienz Burghart 2020, S. 60 ff.). Auch wenn es zu diesem Prozess vielfältige Varianten gibt, lassen sich vier Hauptschritte identifizieren:

- Risiken identifizieren
- Risiken beurteilen
- Risiken steuern
- Risiken überwachen

Diese Schritte müssen allerdings für die Steuerung der Resilienz angepasst werden, da im Rahmen der Resilienz gerade von unerwarteten Risiken ausgegangen wird.

Risiken identifizieren
Im ersten Schritt sollen die Risiken identifiziert werden. Dabei scheint Risiko-identifikation unvorhersehbarer Risiken per se ein Widerspruch. Im Rahmen von Resilienz kann es also nicht das Ziel sein, konkrete Risiken frühzeitig zu erkennen.

Das ist die Aufgabe des klassischen Risikomanagements. Im Rahmen der Resilienz geht es vielmehr darum, grundsätzliche Bedrohungslagen zu erkennen. Hierzu werden die Materialien oder Risikocluster identifiziert, deren Bedrohung – aus welchem Grund auch immer – zur existenzbedrohenden Krise führen kann.

Basis dieser Überlegungen ist der wirkungsbezogene Ansatz im Risikomanagement. Wie bereits in Abschn. 2.1 ausgeführt, bedeutet Risikoidentifikation im wirkungsbezogenen Ansatz und somit in der Resilienzanalyse, Materialien und Risikocluster zu identifizieren, deren „Untergang" einen gewaltigen Schaden bewirken würde. Konkrete Risikoursachen oder Eintrittswahrscheinlichkeiten interessieren dabei (primär) nicht. Die Schadensart ergibt sich aus den Resilienzdimensionen, z. B. Umsatzausfall oder Explosion der Einstandskosten.

Die Identifikation der Risiken erfolgt im Rahmen der Ermittlung des Resilienzniveaus, das das Bedrohungsausmaß zum Ausdruck bringt. Die Risikoidentifikation ist Gegenstand von Abschn. 5.2.

Risiken beurteilen

Die klassische Risikobewertung (im Einkauf) erfolgt in der Praxis in der Regel mithilfe der Risk-Map, indem Schadensausmaß und Eintrittswahrscheinlichkeit des Risikos abgeschätzt und in einer Matrix in Beziehung gesetzt werden. Aktionen sollen für Risiken ergriffen werden, wenn aus der Verknüpfung von Schadensausmaß und Eintrittswahrscheinlichkeit ein sehr hoher Erwartungswert ermittelt wird.

Problematisch sind in diesem Zusammenhang Risiken mit sehr geringer Eintrittswahrscheinlichkeit und gleichzeitig sehr hohem Schadensausmaß. Aufgrund der geringen Wahrscheinlichkeit ergibt sich in der Regel kein hoher Erwartungswert für einen Schaden. Als Beispiele können Meteoriteneinschläge oder Tsunamis an irgendeiner Küste dieser Erde dienen. Die Basisannahme der Resilienzanalyse ist es, solche Risiken im Auge zu behalten, deren Realisierung für das Unternehmen existenzbedrohend sind. An dieser Stelle spielt die Eintrittswahrscheinlichkeit keine Rolle mehr, da alleine das existenzbedrohende Schadensausmaß für das weitere Vorgehen entscheidend ist. Die Ermittlung des Schadensausmaßes erfolgt in der Resilienzanalyse bereits im ersten Schritt der Risikoidentifikation, wenn das Resilienzniveau bestimmt wird.

Die Risikobewertung im Rahmen der Resilienzanalyse muss somit in anderer Weise vorgehen. Für alle Materialien und Risikocluster, für die ein existenzbedrohendes Resilienzniveau identifiziert wurde, soll die vorhandene Resilienz analysiert werden. Hierzu werden die Resilienzkriterien Stabilität und Flexibilität untersucht. Stabilität betrachtet, wie ein potenzieller Schaden z. B. durch Redundanzen abgefedert werden kann. Flexibilität zielt darauf ab, ob und wie schnell Alternativen aufgebaut werden können. Zwischen der Absicherung durch Stabilität und der Absicherung durch neue Lösungen aufgrund von Flexibilität kann sich eine Lücke, die sogenannte Resilienzlücke ergeben, die das reale Schadenspotenzial signalisiert. Einfaches Veranschaulichungsbeispiel: Besteht eine Lagerreichweite von drei Monaten und dauerte es sechs Monate, bis ein alternativer Lieferant aufgebaut werden kann, beträgt die Resilienzlücke drei Monate. Bei einem monatlichen Ausfall des Deckungsbeitrags von 5 Mio. € wäre die bewertete Resilienzlücke 15 Mio. €. Angemerkt sei noch, dass sich bei den Bewertungen je nach zugrunde gelegtem Szenario sehr unterschiedliche Resilienzlücken ergeben können. Im Rahmen der Resilienzanalyse sollte bei der Bewertung stets eine Worst-Case-Betrachtung vorgenommen werden.

Die Analyse von Stabilität und Flexibilität sowie die Ermittlung der Resilienzlücke erfolgt im „Schnelltest" in Abschn. 5.3.

Risiken steuern

Soweit sich eine wesentliche Resilienzlücke ergibt, ist das Risiko zu steuern. Dazu werden in der klassischen Risikoanalyse verschiedene Typen von Steuerungsmaßnahmen vorgeschlagen (hier die Systematik nach Diederichs 2018, S. 173 ff.):

- Risiken vermeiden
- Risiken vermindern
- Risiken begrenzen
- Risiken überwälzen
- Risiken akzeptieren

Im Schnelltest zur Resilienzbeurteilung (Abschn. 5.3) werden bereits Ideen gesammelt, wie mit den Risiken umgegangen werden kann. Dabei werden auch Maßnahmen zu den Resilienzkriterien Stabilität und Flexibilität beurteilt, die keine direkte Wirkung auf die Resilienzlücke haben. Beispielsweise führt die Wahl eines sicheren Partners bzw. die Wahl einer sicheren Lieferregion zur Erhöhung der Resilienz. Im Rahmen der Worst-Case-Betrachtung kann natürlich auch der sichere Partner oder die sichere Lieferregion zum Krisenherd werden, sodass die Sicherheit des Partners sich nicht auf die Resilienzlücke auswirkt.

Kleine Verbesserungsideen, die im Rahmen der Resilienzbeurteilung identifiziert wurden, können unmittelbar umgesetzt werden. Bedeutsamere Maßnahmen hingegen sollten nicht isoliert von der Marktstrategie entschieden und umgesetzt werden. Vielmehr sollte die Resilienzbeurteilung in die Marktstrategie eingehen. Die identifizierten Verbesserungsideen fließen als Handlungsoptionen in die Formulierung der Marktstrategie ein. Zusammen mit den weiteren Ideen zur Entwicklung der Marktstrategie werden die strategischen Stoßrichtungen im betrachteten Markt abgeleitet. Die Resilienzanalyse wird somit integraler Bestandteil der Marktstrategie. Die Identifikation von Maßnahmen erfolgt bereits in Zusammenhang mit der Resilienzanalyse in Abschn. 5.3. Die Integration in die Marktstrategie, insbesondere auch die Entscheidung über die umzusetzenden Maßnahmen sowie das Tracking der beschlossenen Projekte werden in Abschn. 5.4 dargestellt.

Risiken überwachen
Die Überwachung von Risiken setzt voraus, dass Risiken konkret identifiziert sind und ist somit Aufgabe des klassischen Risikomanagements. Insofern wird dieser Schritt folgend nicht näher betrachtet.

Die weitere Vorstellung der Resilienzanalyse orientiert sich an diesem Risikomanagementprozess und wird ab Abschn. 5.2 beschrieben. Zuvor soll noch das zugrunde liegende Modell zur Analyse von Lieferketten vorgestellt werden.

5.1.2 Modell zur Analyse der Stabilität und Flexibilität in Lieferketten

Lieferketten sind in der Regel sehr komplexe Netzwerke und weniger lineare Ketten. Sie können sich leicht über sechs oder mehr Stufen hinziehen. Sie können in einer frühen Stufe durch ein Nadelöhr laufen, z. B. eine Vorstufe mit monopolistischen Strukturen oder einem regionalen Cluster. Nicht selten sind die kritischen Elemente der Lieferkette mehrere Stufen vom betrachteten Unternehmen entfernt und versteckt, sodass sie erst im Krisenfall ins Bewusstsein treten.

Transparenz über die Struktur der Lieferketten ist somit für die Resilienzanalyse gleichermaßen dringend erforderlich, wie auch sehr herausfordernd und nur selten vollständig möglich. Insofern wird für die folgende Analyse ein sehr einfaches Strukturmodell zur Beschreibung der Lieferketten vorgestellt, das helfen soll die Komplexität realer Lieferketten auf die zentralen Elemente zu beschränken und somit die Zielsetzung eines Schnelltests zu unterstützen. Allerdings kann es je nach Branchen- und Firmensituation sehr sinnvoll sein, das Mapping der Supply Chains sehr viel differenzierter vorzunehmen. Zum Supply Chain Mapping gibt es vielfältige Methoden und Tools, deren Vorstellung den Rahmen dieser Abhandlung sprengen würde. Beispielhaft sollen drei Ansätze zum Mapping am Ende dieses Abschnittes in kleinen Exkursen (in Kästen) skizziert werden:

- Das SCOR-Modell
- Der Risk Radar von riskmethods
- Sourcemap als Beispiel für ein Supply Chain Mapping Tool

Die Lieferkette zur Versorgung des Unternehmens mit einem Material ist Teil der gesamten Supply Chain, die neben der Versorgung, die unternehmensinternen Lieferketten sowie die Lieferketten auf der Absatzseite umfasst (vgl. 5.1). In Abb. 5.1 findet sich die Lieferkette im inneren Kasten. Diese ist schematisch in die Stufen Rohstoff, Vormaterial und Material mit den jeweiligen Lieferanten strukturiert. In dieser schematischen Abbildung werden aus Vereinfachungsgründen weder die Netzstrukturen noch die Mehrstufigkeit der Lieferkette ausdifferenziert. Bei der realen Analyse der Lieferketten wird empfohlen sich auf die wesentlichen bzw. kritischen Lieferanten und Vorlieferanten zu beschränken. Jedoch sollen diese durchaus mehrstufig mit ihren Netzstrukturen abgebildet werden. Abb. 5.2 veranschaulicht hierzu ein fiktives Beispiel.

Zur Vervollständigung der Supply Chain wird über die Lieferkette hinaus das fokale Unternehmen sowie der Abnehmer mit dargestellt. Auch an dieser Stelle wird in der schematischen Abbildung auf eine Ausdifferenzierung verzichtet, z. B. darauf, dass sowohl das fokale Unternehmen wie die Abnehmer verteilte Standorte haben können oder mehrstufig organisiert sein können. Eine differenzierte Analyse der Ist-Supply-Chain kann fallweise durchgeführt oder weggelassen werden.

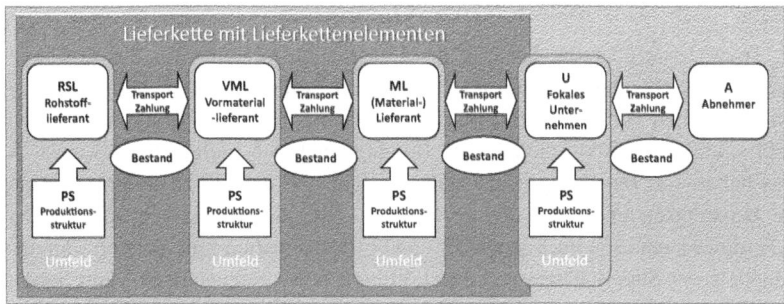

Abb. 5.1 Schemadarstellung zur Analyse von Lieferketten

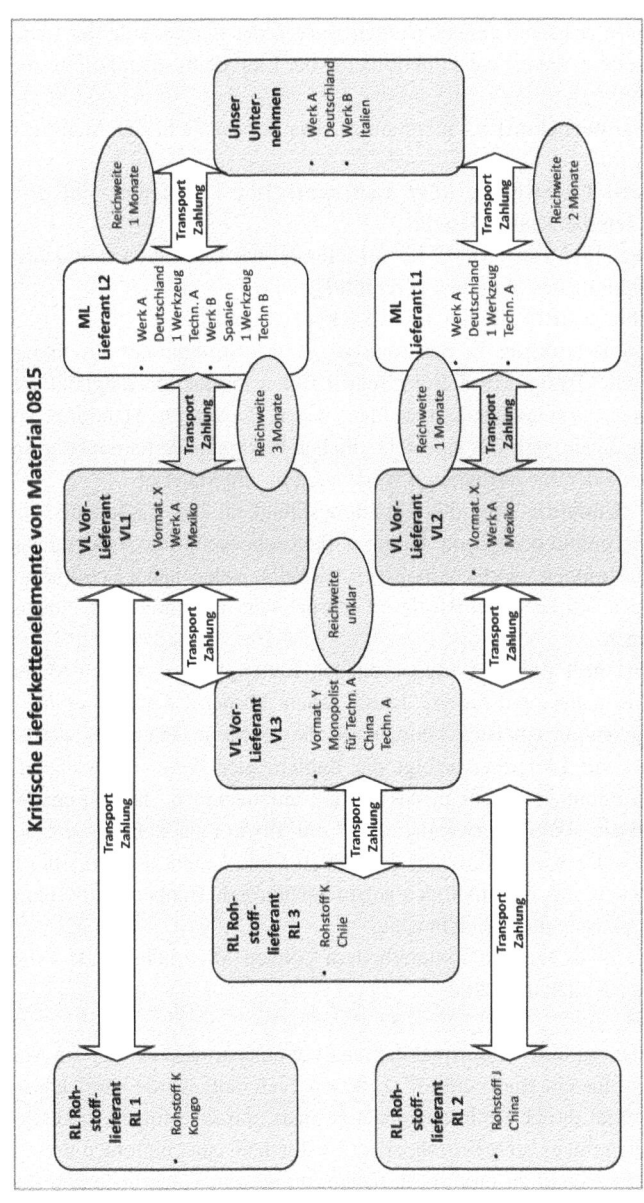

Abb. 5.2 Fiktives Beispiel zur Analyse einer Lieferkette

Folgende Lieferkettenelemente sind in der Betrachtung der Lieferkette wesentlich. Unter Lieferkettenelementen werden die Bestandteile der Lieferkette zusammengefasst, die für das Funktionieren der Lieferkette erforderlich sind.

- **Fokales Unternehmen:** Unternehmen, aus dessen Sicht die Analyse durchgeführt wird.
- **(Material-) Lieferanten, kurz Lieferant:** Tier 1 Lieferant, mit dem eine direkte Lieferbeziehung besteht.
- **Vormateriallieferant:** Tier 2 bis n Lieferant, der kritische Arbeitsschritte bei der Herstellung des Materials durchführt.
- **Rohstofflieferant:** Lieferant, der wesentliche Inputs liefert.
- **Produktionsstruktur:** In der Analyse ist die Struktur der Produktion des Lieferanten wichtig. Mit diesem Begriff sollen Produktionsmöglichkeiten des Lieferanten zusammengefasst werden, wie z. B. verteilte Standorte, verteilte Fertigungslinien, ggf. mit unterschiedlichen Fertigungsverfahren oder Spezialmaschinen oder die verfügbaren Werkzeuge für ein Material.
- **Region (Umfeld):** Für die Handlungsfähigkeit des Lieferanten ist das regionale Umfeld bedeutsam. Hierin wirken sehr vielfältige Aspekte, wie z. B. Naturkatastrophen, wirtschafts-, gesellschafts- oder handelspolitische Entwicklungen. Zu beachten ist, dass Unternehmen in mehreren Regionen aktiv sein können.
- **Transport und Zahlung:** Zwischen den Kettengliedern werden Materialien oder Leistungen transferiert, häufig auch körperlich transportiert. Mögliche Logistikdienstleister können an dieser Stelle integriert werden. Im Gegenzug zur Lieferung erfolgt die Zahlung der Ware. Es erscheint sinnvoll, den Zahlungsverkehr in das Modell aufzunehmen, da er immer wieder als politische Waffe verwendet wird, um Boykottmaßnahmen umzusetzen. Beispielsweise wurden im Jahr 2018/2019 Lieferketten aus dem Iran heraus unterbrochen, indem Sanktionen gegen ausführende Banken, die Zahlung von Waren praktisch unmöglich machte.
- **Bestand:** Zwischen den Kettengliedern können Materialbestände existieren, durchaus auch lokal verteilt.

Abb. 5.2 zeigt ein fiktives Beispiel der Analyse einer Lieferkette für ein Material. Eine Analyse für ein Risikocluster (z. B. ein Lieferant) würde vergleichbar aussehen. Es sei an dieser Stelle nochmals erinnert, dass die folgende Analyse nur für Materialien mit existenzbedrohendem Resilienzniveau empfohlen wird. Damit die Komplexität nicht zu groß wird, sollten ferner nur wesentliche und kritische Lieferkettenelemente dargestellt werden. So beschränkt sich die Darstellung nur auf wenige Vorlieferanten bzw. Rohstofflieferanten. Dabei sollte man sich aber sehr bewusst sein, dass in der Auswahl von Lieferkettenelementen ein nicht unbeträchtliches Risiko einer Fehlselektion liegt. Welche Daten zur Beschreibung der Lieferkettenelemente herangezogen werden, insbesondere auch in Bezug auf Produktionsstruktur und Umfeld, kann je nach Bedarf modifiziert werden.

Scor-Modell: Supply-Chain-Operation-Reference-Modell
Vom Supply-Chain-Council wurde mit dem SCOR-Modell ein Prozessmodell für die logistischen Prozesse in unternehmensinternen sowie unternehmensübergreifenden Supply Chains veröffentlicht (erstmalige Veröffentlichung 1996, heute Version 12 aus dem Jahr 2017). Das SCOR-Modell versteht sich als Standard-Rahmenkonzept, mit dem alle relevanten Gesichtspunkte von Lieferketten visualisiert, beschrieben und analysiert werden können. Letztlich sind im SCOR-Modell Bausteine vordefiniert, mit denen die realen Supply Chains nachgebildet werden können. Als Bild kann man sich einen Lego-Baukasten mit unterschiedlichen Typen von Bausteinen vorstellen, die zu verschiedenartigen Gebilden zusammengesetzt werden können. Die letzte Detailebene ist allerdings frei gestaltbar.
    Das SCOR-Modell zielt auf die Abbildung sämtlicher Materialflüsse und die dazugehörigen Marktinteraktionen vom Rohstoffproduzenten bis zum Endkunden. Es ist hierarchisch in vier Ebenen gegliedert.
    Ebene 1 unterscheidet die sechs Kernprozesse: Plan, Source, Make, Deliver, Return, Enable: Mit diesen ganz allgemeinen Bausteinen kann die Supply Chain zwischen den Akteuren zusammengesetzt werden.
    Ebene 2 unterscheidet Prozesskategorien, wie z. B. Source Stocked Products, Source Make to Order, Source Engineer to Order. Darüber können die Prozesse zwischen den Akteuren konkretisiert werden.
    Ebene 3 differenziert die Prozesskategorien mit Prozesselementen aus, z. B. Disposition, Wareneingang, Wareneingangsprüfung.
    Ebene 4 dient zur unternehmensspezifischen Prozessbeschreibung und ist nicht näher beschrieben, da eine allgemeingültige und branchenunabhängige Prozessbeschreibung nicht möglich erscheint. (Nähere Hinweise: APICS (2021), http://www.apics.org/apics-for-business/frameworks/scor (Abruf 3.3.2021)) APICS (The Assoziation for Operations Management) ist eine Organisation zur Verbesserung der Wettbewerbsfähigkeit der Amerikanischen Industrie vergleichbar dem deutschen REFA-Verband. Das Supply Chain Council ist mittlerweile Teil von APICS, vgl. ferner Schulte 2016, S. 782 ff.)

Risk Radar von riskmethods

Riskmethods ist ein Anbieter für eine umfassende Risikomanagement Lösung. Im Zentrum der Lösung steht die Visualisierung von Supply-Chain-Risiken mit dem Risk Radar. Dazu werden die Lieferantendaten geocodiert, so dass die Lieferketten transparent abgebildet werden können (vgl. Abb. 5.3). Gleichermaßen werden die Standorte von Lieferanten, Transportketten und Supply Chains transparent. Über „real-time" Internet-Auswertung ergänzt um weitere externe und interne Risikoquellen, können Bedrohungen unter anderem auf geopolitische Regionen und somit auf Lieferanten und Supply Chains bezogen werden. Kernkompetenz in diesem Rahmen sind Big-Data- und KI-Methoden zur Identifikation substantieller Bedrohungen aus der Fülle der recherchierten Daten. Vielfältige Services und Auswertungen unterstützen die Unternehmen in ihrem Risikomanagement- Prozess (Riskmethods 2021). Der Risk Radar ist ein Instrument, das vornehmlich dem klassischen Risikomanagement zugeordnet werden kann. Seine besondere Stärke liegt in der umfassenden und sehr zeitnahen Identifikation von Risiken. (siehe insbesondere die Fragen T10 und T11 im Reifegradmodell zur Resilienz in Abschn. 4.3.) Für die Analyse der Resilienz hilft insbesondere die (mehrstufige) Visualisierung der Lieferketten.

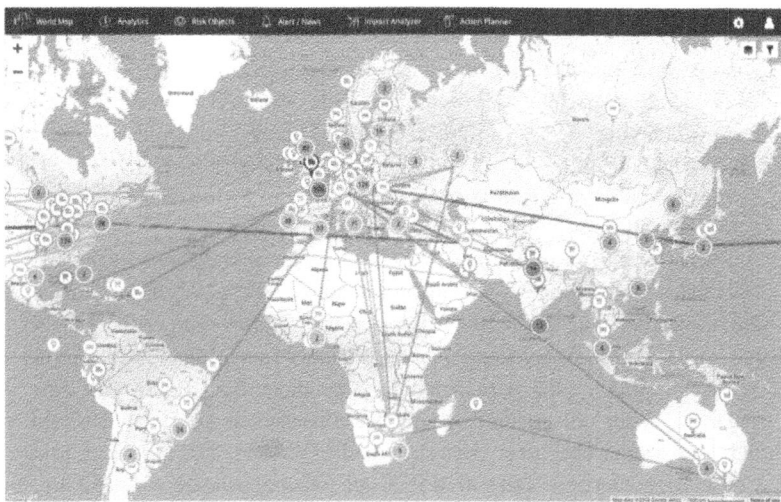

Abb. 5.3 Risk Radar von riskmethods. (© riskmethods GmbH)

Sourcemap als Beispiel für Supply Chain Mapping Tools
Sourcemap ist ein MIT Software Spinoff, gegründet 2011, mit dem Ziel der „Supply Chain Visibility". Kernfunktionalität ist die Abbildung von Liefernetzwerken auf Basis der Geokoordinaten von Lieferanten und den dazugehörigen Materialflüssen. Unternehmen werden beim Aufbau des Modells umfangreich unterstützt, z. B. mit der Funktionalität „Supply Chain Discovery", die hilft, Lücken in den Lieferketten zu füllen.
In die so aufgebauten Netzwerkstrukturen können Daten aus unterschiedlichen Quellen hochgeladen werden, um somit umfangreiche Analysen durchführen zu können. Beispielsweise können Optimierungen der Supply Chain durchgeführt oder Risiken analysiert werden: „Tip: Upload key metrics of business continuity like Sole Sourcing, Replacement Tie, and Average Inventory on Hand to quickly assess the risk exposure of every link in your supply chain." (Sourcemap 2021, insbesondere sourcemap. com/downloads).

5.2 Bestimmung des Resilienzniveaus

Im ersten Schritt der Resilienzanalyse sind die kritischen Materialien und Risikocluster zu identifizieren, bei denen Risiken zur existenzbedrohenden Krise im Unternehmen führen können. Im Kapitel zu den Resilienzdimensionen (vgl. Abschn. 2.2) wurden bereits die grundlegenden Bedrohungslagen in der Versorgung vorgestellt. Störungen auf der Leistungsseite wurden als Bedrohung von „Umsatzausfall und Folgekosten" zusammengefasst. Als generische Ursachen hierfür wurden Versorgungs-, Qualitäts- und Innovationsdefizite unterschieden. Die Explosion der Einstandskosten sowie Nachhaltigkeit wurden als weitere Dimensionen benannt. Das erforderliche Resilienzniveau, also das erforderliche Niveau an Widerstandsfähigkeit in der Lieferkette, hängt vom Ausmaß des möglichen Schadens ab.
Im Folgenden sollen einige Hinweise zur Ermittlung des Resilienzniveaus für die unterschiedlichen Resilienzdimensionen gegeben werden. Das Resilienzkriterium

Nachhaltigkeit wird dabei ausgeklammert, da hier noch grundlegende Fragen zur Schadensmaßermittlung zu klären sind.[1]

Bestimmung des Resilienzniveaus bezüglich Versorgungsausfall
Die Berechnung des Resilienzniveaus durch Versorgungsausfall kann in drei Blöcke strukturiert werden.

- **Ausfall von Umsatz sowie Deckungsbeitrag:** Versorgungsdefizite können zu Produktions- und damit zu Umsatzausfall führen. Eine weit verbreitete Vorgehensweise ermittelt den Umsatzausfall über die Auflösung der Stücklisten bzw. über die Auswertung der Verwendungsnachweise (Burghart 2020, S. 64). Es wird ausgewertet, in welchen Abverkaufsprodukten das betrachtete Material eingeht. Soweit das Material nicht problemlos ersetzt werden kann (vgl. die Redundanzanalyse in Abschn. 5.3), wird über den Umsatz der Produkte, in denen das Material verbaut ist, der drohende Umsatzausfall errechnet. Beispielsweise kann der Ausfall eines Materials zu fünf Millionen € Umsatzausfall führen. Das Material hat somit ein erforderliches Resilienzniveau von 5 Mio. €. In analoger Weise kann auch der Ausfall an Deckungsbeitrag ermittelt werden. Dieses Maß ist betriebswirtschaftlich sinnvoller als die Betrachtung des Umsatzes. Allerdings kann sich die Berechnung erheblich aufwendiger gestalten. Bei der Resilienzermittlung von Risikoclustern muss zusätzlich auf die Konsolidierung verschiedener Teile in einem Endprodukt geachtet werden. Beispielsweise muss zur Berechnung des Resilienzniveaus eines Lieferanten, der Umsatzausfall berechnet werden, den der Ausfall dieses Lieferanten verursachen würde. Sollte die Berechnung über die vom Lieferanten gelieferten Materialien und deren Verwendungsnachweise erfolgen, muss beachtet werden, dass verschiedene Materialien in das gleiche Endprodukt eingehen können. Der entsprechende Umsatzausfall darf natürlich nur einmal berücksichtigt werden.

---

[1] In der Praxis werden über Kriterien wie „Branchen" und/oder „Regionen" Lieferanten ausgewählt, die für Nachhaltigkeitsprobleme besonders anfällig sind. Das können beispielsweise Baufirmen in Deutschland oder Gießereien in Fernost sein. Für Firmen, die in diese Cluster fallen, werden dann intensivere Überwachungsmaßnahmen ergriffen. Diese Vorgehensweise orientiert sich allerdings nicht am möglichen Schaden – der wird nicht näher betrachtet – sondern versucht Felder mit besonders hoher Eintrittswahrscheinlichkeit zu identifizieren. Somit liegt eine interessante Vorgehensweise vor, die aber dem klassischen Risikomanagement zugerechnet werden kann.

- **Ausfall von Umsatz oder Deckungsbeitrag verbundener Produkte:** Sind Kernprodukte im Sortiment nicht verfügbar, können Kunden auch Zusatzprodukte bei anderen Lieferanten kaufen. Führt der Ausfall eines Materials dazu, dass ein Kernprodukt ausfällt, wird somit nicht nur der direkte Umsatz ausbleiben, sondern darüber hinaus auch der Umsatz von Randsortimenten. Auch hier sollte möglichst statt Umsatzausfall der Ausfall des Deckungsbeitrags betrachtet werden. Die Operationalisierung ist nicht trivial. Eine erste Einschätzung kann die Clusterung der Produkte durch den Vertrieb in Kern- und Zusatzsortimente erbringen. Beim Kernsortiment kann durch den Vertrieb ein Multiplikator eingegeben werden, der das Umsatzverhältnis zwischen direktem Produktumsatz und Folgeumsatz beschreibt, z. B. heißt drei, dass unter Beachtung des Folgeumsatzes dreimal so viel Umsatz entsteht, wie das betrachtete Produkt selbst erbringt. Eine grobe Einschätzung des Vertriebs sollte für die weitere Vorgehensweise genügen. Schwierig kann allerdings die Konsolidierung von Materialen sein, die mit dem gleichen Randsortiment verbunden sind.
- **Vertragsstrafe und Schadensersatzansprüche:** Darüber hinaus kann der Versorgungsausfall eines Materials zu einer verspäteten Lieferung an den Kunden und somit zu Vertragsstrafen und/oder Schadensersatzansprüchen des Kunden führen. Auch an dieser Stelle ist die Operationalisierung nicht einfach. Soweit keine direkte quantitative Berechnung oder Abschätzung möglich ist, wäre eine qualitative Beurteilung durch den Vertrieb ein erster Richtungshinweis. Werden durch den Vertrieb alle Abverkaufsprodukte gekennzeichnet, bei denen eine Verspätung oder ein Ausfall hohe Folgekosten nach sich ziehen kann, wird deutlich, dass alle darin verbauten Materialien besondere Priorität genießen sollten.

Viele Unternehmen konzentrieren sich ausschließlich auf den ersten Block des direkten Ausfalls von Umsatz oder Deckungsbeitrag. Soll das Resilienzniveau eines Materials oder eines Risikoclusters über zwei oder drei Blöcke hinweg ermittelt werden, müssen die (jeweils konsolidierten) Positionen zusammengefasst werden. Dabei dürfen Deckungsbeiträge und die ermittelten Vertragsstrafen und Schadensersatzansprüche addiert werden. Eine Umsatzbetrachtung ist mit Vertragsstrafen und Schadensersatzansprüchen nicht ohne weiteres verrechenbar.

Anmerkungen zur Bestimmung des Resilienzniveaus bei Qualitäts- und Innovationsdefiziten
Qualitätsdefizite und Innovationsdefizite können analog zu den Ausführungen im Zusammenhang mit dem Versorgungsausfall zu Umsatzausfall und Folgekosten

führen. Die oben ausgeführte Strukturierung der Wirkungen in direkten Umsatzausfall, in Ausstrahlung auf weitere Sortimente sowie in Vertragsstrafen und Schadensersatz kann hier analog übertragen werden. Die Messung des Resilienzniveaus der Resilienzkriterien Qualität und Innovation muss noch näher erforscht werden.

Bestimmung des Resilienzniveaus bei Explosion der Einstandskosten
Die Berechnung des Resilienzniveaus bei Explosion der Einstandspreise kann sich eng am Anteil der Kosten an den Einkaufskosten orientieren. Ein Material, das 0,1 % an den Materialkosten und vielleicht 0,05 % der Gesamtkosten ausmacht, führt bei einer 1000 %-igen Preiserhöhung zu einer Kostensteigerung von 0,5 %. Beträgt der Materialanteil 10 %, steigen die Kosten in dem Szenario um 5 %. Bei der Analyse der Resilienz – wenn also Preissteigerungswahrscheinlichkeiten nicht beachtet werden – kann also das Resilienzniveau an die Materialkostenanteile gekoppelt werden. Zur Vereinfachung kann ein Prozentsatz an den Materialkosten festgelegt werden, ab dem im Unternehmen eine weitergehende Prüfung der Resilienz des Materials erfolgen soll. Wie unten in Abschn. 5.4 ausgeführt wird, ist bei der Beurteilung des Resilienzniveaus auch die Frage entscheidend, wie weitgehend und schnell Kostensteigerungen auf die Absatzmärkte abgewälzt werden können.

Besondere Aufmerksamkeit sollten im Rahmen der Resilienzanalyse gegenüber Kostenexplosion Risikocluster erfahren. Folgende Risikocluster erscheinen bedeutsam:

- **Rohstoffe:** Bestimmte Rohstoffe wie Kupfer, Stahl, Gold usw. können nicht nur direkt bezogen werden, sondern darüber hinaus auch in vielfältigen Materialien enthalten sein. So kann sich der Kostenanteil über die verschiedenen Verwendungen leicht zu einem erheblichen Prozentsatz an den Materialkosten kumulieren. Ferner wird durch die verstreute Verwendung auch die Ermittlung des Kostenanteils eines Rohstoffs sehr schwierig.
- **Währungen:** Der Währungsanteil von Währungen, die nicht über Natural Hedging abgesichert sind, bestimmen das Resilienzniveau.
- **Regionen:** Ebenso können Regionen als Risikocluster bedeutsam sein, wenn sich Terms of Trade systematisch verschlechtern. Allerdings werden Wechselkursentwicklungen eine solche Verschlechterung der Terms of Trade in der Regel abmildern.
- **Lieferanten:** Ferner sind Lieferanten als Risikocluster zu beurteilen.

Mit der Ermittlung des Resilienzniveaus wird die Bedrohungslage einzelner Materialien und Risikocluster für die unterschiedlichen Resilienzdimensionen beurteilt. Im nächsten Schritt soll für die Resilienzdimension Versorgungsdefizit die Resilienzlücke ermittelt werden.

5.3 Resilienz gegen Versorgungsdefizit analysieren

Die Analyse der Resilienz gegen Versorgungsdefizite in Materialgruppen wird zunächst auf Ebene einzelner kritischer Materialien durchgeführt. Dazu wird anfangs die Stabilität (Abschn. 5.3.1) und danach die Flexibilität der Lieferketten (Abschn. 5.3.2) betrachtet. Darauf aufbauend kann die Resilienzlücke ermittelt werden (Abschn. 5.3.3). Die Analyse dieser drei Schritte wird durch ein Excel- basiertes Analyse-Template unterstützt, an dem sich die Ausführungen der Abschn. 5.3.1 bis 5.3.3 orientieren.

Nach der Analyse von Stabilität und Flexibilität sowie der Ermittlung der Resilienzlücke im Versorgungsprozess einzelner Materialen wird auf die Analyse von Risikocluster eingegangen (Abschn. 5.3.4). Risikocluster sind Materialien mit Risiken, die nicht voneinander unabhängig sind, sondern aufgrund von Abhängigkeiten eher gleichzeitig auftreten werden. Geht beispielsweise ein Lieferant insolvent, werden in der Regel alle Materialien dieses Lieferanten ausfallen. Typische Risikocluster im Einkauf sind neben den Lieferanten, die Beschaffungsregionen, ausgewählte Technologien oder Rohstoffe. Zur Analyse kann das Analyse-Template für einzelne Materialien mit leichten Anpassungen verwendet werden.

5.3.1 Resilienz durch Stabilität auf Ebene eines Materials

Die Analyse zur Stabilität in der Versorgung eines Materials orientiert sich an den oben definierten Subkriterien der Resilienz der Stabilität (1) „Redundanz", (2) „Kompensation", (3) „Einfachheit" und „Diversität".

Redundanz
Redundanz in der Versorgung bedeutet, dass ein Lieferkettenelement mehr als einmal existiert. Durch die mehrfache Verfügbarkeit von einzelnen Lieferkettenelementen kann der Ausfall eines Elementes eine gewisse Zeitspanne überbrückt werden und führt somit nicht zum Versorgungsdefizit. Ziel der Redundanzanalyse ist es also abzuschätzen, welche Lieferkettenelemente redundant verfügbar sind

bzw. wie lange eine beliebige Störung von redundanten Lieferkettenelementen abgefedert werden kann. Auf Basis dieser Analyse kann dann folgend über den Auf- bzw. Abbau von Redundanz in der Lieferkette entschieden werden. Die Redundanzanalyse vollzieht sich in sechs Schritten:

1. Schritt: Redundanz Material bzw. Lieferant Im ersten Schritt wird die Redundanz des Materials bzw. des Lieferanten geprüft. Die Leitfrage lautet: Gibt es zum betrachteten Material mindestens ein Substitutionsmaterial oder mindestens eine Second Source, sodass das Material bei Ausfall sofort ersetzt werden kann? Dabei sind folgende drei Bewertungsprobleme zu beachten:

- **Quasi-Redundanz:** Die Abgrenzung zwischen Redundanz und Flexibilität ist fließend und im Grenzbereich nicht ganz eindeutig. Bei Standardmaterialien oder Standardprozessen kann die Umstellung auf einen alternativen Lieferanten oder einen alternativen Belieferungsprozess sehr einfach möglich sein. Wenn darüber hinaus auch genügend alternative Quellen verfügbar sind, können die Kräfte gefahrlos auf einen Lieferanten oder ein Material gebündelt werden. Im Krisenfall kann ja sofort eine alternative Quelle erschlossen werden. In diesem Fall soll von einer Quasi-Redundanz gesprochen werden. Während die Flexibilität auf die Beschleunigung von Umstellungsprozessen abzielt, wird im Falle der Quasi-Redundanz die Umstellung als unproblematisch angesehen und ist stets in kürzester Zeit realisierbar. Eine theoretisch exakte Abgrenzung zwischen Quasi-Redundanz und Flexibilität ist problematisch, da eine zunehmend höhere Flexibilität Richtung Quasi-Redundanz konvergiert. In der Praxis genügt allerdings die Einschätzung, dass die Umstellung sowohl fachlich wie zeitlich als unkritisch eingeschätzt wird, um von Quasi-Redundanz zu sprechen. In der Bewertung wird die Quasi-Redundanz wie eine tatsächliche Redundanz behandelt.
- **Grad der Redundanz:** Für die Stabilität der Lieferkette macht es einen Unterschied, ob es einen oder zehn alternative Lieferanten gibt. Der Grad der Redundanz ist in der Redundanzanalyse zu ermitteln und zu dokumentieren. Die sich hieraus ergebenden Konsequenzen folgen unten im Rahmen der Bewertung der Redundanz.
- **Grad der Transparenz:** Die Redundanzanalyse wie auch die anderen Elemente der Stabilitäts- und Flexibilitätsanalyse setzen einen hohen Grad an Markttransparenz voraus, der nicht immer vorliegt. Letztlich fordert die Resilienzanalyse die Einkäufer auf, nach und nach eine umfassende Transparenz zu ihren wesentlichen Lieferketten aufzubauen. Um diese Entwicklung zu mehr Transparenz sichtbar zu machen, wird im Template zur Redundanzbewertung auch der Grad der zugrunde liegenden Transparenz beurteilt.

Die Anmerkungen zur Quasi-Redundanz, zum Grad der Redundanz und zum Grad der Transparenz gelten für alle weiteren Lieferkettenelemente in analoger Weise.

Redundanz 01: Material bzw. Lieferant Wie ist der Grad der Redundanz des betrachteten Materials bzw. der Lieferanten des Materials?

2. Schritt: Redundanz Produktionsstruktur Im zweiten Schritt werden kritische Faktoren der Produktionsstruktur bei den Lieferanten des betrachteten Materials analysiert. Faktoren, die typischer Weise kritisch sind, sind Produktionsstandorte, Werkzeuge oder Spezialmaschinen. Aufgrund ihrer Bedeutung werden diese Faktoren im Analyse-Template explizit abgefragt. Darüber hinaus kann es weitere kritische Faktoren geben, z. B. Fertigungsverfahren, Fertigungslinien, Lizenzen, Patente. Da das Spektrum weiterer Faktoren sehr weit ist, muss erst geprüft werden, welche Faktoren kritisch sein könnten und darauf hin, welche tatsächlich kritisch sind. Zur Bewertung sind folgende zwei Aspekte anzumerken:

- **Relevanzbeurteilung:** Je nach Lieferkette sind spezifische Aspekte der Produktionsstruktur relevant. Beispielsweise benötigt nicht jedes Material ein spezifisches Werkzeug. Nicht relevante Faktoren werden angemerkt und folgend nicht weiter behandelt.
- **Additive Betrachtung:** Zur Vereinfachung werden die einzelnen Faktoren für sich isoliert betrachtet. Beispielsweise wird die Zahl der Werkzeuge für das Material über alle Materialsubstitute und Lieferanten hinweg ermittelt. Eine Ausdifferenzierung, welcher Lieferant welche Werkzeuge hat, erfolgt nicht. (Es besteht natürlich die Möglichkeit, zu einem späteren Zeitpunkt das Modell diesbezüglich auszudifferenzieren.)

Redundanz 02: Produktionsstandorte Wie ist der Grad der Redundanz bezüglich der Produktionsstandorte?

Redundanz 03: Werkzeuge und Spezialmaschinen Sind Werkzeuge oder Spezialmaschinen für das Material erforderlich? Wenn ja: Wie ist der Grad der Redundanz bezüglich dieser Werkzeuge und Spezialmaschinen?

Redundanz 04: Weitere Faktoren der Produktionsstruktur, z. B. Fertigungsverfahren, Lizenzen Sind weitere Faktoren der Produktionsstrukturen, z. B. Fertigungsverfahren, Fertigungslinien, Lizenzen für das Material erforderlich? Wenn ja: Wie ist der Grad der Redundanz bezüglich dieser weiteren Faktoren?

3. Schritt: Redundanz Region (Umfeld) Im dritten Schritt wird die regionale Verteilung der Produktionsstrukturen – insbesondere der Produktionsstandorte – geprüft. Welche Redundanz besteht, falls eine Region aufgrund von Naturkatastrophen oder politischer Entwicklungen als Lieferort ausfällt. Dabei kann die Störung eine unterschiedliche regionale Reichweite aufweisen, sodass auch die Redundanzanalyse regional differenziert werden muss. Es wird eine dreifache regionale Schichtung empfohlen:

- Redundanz bezüglich der Triade-Märkte, d. h. Europa, Asien, USA. Im Mittelpunkt steht also die interkontinentale Verteilung. Materialgruppenspezifisch kann die Struktur angepasst werden, z. B. in Nordamerika, Südamerika, Nahost, Europa usw.
- Redundanz bezüglich der internationalen Märkte, d. h. nach Ländern
- Redundanz bezüglich regionaler Verteilung auch innerhalb eines Landes, z. B. Süd- und Norddeutschland.

Im Vordergrund steht die Redundanz nach Triade-Märkten. Die weiteren Ebenen verfeinern die Analyse und können diese unterstützen.

Redundanz 05: Verteilung auf die Triade-Märkte Wie ist der Grad der Redundanz bezüglich der Verteilung auf die Triade-Märkte?

Redundanz 06: Internationale Verteilung in den Triade-Märkten Wie ist der Grad der Redundanz bezüglich der internationalen Verteilung innerhalb der Triade-Märkte?

4. Schritt: Redundanz Transport und Zahlung Im vierten Schritt wird die Redundanz der Transportwege und des Zahlungsverkehrs betrachtet. Diese Analyse ist eng mit der regionalen Verteilung verknüpft. In der Regel wird die regionale Verteilung genügen, um über die Redundanz bei Transport und Zahlung zu urteilen.

Darüber hinaus sollte die Redundanz im Verkehrsträger-Mix, insbesondere bei der Luft-, See- oder Bahnfracht, beachtet werden. So kann es beispielsweise zu nachhaltigen Störungen des Luftverkehrs der Seeschifffahrt oder im Straßengüterkehr (z. B. Grenzblockaden, Streiks) kommen.

Redundanz 07: Verkehrsträger Wie ist der Grad der Redundanz im Verkehrsträger-Mix, insbesondere bei der Luft-, See-, Bahnfracht oder Straßengüter?

5. Schritt: Redundanz Vormaterial und Rohstoffe Im fünften Schritt soll die Redundanz kritischer Vormaterialien und Rohstoffe geprüft werden. Aufgrund der Komplexität und der Netzwerkstrukturen realer Lieferketten wird es nur in wenigen Fällen gelingen, die gesamte Lieferkette transparent zu machen und daraufhin die Redundanz im Detail zu beurteilen.

Pragmatisch erscheint folgender Weg: Seitens des Einkäufers muss ein Grundverständnis der Lieferkette vorliegen. In diesem Rahmen sollte die Identifikation kritischer Lieferkettenelemente möglich sein. Zur Beurteilung, welche Elemente kritisch sind, dienen die bisher ausgeführten Kriterien:

- Kein alternatives Material oder Lieferant verfügbar (monopolistische Strukturen bei Vorlieferanten)
- Keine Redundanz in den Produktionsstrukturen (Produktionsstandorte, Werkzeuge, Fertigungslinien, Lizenzen)
- Keine regionale Verteilung
- Kein Verkehrsträger-Mix

Sollte eines dieser Kriterien für ein Vormaterial oder für einen Rohstoff zutreffen, sollte dieses Vormaterial oder dieser Rohstoff in gleicher Weise beurteilt werden, wie das ursprüngliche Material. Aus pragmatischen Gesichtspunkten wird man diese Prüfung allerdings etwas kompakter durchführen.

Redundanz 08: Vormaterialien und Rohstoffe Gibt es kritische Vormaterialien und Rohstoffe? Wenn ja: Wie ist der Grad der Redundanz bezüglich der kritischen Vormaterialien und der kritischen Rohstoffe? Zur Beurteilung sind folgende Aspekte zu beachten: Redundanz Lieferant/Material, Redundanz der Produktionsstrukturen, Redundanz der regionalen Verteilung.

6. Schritt: Redundanz Bestände Im sechsten Schritt der Redundanzanalyse werden die Bestände in der Lieferkette analysiert. Bestände bedeutet, dass das betrachtete Material in größerer Menge als aktuell benötigt und somit in Redundanz verfügbar ist. Der Aufbau von Beständen ist häufig einfach, aber meist teuer. So werden aus Wirtschaftlichkeitsüberlegungen Bestände eher vermieden und andere Formen bevorzugt, um die Versorgungssicherheit zu gewährleisten. Im Bestandsmanagement sind Bestände richtig zu dimensionieren. Aufgrund der zugrunde liegenden Zielkonflikte ist das Bestandsmanagement eine ausdifferenzierte Managementdisziplin, auf die im Rahmen der Resilienz im Einkauf nicht tiefgehend einzugehen ist.

Letztlich besteht ein intensiver Trade-off zwischen dem Vorhalten von Beständen und den anderen Ansätzen zur Steigerung der Stabilität und Flexibilität in der Lieferkette. Beispielsweise kann über den Aufbau einer Second Source ein ähnlicher Effekt erzeugt werden, wie über eine Bestandsreichweite von mehreren Monaten.

Für die weiteren Überlegungen ist zu berücksichtigen, dass Bestände in der Lieferkette vielfältige Formen annehmen können, wie die folgenden Beispiele zeigen:

- **(Klassischer) Lagerbestand** beim Kunden
- **Konsignationslager,** d. h. Lager auf dem Fabrikgelände des Kunden, bei dem der Lieferant Eigentümer der Ware bleibt. Der Kunde kann jederzeit auf die Ware zugreifen. Bei Lagerentnahme erfolgt der Eigentumsübergang.
- **Vertragslager:** Der Lieferant wird vertraglich verpflichtet, bestimmte Bestände vorzuhalten, um kurzfristig liefern zu können.
- **Vernetzte Lager oder virtuelles vernetztes Lager:** Sind die Lagerbestände nicht in einem Zentrallager, führen ungeplante Bedarfsschwankungen dazu, dass in jedem Lager Sicherheitsbestände vorgehalten werden müssen. Sind die Bedarfsschwankungen voneinander unabhängig, werden sich die Bedarfsentwicklungen zumindest zum Teil gegenseitig kompensieren. Über eine zentrale bzw. vernetzte Steuerung der einzelnen Lager kann somit ein erheblicher Effekt in Bezug auf die Warenverfügbarkeit erzielt werden. Einen Schritt weiter gehen virtuell vernetzte Lager unterschiedlicher Stakeholder. Kann ein Großhändler auf die Lagerbestände seiner Kunden, den Einzelhändlern, zugreifen, kann die Kompensation von Bedarfsschwankungen sogar Stakeholder-übergreifend erfolgen. Im Rahmen der Resilienzanalyse sollte aber mit diesem Effekt nur vorsichtig umgegangen werden, da Krisen häufig die unterschiedlichen Stakeholder gleichermaßen treffen und somit die Bedarfsschwankungen im kritischen Moment für alle Stakeholder gleichläufig sind.

Für die Redundanzanalyse sind die verschiedenen Formen von Beständen zusammenzufassen. Zur Messung der Bestände sollte die Reichweite in Tagen, Wochen oder Monaten ermittelt werden. Im Fokus der Redundanzanalyse stehen die Bestände des betrachteten Materials. Allerdings sollte im Rahmen der Analyse kritischer Rohstoffe und Vormaterialien auch die verfügbaren Bestände in den Supply Chains mit bedacht werden.

Redundanz 09: Bestandsreichweite Wie hoch ist die Bestandsreichweite des Materials sowie der kritischen Rohstoffe und Vormaterialien?

Kompensation
Kompensation in der Versorgung bedeutet, dass ein Lieferkettenelement so stabil ist, dass eine Störung kompensiert wird und nicht zum Schaden bzw. zumindest nicht zur Katastrophe führt. Zur Veranschaulichung kann folgendes Bild dienen: Zur Aufrechterhaltung der persönlichen Mobilität kann man einen Zweitwagen vorhalten (Redundanz). Alternativ kann man darauf achten, ein besonders robustes Fahrzeug zu besitzen, das bei einem kleinen Unfall nicht gleich fahruntüchtig wird (Kompensation des Schadens). Aus diesem Beispiel wird deutlich, dass sich Redundanz und Kompensation ergänzen können. Es wird allerdings auch deutlich, dass die zusätzliche Stabilität in der Regel mit zusätzlichen Kosten verbunden ist, sodass eine Abwägung zwischen Wirtschaftlichkeit und Stabilität und in Folge zwischen Redundanz und Kompensation zu erfolgen hat.

In der Resilienzanalyse ist die Kompensationskraft der Lieferkette zu beurteilen und ggf. zu stärken. Allerdings wird dabei schnell deutlich, wie vielfältig und differenziert diesbezüglich mögliche Hebel sind. Konsequent zu Ende gedacht, landet man – mit den Worten der 15M-Architektur formuliert – bei der Hebelanalyse im Rahmen der Marktstrategie (15M-Architektur Modul N07). Die Hebelanalyse im Rahmen der 15M-Architektur hat den Anspruch alle Einkaufshebel in Form einer systematischen Checkliste aufzulisten. Für jeden Hebel kann die Stabilität untersucht werden. Da aber nicht alle Hebel gleich relevant sind, werden im Folgenden die Hebel mit besonders starker Kompensationskraft ausgewählt und beschrieben. Die Auswahl wurde auch stark durch die Aussagen der Interviewpartner im Rahmen der Studie „Resilienz im Einkauf" beeinflusst. Die Strukturierung der Beispiele orientiert sich an der Hebelliste im Rahmen der 15M-Architektur. Die Ansatzpunkte zur Steigerung der Kompensationskraft werden besonders hervorgehoben. Für eine detaillierte Analyse sei auf die Originalliteratur zur 15M-Architektur verwiesen (Heß 2017, S. 102 ff. sowie Heß 2010, S. 183 ff.).

Starke Partner Das erste Analysekriterium enthält zwei Aspekte, die ggf. auch im Konflikt stehen können. Zum einen sollten in den Lieferketten kritischer Materialien alle Lieferanten und Vorlieferanten starke Unternehmen sein, die in der Lage sind, Krisen gut zu meistern. Zum anderen sollte zwischen dem Unternehmen und dem Lieferanten eine enge Partnerschaft bestehen, da – wie oben zum Resilienzkriterium Vernetzung ausgeführt wurde (siehe Abschn. 4.4) – enge Partnerschaften helfen, Krisen zu meistern. Insbesondere sollte das Unternehmen ein wichtiger Key Account des Lieferanten sein, um in Krisensituationen bevorzugt zu werden. In dieser Forderung stecken mindestens zwei Herausforderungen: Besonders starke Unternehmen werden häufig eine Größe aufweisen, die es zumindest für Mittelständler schwierig macht, eine enge Partnerschaft auf Augenhöhe einzugehen. An dieser Stelle ist zwischen Stärke des Lieferanten und mögliche Stärke der Partnerschaft abzuwägen. Starke Partnerschaften mit Lieferanten von kritischen Vormaterialien oder Rohstoffen aufzubauen, muss häufig als unrealistisch bestenfalls als visionär eingeschätzt werden. Insofern kann diese Forderung als Leitidee verstanden werden, die situationsspezifisch abzuwägen ist.

Was einen starken Partner ausmacht ist ein komplexes Thema, das mit folgenden Hinweisen charakterisiert werden kann:

- **Ressourcenstärke:** Der Partner verfügt über die im Markt kritischen Ressourcen, z. B. Finanzkraft, Technologie.
- **Mitarbeiter:** Der Partner muss über ein schlagkräftiges Management und kompetente und engagierte Mitarbeiter verfügen.
- **Internationalität:** Der Partner ist für seinen Markt angemessen international diversifiziert.
- **Richtige Größe:** Es ist ein Trugschluss zu glauben, dass pure Größe immer Stärke bedeutet. Reihenweise ziehen sich Großkonzerne aus Geschäftsfeldern zurück, die sie aufgrund ihrer hohen Overheads und mangelnder Flexibilität nicht sinnvoll bedienen können. Ganz im Gegenteil kann man die These wagen, dass Großunternehmen nur in Geschäftsfeldern erfolgreich sein können, die Klein- und Mittelbetriebe bzw. Start-ups aufgrund der erforderlichen Ressourcen nicht bedienen können. In der Konsequenz ist darauf zu achten, dass ein starker Partner, die für sein Geschäft richtige Größe aufweist.
- **Geschäftsmodell, Strategie und Geschäftsprozesse:** Die strategische Ausrichtung, das verfolgte Geschäftsmodell sowie die Umsetzung in den Geschäftsprozessen sind zukunftsorientiert.
- **Branchen und Kunden:** Innerhalb des Geschäftsmodells und der Strategie spielen die bedienten Branchen und Kunden eine herausragende Rolle.
- **Kontrolle über mehrere (kritische) Stufen in der Lieferkette:** Stärke kann sich auch dadurch ausdrücken, dass der Partner kritische Stufen in der Supply Chain kontrolliert bzw. sogar beherrscht.
- **Partnerschaft:** Die Stärke soll sich auch auf die Stärke der Partnerschaft beziehen. Hierzu ist das Bekenntnis zum Key-Account-Status ein guter Indikator. (Zur detaillierten Analyse von Partnerschaften vgl. Heß 2017, S. 145 ff.)

Kompensation 01: Starke Partner Wie intensiv ist die partnerschaftliche Zusammenarbeit mit kritischen Lieferanten und Vorlieferanten in der Lieferkette des betrachteten Materials?

Eigenfertigung und Kapitalverflechtung Hat das Unternehmen direkten Einfluss auf Teile der Produktion des kritischen Materials, können die eigenen Interessen im Krisenfall leicht durchgesetzt werden, z. B. durch Priorisierung von Aktionen oder durch besonderes Engagement für das Unternehmen. Einen solchen Einfluss kann sich ein Unternehmen auch dadurch sichern, dass es eine Kapitalverflechtung mit dem Lieferanten eingeht. Ebenso kann eine partielle Eigenfertigung Ähnliches bewirken. Dem Vorteil der leichten Interessendurchsetzung steht auf der anderen Seite die mangelnde Flexibilität entgegen.

Kompensation 02: Eigenfertigung und Kapitalverflechtung Wie intensiv ist die Beteiligung des Unternehmens an der Produktion des betroffenen Materials? (z. B. partielle Eigenfertigung, Kapitalverflechtung).

Sichere Lieferregion und Transportwege Die Wahl sicherer Lieferregionen und darin integriert auch die Wahl sicherer Transportwege ist ein weiterer Aspekt, die Kompensationskraft zu erhöhen. Kriterien zur Beurteilung der Sicherheit von Lieferregionen sind beispielsweise:

- Politische Stabilität
- Wirtschaftliche Stabilität, inklusive Währungsstabilität
- Gefahren von Naturkatastrophen
- Gefährdungen der ökologischen und sozialen Nachhaltigkeit
- Gefährdungen der Transportwege sowie auch die Existenz alternativer Transportwege

Vielfältige Rankings helfen eine einfache Bewertung von Lieferregionen vorzunehmen. Beispielhaft kann die Länderrisikoanalyse Beri-Index der Beri S. A.(2021) oder in Bezug auf Naturkatastrophen das Geo-Risk-Tool CatNet der Swiss Re (2021) erwähnt werden.

Es sei an der Stelle nochmals darauf hingewiesen, dass es im Rahmen der Resilienzanalyse nicht um die Identifikation von spezifischen Risiken in den Lieferregionen geht. Das ist Gegenstand der klassischen Risikoanalyse. Wie oben bereits erwähnt (Abschn. 3.4) sollte die praktische Umsetzung der Resilienzanalyse in die Marktanalyse integriert werden. Im Beispiel: Beim Hebel der Marktanalyse „Regionalstrategie" werden mögliche Lieferregionen auf ihre grundsätzliche Vorteilhaftigkeit hin beurteilt. Dabei werden gleichzeitig spezielle Risiken in den potentiellen Lieferländern identifiziert und beurteilt. Eine besondere Schwierigkeit liegt dabei häufig in der anfangs großen Ungewissheit und der regelmäßig starken Dynamik der Entwicklung. Wie sollte man beispielsweise Anfang 2021 die Sicherheit von Ländern wie Türkei, Ungarn und Polen beurteilen.

Kompensation 03: Sichere Lieferregion Wie sicher sind die Lieferregionen des Materials sowie die Lieferregionen kritischer Vormaterialien?

Sichere Mengen- bzw. Kapazitätszusagen – mit Schwankungsbereich Wenn es in Krisen zu Allokationsphasen mit Materialverknappung kommt, hängt die Wahrscheinlichkeit eines Versorgungsausfalls maßgeblich davon ab, welchen Kunden der Lieferant das knappe Material zuordnet. Diesbezüglich können vertraglich abgesicherte Zusagen zu Mengen bzw. zur Kapazität des Lieferanten die Lieferkette erheblich widerstandsfähiger machen.

Diese vertragliche Absicherung kann jedoch zu einer geringeren Flexibilität führen, wenn in den Verträgen entsprechende Abnahmeverpflichtungen verankert sind. Ideal wäre es, umfangreiche Schwankungsbreiten vertraglich abzusichern. Allerdings können vertraglich abgesicherte Schwankungsbreiten leicht zu zusätzlichen Kosten führen.

Eine besondere Herausforderung stellt es dar, wenn die Allokation bei einem der Vormaterialien auftritt. Die Sicherung von Vormaterialien ist häufig schon allein deshalb schwierig, weil es keine direkten Geschäftskontakte mit den Vorlieferanten gibt.

Kompensation 04: Sichere Bedarfszusagen Wie sicher ist die vertragliche Absicherung der Mengen- bzw. Kapazitätszusagen? Welche Schwankungsbereiche sind vorgesehen?

Starke Bündelung und Kooperation (Bedarfsmenge) Hohe Bedarfsmengen helfen die Bedeutung des Unternehmens beim Lieferanten zu stärken und somit als Key Account bevorzugt zu werden. Bündelungen und Kooperationen sind dabei die zentralen Hebel der Marktstrategie. Diese Hebel gehören in vielen Unternehmen zu den stärksten Hebeln einer Marktstrategie. Bei der Bündelung gibt es vielfältige Ansätze. Ferner sind derartige Bündelungen ebenso bei Vormaterialien vorstellbar und werden auch praktiziert. Da die strategischen Überlegungen zur Bündelung im Rahmen der Resilienzanalyse die gleichen wie in der allgemeinen Beschaffungsmarktanalyse sind, wird hier auf die einschlägige Literatur zu Marktstrategien verwiesen (vgl. Heß 2010, S. 191 f.).

Kompensation 05: Starke Bündelung und Kooperation (Bedarfsbündelung) Wie intensiv werden die Hebel Bündelung und Kooperation genutzt, um die eigene Bedeutung gegenüber den Lieferanten zu stärken?

Robuste bzw. fehlertolerante Konstruktion Robustes Design der zugekauften Materialien kann in zweierlei Richtungen die Resilienz unterstützen. Zum einen können die Materialien so besser gegen Qualitätsmängel geschützt werden. Kleine Mängel verursachen keinen Stillstand, d. h. das Design kann kleine Abweichungen kompensieren. Zum anderen kann sich die Robustheit auch auf den Fertigungsprozess beziehen, sodass kleine Abweichungen nicht gleich zur Unterbrechung des Fertigungsprozesses führen. (vgl. auch unten das Kriterium Einfachheit).

Kompensation 06: Robuste und fehlertolerante Konstruktion Wie robust ist das Design des Materials gegenüber kleinen Abweichungen bzw. wie robust ist das Design des Materials gegenüber kleinen Abweichungen im Fertigungsprozess?

Sicherung der Technologie Ein großes Thema, das folgend aber nur kurz angesprochen werden kann, ist die Sicherung der Technologie in den Materialien und Vormaterialien. Formen der Technologie und Bedrohungen der Technologie können sehr vielfältig sein, wie folgende Beispiele illustrieren:

- Es kann spezifisches Produkt-Know-how über Zeichnungen, Rezepte, Fertigungsvorschriften usw. an Lieferanten transferiert werden. Das in der Regel geheime Know-how kann von diesen veruntreut und an Dritte weitergegeben werden. Vielleicht nutzen die Lieferanten das Know-how selbst und machen die Wettbewerber des Unternehmens stark oder werden selbst zum Wettbewerber.
- Ein weiteres Beispiel ist, dass in Materialien oder Vormaterialien spezifisches Know-how des Lieferanten enthalten ist. Wenn der Lieferant – aus welchem Grund auch immer – ausfällt, kann das Know-how verloren sein. Vom Lieferanten entwickelte Spezialsoftware bzw. lizensierte Software oder Produkte sind in diesem Zusammenhang typische Beispiele. Alternativ kann der Lieferant seine Position ausnutzen und Preise erhöhen oder Wettbewerber stark machen.

- Ein dritter Fall bezieht sich auf lieferantenspezifische Produkte, z. B. Elektronikbauteile, die vom Lieferanten abgekündigt werden.

Im Rahmen der Resilienzanalyse sind spezifische Technologien zu identifizieren und – unabhängig von der konkreten Bedrohungssituation abzusichern. Auch diesbezüglich ist das Spektrum der Maßnahmen sehr vielfältig. Im ersten Beispiel ist neben Geheimhaltungserklärungen eine vorsichtige Lieferantenauswahl eine mögliche Vorgehensweise. Im zweiten Beispiel sind Escrow-Vereinbarungen (=Hinterlegung des Quell-Codes bei einer neutralen Stelle und klare Regeln, wann die Stelle den Quellcode herausgeben muss) ein möglicher Weg. Im dritten Fall können vertragliche Vereinbarungen mit dem Lieferanten helfen, vor der Abkündigung des Materials eine ausreichende Schlusseindeckung vorzunehmen.

Diese kleinen knapp skizzierten Beispiele zeigen, dass in der Resilienzanalyse die Sicherung der im Material (und den Vormaterialien) enthaltenen Technologien berücksichtigt werden muss.

Kompensation 07: Sicherung der Technologie Wie sind die für das Material und das Vormaterial benötigten Technologien abgesichert?

Sicherung von Werkzeugen und Maschinen Die Stabilität der Lieferkette hängt wesentlich von der Verfügbarkeit spezifischer Werkzeuge und Spezialmaschinen ab. Dabei ist die Redundanz der Werkzeuge und Spezialmaschinen zu beurteilen. Die anzustrebende Redundanz ist festzulegen (siehe oben Frage Redundanz 03). Darüber hinaus ist die Sicherung der vorhandenen Werkzeuge und Spezialmaschinen zu gewährleisten. Typische Fragen in diesem Zusammenhang sind beispielsweise:

- Soll das Eigentum an den Werkzeugen ggf. auch an Spezialmaschinen vom eigenen Unternehmen erworben werden oder beim Lieferanten liegen. Kapitalbindung und die Möglichkeit, im Krisenfall Verlagerungen zu anderen Lieferanten vornehmen zu können, sind dabei zwei wesentliche Entscheidungskriterien, die gegenläufig sind.
- Wie sind Werkzeugsicherungsverträge zu gestalten, damit im Krisenfall bzw. im Insolvenzfall des Lieferanten, die Werkzeuge zeitnah verfügbar sind. Ebenso sind dabei vielfältige Abwicklungsfragen zu klären, z. B. Wartungsfragen, Haftungsfragen bei Beschädigung, sachgerechte Lagerung, Know-how Schutz.

Kompensation 08: Sicherung von Werkzeugen und Spezialmaschinen Wie sind spezifische Werkzeuge und Spezialmaschinen abgesichert?

Einfachheit und Diversität

Einfachheit und Diversität sind zwei weitere Ansätze, mit denen Stabilität in der Lieferkette erzeugt werden soll. Einfache Lieferketten sind weniger verwundbar, weil sie weniger Ansatzpunkte für Störungen bieten. Beispielsweise sind die Bedrohungen einer lokalen Lieferkette wesentlich geringer wie bei internationalen Transportketten. Diversität setzt auf das gegenteilige Prinzip in der Lieferkette. Durch Berücksichtigung verschiedenartiger Lieferkettenelemente soll der Ausfall eines Elementes leicht ausgeglichen werden, im Beispiel Versorgung aus den Triade Märkten (Asien, Europa, Nordamerika). Diversität erhöht die Komplexität und steht somit häufig im Konflikt zur Einfachheit. Bei vielen Fragestellungen zur Stärkung der Stabilität ist somit zwischen einem Mehr an Einfachheit bzw. einem Mehr an Diversität zu entscheiden. Vor diesem Hintergrund werden die beiden Ansätze gemeinsam behandelt. Drei in der Praxis bedeutsame Fragestellungen zur Steigerung der Stabilität sollen diskutiert werden.

Regionalstruktur: Lokalisierung vs. Globalisierung Als Lessons Learned aus der Covid-19-Pandemie wurde die Frage einer stärkeren Lokalisierung der Lieferketten oder einer systematischen Globalisierung intensiv diskutiert. Local Sourcing steht für einfache Lieferketten. Wesentliche Argumente für eine verstärkte Lokalisierung lauten:

- **Einfachere Transportketten:** Lokale Transportwege sind in der Regel kürzer, meist von der Abwicklung einfacher und aufgrund der Kürze auch weniger von Störungen bedroht (z. B. von Naturkatastrophen, Streiks in einem Land).
- **Kein Grenzübertritt:** Da kein Grenzübertritt erforderlich ist, entfällt insbesondere die Gefahr geschlossener Grenzen bzw. wesentlicher Grenzbürokratien (vgl. auch die Konsequenzen des Brexit).
- **Keine Handelshemmnisse:** Lokale Lieferungen sind nicht von Ausfuhrverboten oder Handelshemmnissen bedroht.

Die Globalisierungsbefürworter heben nicht nur die Wirtschaftlichkeitsvorteile einer globalen Beschaffung hervor, sondern argumentieren auch über das global verteilte Risiko. Ausfall einer Lieferregion führt deshalb nicht direkt zu Versorgungsdefiziten. Im Rahmen der Covid-19-Pandemie wurde noch eine dynamische Komponente des Krisenverlaufs deutlich. Anfangs im Frühjahr 2020 war China im Lockdown. Etwas später waren dann europäische Länder betroffen.

Jedoch waren noch andere Regionen der Erde, z. B. USA zugänglich. Im Herbst 2020 erholte sich China langsam, während Länder in Amerika oder Indien besonders hart getroffen waren. Wer über Lieferanten in den Triade-Märkten verfügte, war – vorausgesetzt funktionierender Transporte – während der gesamten Krise versorgt.

Einfachheit vs. Diversität 01: Regionalstruktur Wie ist die regionale Strukturierung der Lieferanten (lokal oder global)?

Produktstrukturen: Standardisierung vs. Differenzierung Standardisierung von Materialien führt zur Vereinfachung der Lieferketten. Neben vielfältiger wirtschaftlicher Vorteile sind erhebliche Vorteile in Bezug auf die Resilienz zu erwarten. Aufgrund höherer Beschaffungsmengen des Materials ist es einfacher Second Sources aufzubauen, unterschiedliche Lieferregionen zu entwickeln oder Reservewerkzeuge zu finanzieren. Jedoch steigert die Standardisierung die Verwundbarkeit. Falls beim Standardmaterial eine Störung auftritt, ist der Schaden um Größenordnungen höher. Aus Sicht der Diversität wird deshalb der gegenteilige Weg zu mehr Differenzierung empfohlen. Verschiedenartige Materialien führen zu einer geringeren Verwundbarkeit des Unternehmens im Falle eines Versorgungsdefizits eines Materials.

Einfachheit vs. Diversität 02: Produktstruktur Wie ist der Grad an Standardisierung bzw. Differenzierung?

Tiefe der Lieferkette: System Sourcing und Modular Sourcing Zur Reduzierung der Komplexität in der Lieferkette wird ferner System Sourcing und Modular Sourcing empfohlen. Die Lieferanten übernehmen die Verantwortung für komplexe Module oder umfassend für Teilsysteme des Gesamtproduktes. Damit reduziert sich die Wertschöpfungstiefe und in Folge die Steuerungskomplexität des einkaufenden Unternehmens. Auf diese Weise verlagert sich Verantwortung für Teilbereiche der Lieferkette auf Lieferanten, die neben der technischen, prozessualen und wirtschaftlichen Verantwortung in der Regel auch Risiken mittragen. Mit der Modularisierung wird regelmäßig auch eine erhöhte Standardisierung der Module angestrebt. Diese sollen auch möglichst vielfältig eingesetzt werden. Weit verbreitet ist diese Struktur beispielsweise in der Automobilindustrie.

Einfachheit vs. Diversität 03: Tiefe der Lieferkette Wie stark ist der Grad an System und Modular Sourcing in der Lieferkette?

5.3.2 Resilienz durch Flexibilität auf Ebene eines Materials

Flexibilität ist neben der Stabilität der zweite Mechanismus, die Lieferkette gegenüber unerwarteten Störungen widerstandsfähig zu machen. Während Stabilität bedeutet, dass Störungen in den Lieferketten absorbiert werden können, zielt die Flexibilität auf die schnelle Bereitstellung einer Ersatzlösung. Um Flexibilität gegenüber einem allgemeinen Krisenmanagement abzugrenzen, sollte der Ansatz der Ersatzlösung bereits vordefiniert sein, z. B. Freigabe Ersatzmaterial oder Ersatzlieferant. Dabei ist einerseits der **Grad der Flexibilität** entscheidend, d. h. wie breit das Spektrum der Ersatzlösungen ist. Ist beispielsweise ein Ersatzlieferant in der Lage, den bestehenden Lieferanten zu 100 % zu ersetzen, oder führen fachliche Grenzen oder Beschränkungen der Kapazität dazu, dass der Ersatzlieferant die entstandene Lücke nur teilweise füllen kann. Andererseits ist die **Schnelligkeit** wesentlich, mit der die Ersatzlösung verfügbar ist. Es ist offenkundig, dass zur Stärkung der Resilienz beide Aspekte bedeutsam sind. Beispielsweise helfen viele der im Rahmen des Krisenmanagements diskutierten Themen, die Schnelligkeit zu erhöhen, z. B. gute Vernetzung, spezifische Notfallpläne, Feuerwehrübungen, Mitarbeiterschulung. Es werden zwei grundsätzliche Ansätze zur Steigerung der Flexibilität unterschieden: Reaktionsfähigkeit und Anpassungsfähigkeit.

Reaktionsfähigkeit/Reagibilität

Die Reaktionsfähigkeit (Reagibilität) zielt auf die schnelle und umfassende Anpassung der Versorgungsmengen. Mit welcher Schwankungsbreite können die Abnahmemengen angepasst werden? Dabei können zeitliche Staffeln vorgesehen werden, vergleichbar zum folgenden fiktiven Beispiel: Die Liefermenge der nächsten Woche ist fix. Die Abnahme der Folgewoche darf um plus/minus 10 % um die Planmenge schwanken. In drei Wochen beträgt die Schwankungsbreite plus 20 % bis minus 30 % usw. In dieser Mengenstaffelung sind die Dimensionen Grad der Reaktionsfähigkeit und Schnelligkeit offensichtlich. Die Reaktionsfähigkeit von Lieferanten sollte möglichst vertraglich geregelt sein. Folgende Regelungsmechanismen sind typisch:

- **Zeitliche Staffelung der Schwankungsbreite,** wie in den einführenden Bemerkungen dieses Absatzes beschrieben. Die Mengenstaffeln können noch um die Dimension Kosten oder Preis verfeinert werden. So können für einen bestimmten Zeitraum verschiedene Mengenstaffeln definiert werden, die dann aber zu Zusatzkosten führen können, z. B. für die Folgewoche: plus minus 10 % ohne Zusatzkosten; darüber hinaus plus minus 15 % mit Zusatzkosten von 3 %; darüber hinaus plus minus 20 % mit Zusatzkosten von 5 %.

- **Vertragslager sowie Lagerhaltung von Vormaterialien:** Es kann vereinbart werden, dass der Lieferant einen Mindestbestand auf Lager vorhält, um schnell liefern zu können. Ebenso kann vertraglich auch vereinbart sein, dass der Lieferant kritische Vormaterialien auf Lager hält, um so schnell produzieren und liefern zu können.
- **Rollierende Planung und Bedarfsabgleich:** Regelmäßige Bedarfsvorausschau, z. B. wöchentlich oder monatlich, und Abgleich von wesentlichen Bedarfsentwicklungen helfen die benötigten Bedarfe flexibel bereitzustellen. Insbesondere können auf diese Weise die Prioritäten knapper Kapazitäten flexibel an die aktuelle Bedarfsentwicklung angepasst werden.
- **Konsignationslager:** Ein Konsignationslager steigert die Flexibilität, da jederzeit (beliebig) Ware aus dem Lager entnommen und damit vom Lieferanten bezogen werden kann. Für ein Konsignationslager sollen die Grundsätze definiert sein, wie der Lieferant das Lager zu befüllen hat, z. B. Mindestbestand der einzelnen Artikel und Auffüllregeln nach Lagerentnahme.
- **Vender Managed Inventory,** d. h. vom Lieferanten disponiertes Wareneingangslager. Auch in diesem Fall werden die Lieferanten vertraglich zu einer bestimmten Flexibilität verpflichtet.

Angemerkt sei, dass die beschriebenen Formen der Reaktionsfähigkeit nicht nur für den Versorgungsausfall unterstützend wirken, sondern gerade auch in Allokationsphasen hilfreich sein können.

Reaktionsfähigkeit/Reagibilität 01: Schwankungsbreite der Bedarfsmengen Wie stark dürfen die Bedarfsmengen in Abhängigkeit der Zeit schwanken?

Anpassungsfähigkeit/Agilität
Im Rahmen der Anpassungsfähigkeit bzw. der Agilität geht es um strukturelle Anpassung der Lieferketten. Im Zentrum steht die Qualifizierung und Zulassung alternativer Materialien und Lieferanten (Second Sources). Bei näherer Betrachtung fällt die hochgradige Parallelität zur oben ausgeführten Analyse der Redundanz auf. Zu jedem Lieferkettenelement kann die Frage gestellt werden, ob bzw. inwieweit das Element redundant verfügbar ist (Redundanz). Daran anschließend kann die Frage erweitert werden, inwieweit zum jeweiligen Lieferkettenelement eine neuartige Lösung entwickelt werden kann. Die folgende Liste gibt einen Überblick über die Lieferkettenelemente der oben ausgeführten

Redundanzanalyse, für die ebenso die Flexibilität betrachtet werden soll. Konkret geht es um die Fragen: Gibt es Alternativen zum betrachteten Lieferkettenelement? Ist eine Zulassung möglich? Wie lange dauert die Zulassung bzw. wie lange dauert es, bis die Alternative verfügbar ist?

- Freigabe neues Material
- Freigabe neuer Lieferant
- Entwicklung neuer Produktionsstandorte
- Entwicklung neuer Werkzeuge bzw. Spezialmaschinen
- Entwicklung weiterer Faktoren der Produktionsstruktur
- Entwicklung neuer Lieferregionen (Triade-Märkte)
- Entwicklung neuer Lieferregionen (international)
- Freigabe neuer Verkehrsträger
- Freigabe neuer Vormaterialien bzw. Rohstoffe
- Freigabe neuer Vorlieferanten bzw. neuer Rohstoff-Lieferanten

Die konkreten Fragestellungen werden in der Übersicht „Fragen zur Agilitätsanalyse" zusammengefasst. Am Beispiel Freigabe eines neuen Materials (bzw. analog Freigabe neuer Lieferanten) soll die Herausforderung und die Vorgehensweise zur Stärkung der Resilienz durch Flexibilität erläutert werden. Aus Sicht der Resilienz ist eine hochgradige Redundanz vorteilhaft, im Beispiel also die Verfügbarkeit von Alternativ-Materialien. Aus Wirtschaftlichkeitsüberlegungen gibt es hierbei allerdings ganz erhebliche Grenzen. Sowohl der Freigabeprozess von Alternativmaterialien als auch die Geschäftsabwicklung sind häufig mit erheblichen Zusatzkosten verbunden. Man denke beispielsweise an die Arbeitsaufwände im Engineering bzw. im Qualitätsmanagement oder auch an höhere Preise aufgrund höherer Fixkosten beim Lieferanten. Soweit der Kunde im Zulassungsprozess integriert ist oder seine eigenen Produkte auf die neuen Materialien speziell zulassen muss, kann auch der Kunde seine Ablehnung signalisieren, neue Alternativmaterialien zuzulassen.

Verzichtet man aufgrund wirtschaftlicher Aspekte auf Redundanz bzw. Second Sources, müssen die Alternativmaterialien oder die Second Sources dann im Krisenfall zugelassen werden. Dies kann sehr lange dauern und somit einen hohen Schaden verursachen. Zulassungsprozesse von mehreren Monaten, gelegentlich auch mehreren Jahren sind nicht unüblich. Die Resilienzlücke beschreibt – wie bereits diskutiert – den potenziellen Schaden, der entsteht bis ein alternatives Material verfügbar ist. In der Flexibilitätsanalyse ist zunächst zu ermitteln, wie lange die Freigabe eines neuen Materials erwartungsgemäß dauern wird. Daraufhin kann die Resilienzlücke berechnet werden: Droht beispielsweise ein Umsatzausfall von einer Million € pro Monat, so droht ein Schaden von zehn Millionen €, falls ein Alternativmaterial erst nach zehn Monaten verfügbar ist (soweit keine Bestände verfügbar sind). Der drohenden Resilienzlücke sind die Zusatzkosten gegenüber zu stellen, die mit der Zulassung und der anschließenden Verwendung des Alternativmaterials verbunden sind. Der Alternativenvergleich kann schnell zur Wahl zwischen Cholera und Pest werden. Sowohl die Qualifizierung eines Alternativmaterials, wie auch der Schaden im Krisenfall, falls es keine Alternative gibt, können wirtschaftlich nicht akzeptabel sein.

Vor diesem Hintergrund kann ein abgestuftes Verfahren empfehlenswert sein, das am Beispiel der Second-Source-Systematik der Schreiner Group vorgestellt werden soll (Heß und Laschinger 2019, S. 91 f.):

Um zu prüfen, ob Second Sources für Funktionsteile zugelassen werden sollen, ermittelt die Schreiner Group zunächst deren Resilienzniveau. Dieses wird über den Umsatzausfall im Falle eines Versorgungsdefizites des Materials oder des Lieferanten errechnet. Anschließend wird in der Zusammenarbeit zwischen Einkauf, Vertrieb und Anwendungsentwicklung der Härtegrad festgelegt, wie weit die Zulassungsprozesse für das Material vorangetrieben werden sollen. Hierbei wird folgende Systematik zugrunde gelegt:

- **Härtegrad 1:** Alternativmaterialien sind bekannt und auf dem Markt bei qualifizierten Lieferanten schnell und einfach zu beziehen. Eine Second Source wird nicht als erforderlich angesehen. (Anmerkung: In der Redundanzanalyse wurde von Quasiredundanz gesprochen.)
- **Härtegrad 2:** Alternativmaterialien werden intern qualifiziert und für die Anwendung frei gegeben.
- **Härtegrad 3:** Wie Härtegrad 2, jedoch werden beide Materialien bei neuen Kundenprojekten für die Serie frei gegeben. Im Krisenfall ist das Alternativmaterial sehr schnell verfügbar.
- **Härtegrad 4:** Wie Härtegrad 3, jedoch wird das Material auch durch den Kunden frei gegeben. Damit ist ein redundantes Material verfügbar und ein sofortiger Wechsel möglich.

Darüber hinaus gibt es auch Materialien, für die keine Second Source angestrebt wird (Härtegrad 0), weil die Resilienzlücke nicht erheblich ist bzw. weil die Einzigartigkeit des Materials es faktisch unmöglich macht, eine Second Source zu qualifizieren. In diesem Fall werden vertragliche Absicherungen oder andere Kompensations-Hebel angestrebt.

Mit dieser Härtegradsystematik liegt eine systematische Vorgehensweise vor, wann Second Sources bzw. wie weit Second Sources qualifiziert werden. Kern der Systematik ist eine Abstufung, wie weit Second Sources qualifiziert werden und damit wie schnell sie verfügbar sind. Mit steigendem Härtegrad nimmt aber auch der Ressourcenbedarf zu, der für eine vorsorgliche Qualifizierung investiert werden muss.

Die Analyse von Stabilität und Flexibilität sind wesentliche Elemente der Resilienzanalyse. Im nächsten Schritt soll mit einem Excel basierten Template die Vorgehensweise zur Durchführung der Resilienzanalyse vorgestellt werden. Ziel ist es, zum einen die Resilienzlücke zu bestimmen und zum zweiten Verbesserungsideen zu identifizieren (Abschn. 5.3.3). Die Ergebnisse fließen dann in die Marktstrategie ein, in deren Rahmen die Resilienz gesteuert werden soll (Abschn. 5.5). Zuvor sollen noch zwei Themen vertieft werden: Die Erweiterung des Blickwinkels auf Risikocluster (Abschn. 5.3.4) sowie einige Hinweise auf die Resilienzdimension Einstandskosten (Abschn. 5.4).

Fragen zur Agilitätsanalyse
Agilität 01a: Freigabe neues Material
Welche Möglichkeiten zur Zulassung von Alternativmaterialien gibt es und wie lange dauert es, bis das Material verfügbar ist?

Agilität 01b: Freigabe neuer Lieferant
Welche Möglichkeiten zur Zulassung einer Second Source gibt es und wie lange dauert es, bis die Second Source verfügbar ist?

Agilität 02: Entwicklung neuer Produktionsstandorte
Welche Möglichkeiten zur Entwicklung neuer Produktionsstandorte beim Lieferanten gibt es und wie lange dauert es, bis ein neuer Produktionsstandort verfügbar ist?

Agilität 03: Entwicklung neuer Werkzeuge und Spezialmaschinen
Welche Möglichkeiten zur Entwicklung neuer Werkzeuge und Spezialmaschinen beim Lieferanten gibt es und wie lange dauert es, bis ein neues Werkzeug bzw. eine Spezialmaschine verfügbar ist?

Agilität 04: Entwicklung weiterer Faktoren der Produktionsstruktur
Welche weiteren Faktoren der Produktionsstruktur (z. B. Fertigungsverfahren) sind zu beachten? Welche Möglichkeiten zur Entwicklung der

identifizierten weiteren Faktoren beim Lieferanten gibt es und wie lange dauert es, bis diese verfügbar sind?

Agilität 05: Entwicklung neuer Lieferregionen (Triade-Märkte)
Welche Möglichkeiten zur Entwicklung neuer Lieferregionen (Triade) gibt es und wie lange dauert es, bis eine neue Lieferregion (Triade) verfügbar ist?

Agilität 06: Entwicklung neuer Lieferregionen (international)
Welche Möglichkeiten zur Entwicklung neuer Lieferregionen (international) gibt es und wie lange dauert es, bis eine neue Lieferregion (international) verfügbar ist?

Agilität 07: Freigabe neuer Verkehrsträger
Welche Möglichkeiten zur Entwicklung neuer Verkehrsträger bzw. Transportdienstleister gibt es und wie lange dauert es, bis diese verfügbar sind?

Agilität 08: Freigabe neuer Vorlieferant bzw. neuer Rohstoff-Lieferant
Welche Möglichkeiten zur Zulassung einer Second Source bei Vormaterialien bzw. Rohstoffen gibt es und wie lange dauert es, bis die Second Source verfügbar ist?

Anmerkung: Die Nummern korrespondieren mit dem Analyse-Template Abb. 5.5.

5.3.3   Bestimmung der Resilienzlücke

Nach der Analyse der Resilienzkriterien Stabilität und Flexibilität kann die Resilienzlücke bestimmt werden. Die Resilienzlücke ist der Teil des Resilienzniveaus, der nicht durch Stabilität und Flexibilität abgesichert ist. Im ersten Schritt soll die grundlegende Basisidee veranschaulicht werden, wie die Resilienzlücke bestimmt werden kann. Anschließend soll anhand einer kleinen Fallstudie die Vorgehensweise zur Bestimmung der Resilienzlücke mithilfe des „Schnelltests" (Quickcheck) illustriert werden.

Grundgedanke zur Bestimmung der Resilienzlücke
Der Grundgedanke zur Bestimmung der Resilienzlücke kann mithilfe der Abb. 5.4 veranschaulicht werden.

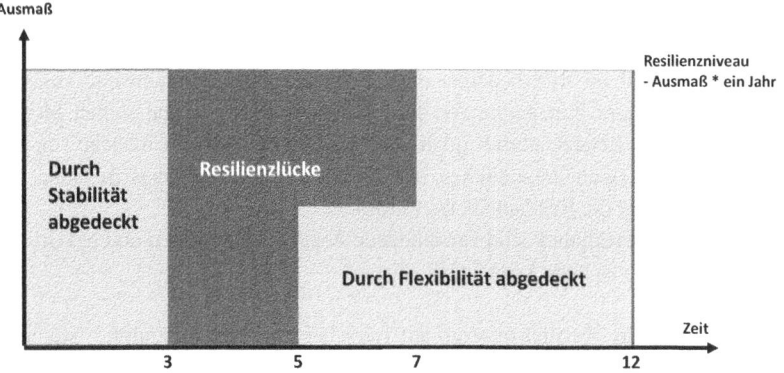

Abb. 5.4 Grundgedanke zur Bestimmung der Resilienzlücke

Zunächst wird das Resilienzniveau bestimmt (siehe Abschn. 5.2). Dieses ergibt sich aus Ausmaß mal Zeitdauer des möglichen Schadens. Üblicherweise wird ein Betrachtungszeitraum von einem Jahr zugrunde gelegt. Aus Vereinfachungsgründen wird meist von einem durchschnittlichen monatlichen Ausmaß ausgegangen, sodass die Höhe innerhalb des Jahres nicht schwankt.

Zur Bestimmung der Stabilität interessiert zunächst insbesondere die Redundanz. So werden kritische Lieferkettenelemente identifiziert und daraufhin geprüft, ob sie redundant oder quasiredundant sind. Quasiredundant bedeutet, dass eine friktionslose Umstellung auf eine noch nicht verfügbare Alternative möglich ist. Ist eine Redundanz verfügbar wird geprüft, welchen Anteil und welche Dauer des Versorgungsausfalls die Redundanz abfedern kann. Beispielsweise können Bestände einer Materialvariante verfügbar sein, die für 3 Monate 30 % des Umsatzes absichern können. In der Grafik zeigt der linke Teil der Fläche, welcher Anteil des drohenden Umsatzausfalls durch die Redundanz abgesichert ist. Im Bild wird unterstellt, dass die Redundanz drei Monate lang den gesamten Versorgungsausfall abfangen kann.

Anschließend wird die Flexibilität analysiert, d. h. wie lange es dauert bis Ersatzlösungen verfügbar sind. Beispielsweise kann die Zulassung eines Lieferanten sechs Monate dauern. Vielleicht kann dieser Lieferant auch nur 70 % des Produktspektrums abdecken. In der Grafik symbolisiert der rechte Teil des Rechtecks den Teil des drohenden Umsatzausfalls, der durch Alternativlösungen abgefedert werden kann. Dabei wird im Bild unterstellt, dass nach fünf Monaten 50 % des Ausfalls und nach sieben Monaten 100 % abgefangen werden können.

Die Resilienzlücke ergibt sich aus der Differenz zwischen der Absicherung durch die Redundanz und der Möglichkeit Alternativlösungen bereitzustellen. Für das Beispiel im Bild bedeutet dies: Bei einer Bestandsreichweite von drei Monaten und einer Zeitspanne von fünf Monaten bis 50 % und sieben Monate bis 100 % eines Ersatzmaterials qualifiziert ist, folgt eine Resilienzlücke von drei Monaten.[2] Bei einem monatlichen Ausfall des Deckungsbeitrags in Höhe von 10 Mio. € beträgt die Resilienzlücke 30 Mio. €.

Bei dieser Berechnung sind verschiedene Aspekte zu beachten und ggf. in vereinfachter Weise zu berücksichtigen:

- Teilt sich das Resilienzniveau auf verschiedene eng verknüpfte Materialvarianten auf, sollte eine nach den Materialvarianten differenzierte Betrachtung erfolgen. Diese Konstellation liegt dem unten ausgeführten Fallbeispiel zugrunde.
- Werden mehrere kritische Lieferkettenelemente identifiziert, wird meist eine Worst-Case-Betrachtung durchgeführt, d. h. der größte Schaden geht in die Berechnung ein. Eine Kumulation der Fälle, d. h. es tritt gleichzeitig ein Schaden beim Lieferanten und bei einem Vorlieferanten auf, sollte nur in begründeten Ausnahmefällen erfolgen.

Die Resilienzkriterien Kompensation, Einfachheit und Diversität haben keinen Einfluss auf die Größe der Resilienzlücke, sondern nur auf die Wahrscheinlichkeit, dass sich eine Krise realisiert. Die Zusammenarbeit mit einem sicheren und starken Partner führt dazu, dass dieser Partner gegenüber Krisen widerstandsfähiger ist. Die Wahrscheinlichkeit, dass er beispielsweise insolvent wird, wird als gering eingeschätzt. In Bezug auf die Resilienzfrage, was im Worst Case passiert, ergibt sich aber kein Unterschied, ob der starke oder ein schwacher Partner Insolvenz anmelden muss. Damit ergibt sich auch kein messbarer Effekt auf die Resilienzlücke.

Für die Stärkung der Resilienz sind diese Fragestellungen trotzdem entscheidend. Letztlich sollen bei den existenzbedrohenden Materialien alle Möglichkeiten, eine Krise zu verhindern, überprüft werden. Über alle Fragestellungen hinweg wird aktiv nach Verbesserungsideen gesucht.

---

[2] Berechnung: Für 50 % beträgt die Lücke 2 Monate. Für die weiteren 50 % ist die Lücke 4 Monate. Somit ergibt sich eine Gesamtlücke von 3 Monaten.

Fallbeispiel zur Bestimmung der Resilienzlücke

Die Durchführung der Resilienzanalyse für ein Material soll mithilfe des Excel basierten Analyse-Template (=Schnelltest) anhand des Beispiels eines Spritzgussteils SP0815 mit einer Variante SP0815a illustriert werden (siehe Abb. 5.5). Im ersten Teil des Templates werden allgemeine Informationen zum Fallbeispiel dokumentiert. Insbesondere wird auch das Resilienzniveau errechnet (siehe Abschn. 5.2). Im Beispiel wird das Resilienzniveau über den Verlust an Deckungsbeitrag auf Basis einer Stücklistenauflösung ermittelt. Es ergibt sich ein direkter Verlust an Deckungsbeitrag in Höhe von 8 Mio. € pro Jahr. Vertriebsseitig wird die Auswirkung auf die Randsortimente analysiert. Für Abschmelzverluste in benachbarten Sortimenten wird ein zusätzlicher Deckungsbeitragsausfall in Höhe von 50 % des ursprünglichen DB-Ausfalls prognostiziert. Das gesamte Resilienzniveau beträgt somit 12 Mio. €.

Im nächsten Schritt werden die oben in den Abschn. 5.3.1 und 5.3.2 diskutierten Analysefragen zu Redundanz und Flexibilität beurteilt. Dabei werden die korrespondierenden Fragen immer gemeinsam erörtert. Beispielsweise wird die Redundanz des Materials mit der Flexibilität, alternative Materialien oder Lieferanten freizugeben, zusammen behandelt.

Jede Fragestellung wird dabei nach vier Aspekten bewertet, die in den vier Spalten des Analyse-Templates dokumentiert werden:

- Aktueller Sachstand, z. B. Identifikation eines neuen Lieferanten ist kein Problem
- Wirkung auf die Resilienzlücke, z. B. der Freigabeprozess inklusive der benötigten Werkzeuge dauert vier Monate
- Verbesserungsideen, z. B. einen aktiven Lieferanten qualifizieren und für redundante Werkzeuge sorgen
- Qualität der zugrundelegten Informationen, z. B. hoch, faktenbasiert.

Das Fallbeispiel kann direkt der Abb. 5.5 entnommen werden. Folgende Aspekte sollen besonders hervorgehoben bzw. erläutert werden:

- Zulassung neuer Teile verlangt in der Beispielsituation die Zulassung neuer Lieferanten. Der Freigabeprozess mit Werkzeug dauert vier Monate, falls es sich um einen völlig neuen Lieferanten handelt. Da aber ein neues Werkzeug auch erst nach vier Monaten verfügbar ist, ergibt sich in der Regel kein direkter zeitlicher Vorteil mit aktiven Lieferanten zusammenzuarbeiten. Die Freigabe der Materialien selbst dauert dann nochmals drei bzw. fünf Monate.

	Stammdaten / Kriterium	Spalte A Situation	Spalte B Bewertung	Spalte C Verbesserungsideen	Transparenz
	Materialgruppe	Spritzguss			
	Material	SP0815 und Variante SP0815a			
	Resilienzniveau – Versorgung Anmerkung: A) Dimension (Umsatzausfall, DB-Ausfall, …) B) Wert p.a. (meist in €) B) Erläuterung z. B. Menge * Preis	Deckungsbeitrag und Konsequenzen für Randsortimente	Schaden: 12 Mio. €	Deckungsbeitrag: SP0815 geht in Produktlinie 372K: 7 Mio. € DB-Ausfall SP0815a geht in Produktlinie 372Ka: 1 Mio. € DB-Ausfall Randsortimente + 50 % insgesamt: 8 Mio. € * 1,5 = 12 Mio. €	sehr hoch: geplant / errechnet
	Resilienzniveau – Preis Kosten Anmerkung: - Einkaufsvolumen p.a.	nicht relevant			
	Bewertungstermin / Betrachtungszeitraum	15.1.2021 Betrachtungszeitraum 2021			
	Bewerter	Hr. Mustermann, Max			
R	**Redundanz**				
FA / FR	**Flexibilität/Agilität / Resilienz**				
FR 03	**Material** A) Beschreibung Redundanz / Quasi-Redundanz bei Material und Lieferant B) Grad der Redundanz B) Anteil Schaden, falls ein Ausfall (in %) C) Verbesserungsideen D) Transparenz	Keine Redundanz vorhanden	100%		sehr hoch: geplant / errechnet
FA 01a	**Zulassung neues Material** A) Möglichkeit der Zulassung B) Dauer (Monate) und Anteil des Ersatzes ggf. Staffel C) Verbesserungsideen D) Transparenz	Neues Material ist nur in Zusammenhang mit neuem Lieferanten möglich und muss zusammen mit Kunden zugelassen werden. Gleichzeitige Zulassung für SP0815 und Variante 0815a	Zusätzlich zur Zulassung des Lieferanten: SP0815: 3 Monate SP0815a: 5 Monate aufgrund zusätzlicher Sicherheitsnachweise		hoch: faktabasiert mit Teilschätzungen
FA 01b	**Aufbau und Zulassung neuer Lieferant** A) Möglichkeit der Zulassung B) Dauer (Monate) und Anteil des Ersatzes ggf. Staffel C) Verbesserungsideen D) Transparenz	Identifikation neuer potentieller Lieferanten ist kein Problem	Freigabeprozess inklusive Werkzeug: 4 Monate Wechsel zu einem bereits aktiven Lieferanten erfordert die Zusatzprüfungen: 2 Monate, jedoch mit neuen Werkzeugen ebenso 4 Monate	Einen aktiven Lieferanten qualifizieren und für redundante Werkzeuge sorgen. Eventuell einen zweiten Lieferanten in USA für das Werk in USA aufbauen.	hoch: Teilschätzungen
R 02	**Produktionsstandort (Back-up-Werk)** A) Beschreibung Redundanz / Quasi-Redundanz B) Grad der Redundanz B) Anteil Schaden, falls ein Ausfall (in %) C) Verbesserungsideen D) Transparenz	nicht vorhanden	100%		sehr hoch: geplant / errechnet
FA 02	**Aufbau und Zulassung neuer Produktionsstandort** A) Möglichkeit der Zulassung B) Dauer (Monate) und Anteil des Ersatzes ggf. Staffel C) Verbesserungsideen D) Transparenz	aktueller Lieferant hat keinen zweiten geeigneten Produktionsstandort			sehr hoch: geplant / errechnet
R 03	**Werkzeug / Spezialmaschine** A) Beschreibung Redundanz / Quasi-Redundanz B) Grad der Redundanz B) Anteil Schaden, falls ein Ausfall (in %) C) Verbesserungsideen D) Transparenz	Keine Redundanz vorhanden Werkzeug ist für die Teile SP0815 und SP0815a: Variante ergibt sich aus der Nachbearbeitung. Maschine stellt kein Problem dar.	100%	Reservewerkzeug bereit stellen, ggf. zusammen mit Second Source da das Werkzeug nur 50.000 Schuss eingesetzt werden kann, ist die Parallelität von zwei Werkzeugen, ggf. mit zeitlichem Versatz, gut vorstellbar. Höhere Kapitalkosten und höherer Handlingsaufwand.	sehr hoch: geplant / errechnet
FA 03	**Aufbau und Zulassung neues Werkzeug bzw. Spezialmaschine** A) Möglichkeit der Zulassung B) Dauer (Monate) und Anteil des Ersatzes ggf. Staffel C) Verbesserungsideen D) Transparenz	Neues Werkzeug ist unproblematisch	4 Monate		hoch: faktabasiert mit Teilschätzungen

Abb. 5.5 a–d Beispiel Analyse-Template zur Resilienz eines Materials

R / FA / FR	Redundanz Fortsetzung / Flexibilität/Agilität / Flexibilität/Reagibilität	Spalte A Situation	Spalte B Bewertung	Spalte C Verbesserungsideen	Transparenz
R 04	Weitere kritische Produktions-faktoren — A) Weiche Faktoren sind kritisch? A) Beschreibung Redundanz / Quasi-Redundanz A) Grad der Redundanz B) Anteil Schaden, falls ein Ausfall in % C) Verbesserungsideen D) Transparenz	nicht relevant			
FA 04	Aufbau und Zulassung weitere Faktoren — A) Möglichkeit der Zulassung B) Dauer (Monate) und Anteil des Ersatzes ggf. Staffel C) Verbesserungsideen D) Transparenz	nicht relevant			
R 05	Region (inter-kontinental) — A) Beschreibung Redundanz / Quasi-Redundanz interkontinental A) Grad der Redundanz B) Anteil Schaden, falls ein Ausfall in % C) Verbesserungsideen D) Transparenz	nicht vorhanden Lieferant sitzt in Polen und produziert für das Werk in Deutschland und in den USA	100%	eventuell Second Source in den USA oder in Mexiko aufbauen	sehr hoch: geplant / errechnet
FA 05	Aufbau und Zulassung neue Region interkontinental — A) Möglichkeit der Zulassung B) Dauer (Monate) und Anteil des Ersatzes ggf. Staffel C) Verbesserungsideen D) Transparenz	siehe neuer Lieferant	Freigabeprozess inklusive Werkzeug: 4 Monate Wechsel zu einen bereits aktiven Lieferanten erfordert Zusatzprüfungen: 2 Monate; jedoch mit neuen Werkzeugen ebenso 4 Monate		sehr hoch: geplant / errechnet
R 06	Region (international) — A) Beschreibung Redundanz / Quasi-Redundanz International A) Grad der Redundanz B) Anteil Schaden, falls ein Ausfall (in %) C) Verbesserungsideen D) Transparenz	nicht vorhanden Lieferant sitzt in Polen	100%	Vorqualifizierter Lieferant sollte nicht in Polen sitzen	sehr hoch: geplant / errechnet
FA 06	Aufbau und Zulassung neue Region international — A) Möglichkeit der Zulassung B) Dauer (Monate) und Anteil des Ersatzes ggf. Staffel C) Verbesserungsideen D) Transparenz	siehe neuer Lieferant und Region / interkontinental	100%		
R 07	Verkehrsträger — A) Weiche Verkehrsträger sind kritisch? A) Beschreibung Redundanz / Quasi-Redundanz A) Grad der Redundanz B) Anteil Schaden, falls ein Ausfall in % C) Verbesserungsideen D) Transparenz	LKW - Spedition USA: Seefracht - Spedition Wechsel des Speditleurs unproblematisch (quasiredundant) Grenzschließung / Transport siehe Region			sehr hoch: geplant / errechnet
FA 07	Aufbau und Zulassung neuer Verkehrsträger — A) Möglichkeit der Zulassung B) Dauer (Monate) und Anteil des Ersatzes ggf. Staffel C) Verbesserungsideen D) Transparenz	nicht relevant			

Abb. 5.5 (Fortsetzung)

R	Redundanz Fortsetzung / Flexibilität/Agilität · Flexibilität/Reagibilität		Spalte A Situation	Spalte B Bewertung	Spalte C Verbesserungsideen	Transparenz
FA / **FR**						
R 08	Vormaterial und Ressourcen	A) Name des betrachteten Vormaterials / Ressource A) Beschreibung Redundanz / Quasi-Redundanz A) Grad der Redundanz B) Anteil Schaden, falls ein Element ausfällt (in %) C) Verbesserungsideen D) Transparenz	Farbstoff FTZ4545 von Vorlieferant Pigmentcreator kann nicht ersetzt werden: Keine Redundanz	100%	Zweiten Farbstoff zulassen bzw. zumindest bis zur Kundenzulassung vorbereiten (3 Monate können gespart werden)	niedrig: Schätzung
FA 08	Aufbau und Zulassung neues Vormaterial / Ressource	A) Möglichkeit der Zulassung B) Dauer (Monate) und Anteil ders Ersatzes ggf. Staffel C) Verbesserungsideen D) Transparenz	Zulassung eines alternativen Farbstoffs ist möglich. Zusammenarbeit mit Lieferant und mit Kunde ist erforderlich.	8 Monate		niedrig: Schätzung
R 08-01	1. Vormaterial und Ressourcen	A) Name des betrachteten Vormaterials / Ressource A) Beschreibung Redundanz / Quasi-Redundanz A) Grad der Redundanz B) Anteil Schaden, falls ein Ausfall (in %) C) Verbesserungsideen D) Transparenz				
FA 08-01	1. Vormaterial und Ressourcen	A) Name des betrachteten Vormaterials / Ressource B) Dauer (Monate) und Anteil ders Ersatzes ggf. Staffel C) Verbesserungsideen D) Transparenz				
R 09	Zusammenfassung Redundanz ohne Bestände	A) Zusammenfassung der kritischen Faktoren B) Ausfall, falls ein Element ausfällt, ohne Beachtung von Beständen	Keine Redundanz zum Material und zu Farbstoff	Worst Case: 100 % Ausfall		sehr hoch: geplant / errechnet
R Zu 01	Bestandsreichweite	A) Bestände Volumen ggf. differenziert B) Bestandsreichweite C) Verbesserungsideen D) Transparenz	A) Fertigmaterial B) Materialien P0815 und SP0815a Richtlinie Konsilager C) Farbstoff bei Spritzgießerei verträglich abgesichert	A) 1 Monat B) SP0815: 2 Monate SP0815a: 3 Monate C) 3 Monate	Erhöhung der Farbstoffbestände	
R Zu 02	Zusammenfassung Redundanz	A) Zusammenfassung B) Ausfall, falls ein Element ausfällt C) Transparenz	Nur Bestände: A) Fertigmaterial B) Materialien P0815 und SP0815a Richtlinie Konsilager C) Farbstoff bei Spritzgießerei verträglich	A) 1 Monat B) SP0815: 2 Monate SP0815a: 3 Monate C) 3 Monate		hoch: faktebasiert mit Teilschätzungen
FR 01	Anpassung Menge - Schwankungsbreite - Schnelligkeit - Prozessintegration	A) Aktuelle Situation C) Verbesserungsideen	A) Vereinbarte Lieferzeit 20 Arbeitstage max. 10.000 Stück SP0815 pro Monat max. 1.000 Stück SP0815a pro Monat		Rollierende Bedarfsvorausschau aufbauen	
FA Zu	Zusammenfassung Agilität	A) Zusammenfassung der kritischen Faktoren B) Zeitbedarf für Ersatz, ohne Beachtung von Beständen Es wird nur ein Ausfall betrachtet, allerdings worst case	A) Zulassung eines alternativen Lieferanten B) Zulassung eines alternativen Farbstoffs	A) Teil SP0815: 7 Monate Teil0815a: 9 Monate B) Beide Teile 8 Monate		hoch: faktebasiert mit Teilschätzungen
R Zu	Zusammenfassende Bewertung Redundanz und Flexibilität	A) Zusammenfassung der kritischen Faktoren	Teil SP0815: 1 Monat Fertigbestände 2 Monate Materialbestände (Farbstoff geringer) 7 Monate für Neuzulassung Lücke: 4 Monate	Teil SP0815a: 1 Monat Fertigbestände 3 Monate Materialbestände 8 Monate für Neuzulassung Lücke: 4 Monate	Resilienzlücke: 4 Monate x 1/3 Jahr = 4 Mio. €	hoch: faktebasiert mit Teilschätzungen

Abb. 5.5 (Fortsetzung)

K	Kompensation		Spalte A Situation	Spalte B Bewertung	Spalte C Verbesserungsideen	Transparenz
K 01	Starke Partner	A) Situation B) C) Verbesserungsideen D) Transparenz	Spritzgießerei: Langfristige Partnerschaft - sehr stabiler Partner Farbstofflieferant: Lieferant droht Übernahme bzw. Insolvenz		Starke Absicherung des Farbstoff-lieferanten	hoch: faktebasiert mit Teilschätzungen
K 02	Eigenfertigung und Kapitalverflechtung	A) Situation B) C) Verbesserungsideen D) Transparenz	nicht relevant			
K 03	Sichere Lieferregion	A) Situation B) C) Verbesserungsideen D) Transparenz	Spritzgießerei: Tschechien ist sicher Farbstofflieferant: Sitz in der Türkei		Weitere Absicherung des Farbstoff-lieferanten	hoch: faktebasiert mit Teilschätzungen
K 04	Sichere Materialzusagen bzw. Kapazitätszusagen	A) Situation B) C) Verbesserungsideen D) Transparenz	Spritzgießerei: Vertraglich abgesichert; Rahmenvertrag 3 Jahre; klare Regelungen zur Kündigung des Rahmenvertrages Farbstofflieferant: Keine Absicherung		Absicherung der Lieferzusagen direkt oder indirekt über eigenen Lieferanten	hoch: faktebasiert mit Teilschätzungen
K 05	Starke Bündelung und Kooperation	A) Situation B) C) Verbesserungsideen D) Transparenz	nicht relevant			
K 06	Fehlertolerante Konstruktion	A) Situation B) C) Verbesserungsideen D) Transparenz	nicht relevant			
K 07	Sicherung der Technologie	A) Situation B) C) Verbesserungsideen D) Transparenz	nicht relevant			
K 08	Sicherung von Werkzeugen und Maschinen	A) Situation B) C) Verbesserungsideen D) Transparenz	Werkzeugsicherung im Falle von Insolvenz liegt vor.		Umstellen auf die neue Werkzeug-sicherungsrichtlinie	hoch: faktebasiert mit Teilschätzungen
ED	Einfachheit vs. Diversität					
ED 01	Lokalisierung vs. Globalisierung	A) Situation B) C) Verbesserungsideen D) Transparenz	bisher nur Tschechien Farbstoffe nur Türkei		Second Source in den USA	hoch: faktebasiert mit Teilschätzungen
ED 02	Standardisierung vs. Differenzierung	A) Situation B) C) Verbesserungsideen D) Transparenz	nicht relevant			
ED 03	System- bzw. Modular-Sourcing vs. Component- bzw. Material-Sourcing	A) Situation B) C) Verbesserungsideen D) Transparenz	nicht relevant			

Abb. 5.5 (Fortsetzung)

- Bisher gibt es nur ein Werkzeug. Die Bereitstellung eines Ersatzwerkzeuges benötigt vier Monate. Da aber aufgrund von Verschleiß immer wieder neue Werkzeuge benötigt werden, besteht die Idee, ein zweites paralleles Werkzeug anzuschaffen.
- Da es nur einen Lieferanten gibt, der auch nur über einen Standort verfügt, gibt es auch keine regionale Streuung. So entsteht die Idee eine Second Source mit eigenem Werkzeug in den USA oder in Mexiko aufzubauen.
- Kritisch wird noch der Farbstoff FTZ4545 gesehen, der als Vormaterial von den Spritzgussfirmen bezogen wird. Hier gibt es nur einen zugelassenen Lieferanten. Die Qualifizierung einer alternativen Quelle dauert acht Monate. Schwierigkeiten bereitet insbesondere der letzte Schritt im Zulassungsprozess: die Zulassung durch die Kunden. So entsteht die Idee einen zweiten Farbstoff bis zur Kundenzulassung zu qualifizieren. Damit können für den Fall der Fälle im Freigabeprozess drei Monate gespart werden.

Zusammen mit den Beständen ergibt sich bezüglich der Resilienzlücke folgendes Bild (siehe auch Abb. 5.6):

- In Abb. 5.6 werden oben die zentralen Lieferkettenelemente dargestellt. Die Kritikalität kann durch die Farben rot und gelb zum Ausdruck gebracht werden. Anmerkung: IM Spritz ist der Lieferant der Spritzgussteile; Pigmentcreator ist der Vorlieferant der kritischen Farbpigmente.
- Danach folgt die Ermittlung der Resilienzlücke. Das Hauptteil SP0815 hat Bestände für drei Monate ohne weitere Absicherungen. Es benötigt sieben Monate bis eine Alternative verfügbar ist. Bei der Variante SP0815a verschiebt sich das Bild um ein Monat. Den Beständen in Höhe von vier Monaten steht die Verfügbarkeit der Alternativquelle nach acht Monaten gegenüber. Die Resilienzlücke beträgt insofern in beiden Fällen vier Monate mit einem Wert von jeweils 1 Mio. € bzw. insgesamt von 4 Mio. €.
- Im dritten Block werden die Ergebnisse der Redundanz, der weiteren Elemente der Stabilität und der Flexibilität zusammengefasst.
- Es wird empfohlen das Potenzial zum Krisenmanagement in der Warengruppe zu beurteilen. Dazu soll der bereits vorgestellte Reifegradcheck (siehe Kap. 4) leicht modifiziert verwendet werden. Hierauf wird in Abschn. 5.5.3 näher eingegangen. Im vierten Block werden die Ergebnisse zur Beurteilung des Krisenmanagement-Potenzials in der Warengruppe abgebildet. Ferner werden auf der rechten Seite die wesentlichen Verbesserungsideen zusammengefasst.

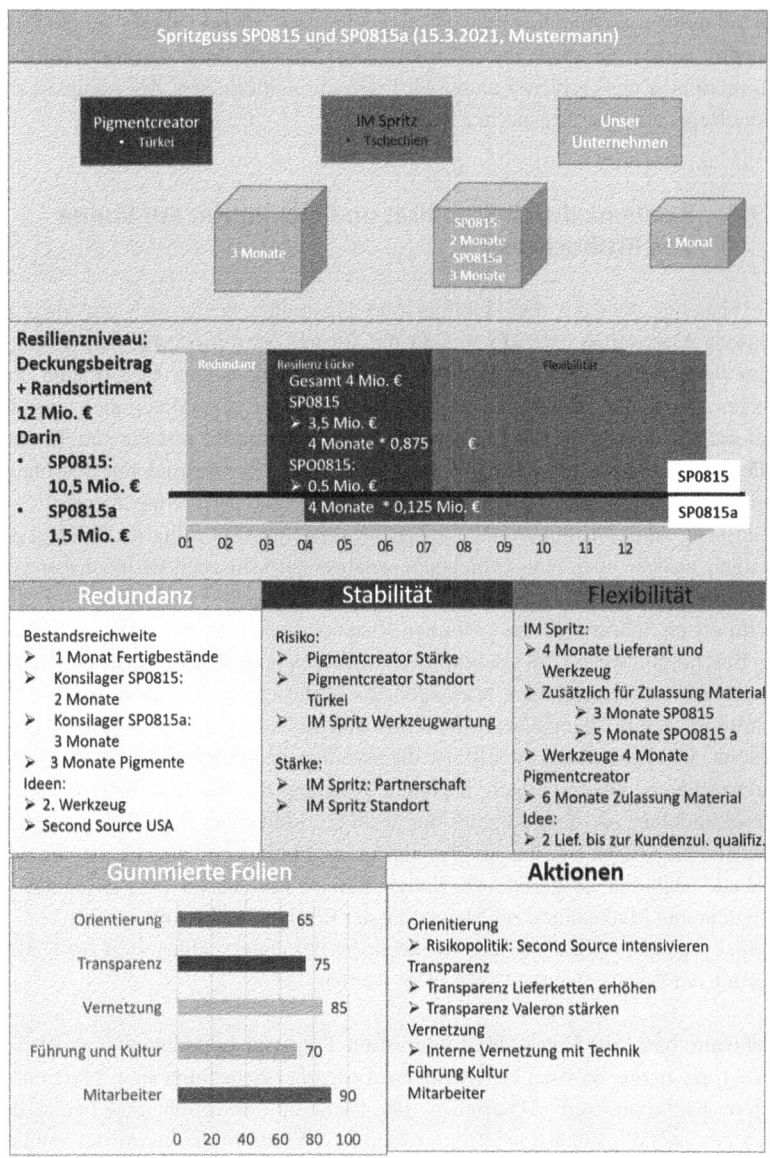

Abb. 5.6 Ergebnis der Resilienzanalyse zum Beispiel Spritzguss Teil SP0815 und SP0815a

Ein erfahrener Einkäufer sollte den Schnelltest in 10 bis 20 min durchführen können, sofern er über die erforderlichen Informationen verfügt. Falls er Informationen recherchieren muss, wird sich die Zeit erhöhen. Allerdings ist das in der Regel eine gut investierte Zeit.

5.3.4 Resilienz durch Stabilität und Flexibilität auf Ebene von Risikocluster

Die bisherige Analyse der Stabilität und Flexibilität bezog sich auf einzelne kritische Materialien. Allerdings sind die Risiken einzelner Materialien häufig nicht voneinander unabhängig. Fällt ein Lieferant oder eine Lieferregion aus, können leicht alle Materialien des Lieferanten oder alle Materialien aus der Lieferregion betroffen sein. Materialien mit voneinander abhängigen Risiken sollen als Risikocluster bezeichnet werden. Aufgrund der besonderen Bedrohung von Risikoclustern kann deren Resilienzniveau leicht ein Vielfaches relativ zur Bedrohung eines einzelnen Materials ausmachen. Insofern sollte im Rahmen der Resilienzanalyse auch eine tiefgehende Analyse der kritischen Risikocluster vorgenommen werden.

Im ersten Schritt sind die kritischen Risikocluster in der Materialgruppe bzw. im Beschaffungsmarkt zu identifizieren. Die folgende Liste typischer Risikocluster kann die Suche nach relevanten Risikoclustern unterstützen. Im zweiten Schritt ist das Resilienzniveau der kritischen Risikocluster zu ermitteln (siehe Abschn. 5.2). Im dritten Schritt ist die Resilienzanalyse für das Risikocluster durchzuführen. Diese verläuft hochgradig analog zur Resilienzanalyse einzelner Materialien, so dass folgend nur wenige zusätzliche Hinweise notwendig erscheinen. Ziel ist es, die Resilienzlücke zu bestimmen, die darüber hinausgehende Stabilität aufgrund von Kompensation, Einfachheit und Diversität zu ermitteln und Maßnahmen zur Steigerung der Resilienz zu identifizieren.

Im Folgenden sollen typische Risikocluster mit einigen Hinweisen zur Durchführung der Resilienzanalyse vorgestellt werden:

Lieferant bzw. ein Werk des Lieferanten Kritische Lieferanten sind Risikocluster, die in den meisten Unternehmen von großer Bedeutung sind. Lieferanten liefern häufig mehrere Materialien, die leicht alle betroffen sind, wenn der Lieferant ausfällt. Ebenso sind Lieferanten in Allokationsphasen oft das zentrale Lieferkettenelement, da mit dem Lieferanten sinnvollerweise über sein gesamtes Lieferspektrum verhandelt wird. Bei Bezug von kunden- bzw. projektspezifischen Materialien liefert der Lieferant ein sehr breites Spektrum an völlig unterschiedlichen Materialien. Man denke beispielsweise an einen Guss-lieferanten im Maschinenbau in Einzelfertigung oder Kleinserie. Jedes Guss-teil für sich betrifft nur einen von vielen Kundenaufträgen, sodass dessen Versorgungsdefizit nicht existenzbedrohend ist. Kritisch ist allerdings, wenn der Lieferant ausfällt, da dann plötzlich viele Kundenaufträge gleichzeitig betroffen sind.

In der Resilienzanalyse werden alle Teile des Lieferanten gemeinsam betrachtet. Je nach Situation kann dies zur Frage führen, inwieweit es zu den einzelnen Materialien Alternativen gibt bzw. inwieweit ein Alternativlieferant ver-fügbar ist. Sollte der Lieferant in verschiedenen Marktsegmenten aktiv sein, z. B. Sphäroguss bis 20 t, 20 t bis 80 t, über 80 t sowie Eisenguss usw., kann es sinn-voll sein die Analyse nach den Segmenten zu differenzieren. Darüber hinaus ver-läuft die Resilienzanalyse analog zur oben vorgestellten Vorgehensweise.

Als Spezialfall zur Analyse des Lieferanten kann analysiert werden, welche Konsequenz der Ausfall eines Produktionswerkes eines Lieferanten mit sich bringt.

Lieferregion Kritische Lieferregionen sind ein weiteres bedeutsames Risiko-cluster. Die Bedrohungen ganzer Lieferregionen können sehr vielfältig sein. Naturkatastrophen wie Erdbeben, Tsunami oder Pandemien können zum Ver-sorgungsausfall in mehr oder minder großen geographischen Gebieten führen. Ebenso treffen Probleme auf den Transportwegen (z. B. Vulkanasche, Engpässe bei Transportmitteln) meist geographische Regionen. Politische und wirtschaft-liche Risiken, wie Streik, Umsturz, Boykott, prohibitive Handelshemmnisse, betreffen meist Länder oder Staatenbünde. Die Art des Risikos interessiert im Rahmen der Resilienzanalyse eher weniger. Entscheidend ist hier, wie die Liefer-regionen abzugrenzen sind, für die eine Resilienzanalyse durchgeführt werden soll. Typische Beispiele hierzu sind:

- **Triade-Märkte:** Welche Konsequenzen ergeben sich, wenn aus Asien oder aus Nordamerika keine Lieferung mehr möglich ist?
- **Staaten:** Welche Konsequenzen ergeben sich, wenn die Türkei oder Ungarn als Lieferregion ausfallen?
- **Geographische Regionen:** Welche Konsequenzen ergeben sich, wenn aus Florida (Wirbelstürme), aus Texas (Hochwasser) oder von der US-amerikanischen Westküste (Erdbeben) keine Lieferungen mehr erfolgen?
- **Cluster-Regionen:** Welche Konsequenzen ergeben sich, wenn ein wichtiges Industrie-Cluster ausfällt? Man erinnere sich beispielsweise an das schwere Erdbeben am 21. September 1999 in Taiwan, der weltweit führenden

Cluster-Region für Halbleiter. Seiner Zeit kamen beispielsweise bis 10 % der DRAM-Speicherchips sowie 50 % aller Prozessorplatinen für PCs aus Taiwan (vgl. Schulz 1999).

Die Resilienzanalyse betrachtet alle Materialien, Lieferanten und Vormaterialien, die aus der Lieferregion stammen. Zu prüfen ist, ob indirekte Wirkungen mit betrachtet werden sollen. So kann der Ausfall einer Lieferregion zu einer weltweiten Verknappung entsprechender Produkte führen. Damit kann auch ein Unternehmen betroffen sein, das selbst in der Lieferregion nicht beschafft. Aufgrund der Komplexität der Betrachtung sollten solche indirekten Analysen nur für besonders markante Fälle reserviert bleiben.

Die Resilienzanalyse verläuft für die ausgewählte Lieferregion analog zum oben vorgestellten Analyseschema.

Vormaterial/Vorlieferant/Rohstoff Werden kritische Vormaterialien, Vorlieferanten oder Rohstoffe identifiziert, kann die Analyse anspruchsvoll werden. Die Fragestellungen können sehr vielfältig sein, z. B. welche Konsequenzen ergeben sich, wenn Neodym – geliefert aus China – ausfällt. Neodym ist eine seltene Erde, die für Hochleistungsmagnete erforderlich ist und zu weit über 90 % aus China stammt.

Es müssen die unterschiedlichen Verwendungen des betrachteten Lieferkettenelementes ermittelt werden und dafür die Resilienzanalyse durchgeführt werden. Ferner müssen in der Regel auch die indirekten Wirkungen hinsichtlich einer allgemeinen Verknappung im Weltmarkt beachtet werden. Da häufig die notwendigen Detailinformationen fehlen und deren Beschaffung zu aufwendig ist, wird man sich an dieser Stelle in der Regel mit einer mehr oder minder pauschalen Analyse bescheiden müssen.

Technologie und Rechte Der Ausfall einer Technologie bzw. von Rechten, wie Lizenzen oder Patente, kann vielfältige Formen annehmen. So können gesetzliche Vorgaben Technologien aufgrund ökologischer Bedenken verbieten. Lieferanten können aufgrund wirtschaftlicher Überlegungen veraltete Technologien einstellen. Der Rechtsstreit rivalisierender Wettbewerber kann sich auf Lizenzfragen ausweiten. Die Resilienzanalyse ist wieder für die betroffenen Materialien in analoger Weise auszuführen.

5.4   Anmerkungen zur Resilienz gegen Explosion der Einstandskosten

Wer weiß, ob die nächste Krise wieder Ausfälle oder Engpässe in der Versorgung mit sich bringt. Vielleicht explodieren beim nächsten Mal Material- und Rohstoffpreise, sodass bestehende Geschäftsmodelle aus dem Gleichgewicht geraten. Die Ölkrisen in den 70er und 80er Jahren des letzten Jahrhunderts können als prominente Beispiele dienen.

Deshalb soll ein kleiner Exkurs zur Resilienz gegenüber der Explosion von Einstandskosten vorgenommen werden, bevor dann anschließend die Steuerung der Resilienz im Rahmen der Marktstrategien betrachtet wird (siehe Abschn. 5.5). Bei den folgenden Hinweisen zur Resilienz gegen Explosion der Einstandskosten handelt es sich um erste Ideen, wie das Themenfeld angegangen werden kann. Diese sind zukünftig noch erheblich zu vertiefen.

Die grundlegende Frage lautet, wie widerstandsfähig das Unternehmen gegenüber einer explosionsartigen Kostensteigerung von Materialien oder Risikoclustern ist. Für die Bedrohungslage bedeutsam ist, ob die Kostenerhöhungen bzw. wie schnell Kostenerhöhungen an die Kunden weitergegeben werden können. Hingegen spielen in der Resilienzanalyse die Wahrscheinlichkeiten von Kostenerhöhungen keine (primäre) Rolle.

Aus Einkaufsicht können allerdings nicht nur explosionsartige Steigerungen der Kosten zum Problem werden. Ebenso kann auch der Preisverfall von Materialien und Rohstoffen ein Unternehmen in Bedrängnis bringen, wenn dadurch erhebliche Wettbewerbsnachteile gegenüber den Marktbegleitern entstehen. Gründe hierfür können langfristige Liefervereinbarungen mit fixen Preisen sein, die dazu führen, dass alle Wettbewerber kostengünstiger einkaufen und in Folge der Marktpreis der Endprodukte sinkt. Vergleichbares kann passieren, wenn neue Lieferquellen oder eine neuartige Technologie zu einem Preisverfall führt, und diese Technologie nicht ohne Weiteres im eigenen Unternehmen zugänglich ist. Ebenso sich kann ein Unternehmen mit einer verfehlten Make-or-Buy-Politik aus dem Markt kalkulieren. Ferner können hohe Bestände im Falle eines Preisverfalls auch zu erheblichen Kostenproblemen führen. Trotz der praktischen Relevanz dieser Fälle soll der Kernfokus auf Bedrohungen durch Preissteigerungen gelegt werden.

Folgende Aspekte sollen diskutiert werden: Als Basis für die Steigerung der Resilienz gegenüber Einstandskostenexplosion sollen – sehr generisch – Ursachen für Preisentwicklungen beschrieben werden. Anschließend wird erläutert, wie Transparenz zu den Kostenstrukturen in der Lieferkette zu schaffen ist. Im dritten Schritt werden mögliche Hebel diskutiert, wie die Resilienz gesteigert werden kann.

Generische Ursachen für die Explosion von Einstandskosten

Um ein erstes Verständnis zu (extremen) Preisentwicklungen zu vermitteln, sollen mögliche Ursachen dieser Entwicklungen betrachtet werden. Dabei soll ein sehr generischer Fokus angelegt werden, da die Suche nach konkreten Ursachen Gegenstand der klassischen Risikoanalyse ist und deshalb hier nicht vertieft werden soll. Folgende Ursachen können unterschieden werden:

- **Marktmechanismus:** Wenn das Marktangebot und die Marktnachfrage aus dem Gleichgewicht geraten, reagieren in der Regel die Preise. Zur Explosion der Einstandskosten führt demnach zum einen eine Verknappung des Angebotes. Hierfür kann es vielfältige Ursachen geben, wie z. B. Wegfall wichtiger Lieferanten oder Lieferregionen durch Naturkatastrophen, Lieferanteninsolvenzen oder Unterbrechung von Transportwegen. Zum anderen kann eine starke Steigerung der Marktnachfrage dazu führen, dass die Produktionskapazitäten nicht ausreichen. In diesem Fall kann eine Ursache für die Preisentwicklung in der Nachfrageentwicklung anderer Branchen liegen. Damit wächst auch die Gefahr, die Krise erst sehr spät wahrzunehmen. Ferner besteht die Gefahr, dass konkurrierende Branchen über bessere Terms of Trade verfügen und somit Preise akzeptieren können, die für die eigene Branche prohibitiv sind.
- **Spekulation:** Insbesondere bei börsengehandelten Rohstoffen kann die Preisentwicklung sehr viel stärker von der Erwartung steigender Preise abhängen als von der realen Nachfrageentwicklung. So kann sich das Handelsvolumen an den Börsen auf ein Vielfaches des real gehandelten Volumens belaufen. Spekulationsgetriebene Preise entwickeln sich volatiler und können leicht zu Kostenexplosionen führen.
- **Marktmacht der Anbieter:** Verfügen die Anbieter über Marktmacht, im Extremfall handelt es sich um einen Monopolisten, zu dem es keine Alternative gibt, können sie die Preise stark beeinflussen. Beispielsweise können sie versuchen, das Angebot zu verknappen, um somit die Preise „zu entwickeln". Nach der Theorie der Monopolpreisbildung wird der Monopolist seine Preise solange erhöhen, bis der Grenzumsatz den Grenzkosten entspricht und er damit seinen Gewinn maximiert.
- **Währung:** Wechselkursentwicklungen können ebenso leicht zur Kostenexplosion bei den Einstandskosten führen. Entsprechende Wechselkursentwicklungen können sich direkt auf die Einstandspreise auswirken.

Kostentransparenz in der Lieferkette schaffen

Transparenz zu den Kostenstrukturen in der Lieferkette ist – analog der Betrachtung zur Transparenz zu Versorgungsdefiziten in der Lieferkette – die Basis, um schnell und angemessen reagieren zu können. Betrachtet man die Lieferkette kann die Wertschöpfung für die jeweiligen Stufen abgeschätzt und – sehr grob – auf Kostenarten hin aufgeteilt werden. Auf dieser Basis können dann kritische Lieferkettenelemente bzw. Wertschöpfungsstufen identifiziert und in der folgend beschriebenen Resilienzanalyse näher betrachtet werden.

Auch an dieser Stelle gehen das klassische Risikomanagement und die Resilienzanalyse Hand in Hand. So sind die Anforderungen an die Transparenz der Kostenstrukturen im klassischen Risikomanagement erheblich höher. Hier sollten tiefgehende Analysen zu den kritischen Lieferkettenelementen ausgeführt werden. Für die Resilienzanalyse genügt es, die grundlegenden Kostenstrukturen zu kennen, da ja nicht nach möglichen Ursachen und Eintrittswahrscheinlichkeiten gefragt wird.

Resilienzanalyse und Hebel

Die Resilienzanalyse zur Kostenexplosion bei Einstandspreisen bezieht sich auf kritische Materialien und Risikocluster. Zur Resilienzanalyse sollen wieder die Resilienzkriterien Redundanz, Flexibilität und Kompensation untersucht werden. Die beiden Kriterien Einfachheit und Diversität leisten unserer Einschätzung nach wenig Beitrag für die Analyse der Resilienz gegenüber Kostenexplosion. Aus Darstellungsgründen erscheint es sinnvoll, die folgenden Ausführungen nach den oben ausgeführten Ursachen der Preisschwankungen zu strukturieren: Marktmechanismus und Spekulation, Marktmacht, Währung.

Resilienz gegenüber Marktmechanismen und Spekulation Redundanz: Preisentwicklungen sind in einer globalisierten Wirtschaft mehr oder minder global. Börsenpreis und Marktpreisentwicklungen entwickeln sich einheitlich. In vielen Märkten gibt es neben dem Weltmarkt keinen Alternativmarkt mit alternativen Preisentwicklungen. Diese generelle Aussage kann in verschiedene Richtungen relativiert werden.

Gelegentlich verhindern (reale) Transaktionskosten ein einheitliches Preisniveau. Zu transportkostenintensiven Produkten können sich regional unterschiedliche Preise entwickeln. Da aber eine Beschaffung in diesen Ländern auch für das betrachtete Unternehmen zu realen Zusatzkosten führt, lässt sich damit keine Absicherungsstrategie gegen Kostenexplosion definieren.

Der Aufbau von Beständen kann – analog zur Betrachtung zu den Versorgungsdefiziten – eine (kurzfristige) Abfederung einer Kostenexplosion bedeuten. Allerdings steht diesem Vorteil das grundsätzliche Risiko eines Preisverfalls entgegen. In gleicher Weise verhält es sich bei langfristigen vertraglichen Preisvereinbarungen.

Flexibilität: Soweit es keine alternativen Märkte mit getrennten Preisen gibt, wird der Wechsel zu anderen Lieferanten wenig Wirkung zeigen.

Flexibilität kann dadurch erzeugt werden, dass Preiserhöhungen (in kurzer Zeit) an die Kunden weitergegeben werden können. Dies hängt wiederum maßgeblich von der Marktsituation auf den Absatzmärkten sowie von vertraglichen Vereinbarungen mit den Kunden ab.

Materialsubstitution: Ein bedeutsamer Ausweg – allerdings ein sehr anspruchsvoller – ist es, die Technologie oder den kritischen Rohstoff ganz oder partiell zu substituieren. So kann versucht werden, Stahlteile zumindest teilweise durch Kunststoffteile oder andere Werkstoffe zu ersetzen, um damit die Abhängigkeit von den Stahlpreisentwicklungen zu reduzieren. Üblicherweise wird ein solcher Umstieg längere Zeit in Anspruch nehmen, sodass der entsprechende Umbau der Lieferkette bereits unabhängig von der Krise erfolgen sollte.

Kompensation: Zur Abfederung starker Preisschwanken können beispielsweise folgende Maßnahmen ergriffen werden:

- Hedging von Rohstoffpreisen, um damit Preisspitzen abzufedern.
- Partnerschaftliche Lieferbeziehungen aufbauen, um bei extrem schwankenden Preisen, die Preise zu glätten. Bei besonders hohen Preisen entfallen Preisspitzen. Umgekehrt wird im Falle eines Preiseinbruchs der Lieferant profitieren. Bei der Produktion von Nahrungsmitteln mit stark schwankenden Ernten und damit auch stark schwankenden Preisen haben sich derartige Modelle, insbesondere auch zum Schutz von Kleinbauern, sehr bewährt.

Marktmacht Beruht die Gefahr einer Kostenexplosion auf der Marktmacht eines (monopolistischen) Lieferkettenelementes, kann in analoger Weise zum Vorgehen bei Versorgungsdefiziten versucht werden, die Marktmacht durch Redundanz zu brechen. Falls das zu aufwendig erscheint, kann im Sinne der Flexibilität ein Wechsel zu alternativen Quellen vorbereitet werden. An dieser Stelle kann durchaus Kreativität und Durchhaltevermögen, ggf. auch Kooperation mit anderen Unternehmen gefragt sein. Beispielsweise kann bei bestimmten seltenen Erden die Marktmacht von China durch die Entwicklung einer Kreislaufwirtschaft gebrochen werden, sodass Recycling-Material zur Second Source wird. Durchhaltevermögen ist allerdings dann gefragt, wenn der Monopolist den Versuch, einen Konkurrenten aufzubauen, kontert und vorübergehend (!) die Preise senkt. Sobald die neuen Strukturen vernichtet sind, wird er die Preise wieder erhöhen.

Alternativ können Strukturen geschaffen werden, mit denen Preisentwicklung an die Kunden weitergegeben werden. Als weitere Alternative kann auch im Falle von Marktmacht versucht werden, durch die Entwicklung neuer Technologien von den Produkten des Monopolisten unabhängig zu werden. Wie bereits erwähnt ist das ein großer Schritt, der schon vor einer Krise angegangen werden muss.

Währung Mit Natural Hedging können Währungsrisiken in einfacher Weise beseitigt werden. Gelingt es, den Währungsmix auf der Umsatz- und auf der Kostenseite (insbesondere im Einkauf) einander anzunähern, hat das Unternehmen kein Währungsrisiko. Der Währungsgewinn im Einkauf entspricht dann dem Währungsverlust im Verkauf und umgekehrt.

Allerdings gibt es häufig Grenzen den Währungsmix in Einkauf und Vertrieb anzugleichen. Die verbleibenden Risiken können über Alternativwährungen (Redundanz), Flexibilität zwischen Währungen zu wechseln oder Wechselkursabsicherungen (Kompensation) abgesichert werden. Eine Vertiefung dieses komplexen Themas würde den Rahmen dieser Untersuchung sprengen und würde auch eher dem klassischen Risikomanagement zugeordnet werden.

Insgesamt zeigen diese kurzen Ausführungen, dass die Resilienz gegenüber Kostenexplosion bei Einstandspreisen ein interessantes und für die Praxis bedeutsames Thema ist, das noch gründlich zu erforschen ist.

5.5 Steuerung der Resilienz auf Ebene der Marktstrategie

Die Analyse von Stabilität und Flexibilität wurde in den drei vorausgehenden Abschnitten auf Ebene von einzelnen Materialien und Risikoclustern vorgestellt. Der Lead Buyer hat die kritischen Materialien und Risikocluster zu identifizieren, diese im 360 Grad-Blick detailliert zu analysieren und angemessene Verbesserungsmaßnahmen zu definieren. Ziel ist es, für die kritischen Materialien und die kritischen Risikocluster jeweils eine Absicherungsstrategie gegenüber unerwarteten Risiken zu entwickeln.

Sinnvoll ist es, diese Überlegungen nicht nur isoliert für jedes Material bzw. Risikocluster durchzuführen, sondern in die Marktstrategien und die Rahmenstrategie des Supply Managements zu integrieren. Dazu empfiehlt es sich, mit übergreifenden Initiativen die Stabilität und Flexibilität in den relevanten Marktstrategien zu stärken (Abschn. 5.5.1). Ferner sollen die einzelnen Resilienzanalysen in die Marktstrategien integriert und die Umsetzung als Teil der Marktstrategie gesteuert werden (Abschn. 5.5.2). Darüber hinaus sollte für die einzelnen Materialgruppen das Krisenmanagement Potenzial geprüft und ggf. gestärkt werden. Dazu kann die oben bereits vorgestellte Reifegradanalyse – leicht modifiziert – angewandt werden (Abschn. 5.5.3).

5.5.1 Initiativen zur Stärkung von Stabilität und Flexibilität

Einzelne Themen der Resilienzanalyse, wie zum Beispiel die Second Source-Analyse, können im Rahmen von Initiativen übergreifend betrachtet und intensiviert werden. Statt Initiative wird in der Praxis auch von „Strategie" gesprochen, z. B. Second-Source-Strategie. Eine Initiative ist ein internes Projekt, das einem Thema Nachdruck verleihen soll. Es genießt starke Management Attention, stellt notwendige Ressourcen bereit und erhöht somit den Umsetzungsdruck. In jeder (relevanten) Materialgruppe muss das Thema der Initiative analysiert und nach Möglichkeit realisiert werden. Basis sollten unternehmensweit gültige Richtlinien sein, z. B. unter welchen Umständen eine Second Source aufgebaut wird, selbst wenn zusätzliche Kosten entstehen. Gleichzeitig können ausdifferenzierte Methoden und Tools entwickelt werden, Mitarbeiter geschult, Experten oder Berater eingesetzt werden.

Initiativen können sich auf einzelne Beschaffungsmärkte sowie auf den Einkauf des gesamten Unternehmens beziehen. Am Beispiel von Second-Source-Strategien soll die Arbeitsweise von Initiativen verdeutlicht werden. Anschließend werden weitere typische Initiativen kurz skizziert.

Second-Source-Strategie Ebene Marktstrategie: Die Entwicklung von Second Sources gehört zu den stärksten Maßnahmen, die Resilienz zu stärken, und ist somit eine der am weitesten verbreiteten Reaktionen auf die Covid-19-Pandemie. So sollen Einkäufer auf Ebene der Marktstrategien – unabhängig von einer detaillierten Resilienzanalyse – prüfen, für welche Materialien sowie für welche Lieferanten bzw. für welche weiteren Risikocluster eine Second Source aufgebaut werden soll. Auf dieser Betrachtungsebene ist der Umgang mit Risikoclustern stark vereinfacht. So stehen Fragen im Zentrum wie: Für welche Lieferanten sollen Second Source aufgebaut werden? Für welche Spezialkompetenzen oder speziellen Technologien sollen Alternativlieferanten entwickelt werden? Wird ein zweiter Lieferant für China oder in China benötigt? In diesem Rahmen können dann auch weiterführende Fragen geprüft werden: Genügt der Aufbau von

Parallel-Lieferanten? Werden zukünftig weitere Lieferanten notwendig? Wenn ja, wie viele? Bei diesen Fragen sind stets Risikoerwägungen gegenüber Wirtschaftlichkeitsaspekten abzuwägen. Es versteht sich von selbst, dass die identifizierten Potentiale auch umgesetzt werden müssen. Hierzu müssen geeignete Lieferanten gefunden und aufgebaut werden. Der Umsetzungserfolg muss getrackt und ggf. nachgesteuert werden. Idealerweise fließen diese Aktionen als strategische Stoßrichtung in die Marktstrategie ein.

Ebene Gesamteinkauf: Im Gesamteinkauf auf Ebene der Rahmenstrategie kann ebenso eine Second- Source-Initiative gestartet werden, um über die verschiedenen Beschaffungsmärkte den Anteil an Second Sources und somit insgesamt die Resilienz zu stärken. Dazu werden die verantwortlichen Einkäufer verpflichtet ihre Materialgruppen im Hinblick auf Second Sources zu analysieren und zu optimieren (siehe oben). Ferner werden die Einkäufer durch die Vorgabe eines Handlungsrahmens unterstützt. Beispielsweise können Richtlinien (Risikopolitik), Prozesse und Analyse- sowie Kalkulationsmethoden bereitgestellt werden, wie die Entscheidung über die Wahl von Second Sources vorzubereiten und zu treffen ist. Man denke beispielsweise an die oben bereits vorgestellte Härtegradsystematik der Schreiner Group zur Klassifizierung, wie Second Sources aufzubauen sind (vgl. oben Abschn. 5.3.2 bzw. Heß und Laschinger 2019, S. 91 f.). Es können Ressourcen für die Durchführung der Analyse zur Verfügung gestellt werden bzw. auch die Bereitschaft anderer Abteilungen zur Zusammenarbeit bzw. zur Zuarbeit gesteigert werden. Zur Steuerung der Initiative können Maßnahmen und KPI's definiert und getrackt werden, z. B. Second-Source-Quote. Insgesamt steigert die Initiative die Management Attention für das Thema und motiviert die Einkäufer und cross-funktionalen Partner das Thema intensiv voranzutreiben.

Im Zusammenspiel von Rahmen- und Marktstrategie kann die Resilienz durch die systematische Entwicklung von Second Sources gesteigert werden. Schwachpunkt dieser Vorgehensweise ist allerdings die isolierte Betrachtung nur eines Hebels. Diese Schwäche kann abgemildert werden, wenn die Initiative neben der Second-Source-Betrachtung weitere der folgenden Hebel mit integriert.

Second-Site-Strategie – Backup-Werk Die Second-Site-Strategie zielt darauf ab, dass der Lieferant an zwei oder mehreren Standorten die Produkte des Unternehmens produzieren kann. Dabei können vielfältige Aspekte wie Spezialmaschinen, Werkzeuge oder auch spezifische Arbeitsvorbereitungsprozesse eine kritische Rolle spielen. Gegebenenfalls werden beim Lieferanten auch nur die Voraussetzungen geschaffen, dass eine schnelle Verlagerung möglich wird.

Werkzeugsicherungs-Strategie Die Sicherung der Verfügbarkeit von Werkzeugen kann eine wichtige Initiative sein. Fragen in diesem Rahmen betreffen beispielsweise.

- die Eigentumsfrage, d. h. wem das Werkzeug gehört, ob also ggf. eine schnelle Verlagerung möglich ist.
- die Zahl der Werkzeuge, d. h. ob Ersatzwerkzeuge vorhanden sind.
- die Sicherung des Werkzeuges bei Insolvenz des Lieferanten.
- die Wartung und den Erhalt des Werkzeuges.

Lokalisierungs- und Globalisierungs-Strategie Die Bestimmung der richtigen Lieferregionen ist im Rahmen der Marktstrategien ein umfassendes und häufig auch komplexes Thema. Im Rahmen der Resilienz stehen zwei grundsätzliche Empfehlungen in gewissem Konflikt. Zum einen vereinfacht die Lokalisierung der Lieferanten die Lieferketten und macht damit die Lieferkette gegenüber unerwarteten Risiken stabiler. Zum anderen verteilt eine Globalisierungs-Strategie die Risiken auf mehrere Lieferländer, ggf. auch auf die Triade-Märkte. Unter Resilienzgesichtspunkten kann auch eine globale Lokalisierungs-Strategie interessant sein, insbesondere dann, wenn sie flexibel aufgestellt ist. In dieser Strategie werden die Werke des einkaufenden Unternehmens weltweit von jeweils lokalen Lieferanten versorgt. Falls es gelingt, dass die Lieferanten im Krisenfall auch die anderen Standorte beliefern können, ergibt sich eine hervorragende Absicherung bei lokalen Störungen.

Darüber hinaus kann im Rahmen der Auswahl der Lieferregionen auch darauf geachtet werden, dass die Lieferanten in sicheren Lieferländern bzw. Lieferregionen sitzen.

Bestandsoptimierungs-Strategie Die Bestandsoptimierung gehört zu den klassischen Aufgaben in der Versorgung. Dabei steht meist die Zielsetzung Bestandsminimierung unter Berücksichtigung der Versorgungssicherheit im Fokus. In guten Unternehmen werden dabei auch entsprechende Logistikkonzepte wie Konsignationslager oder Vertragslager genutzt. Ebenso kann der regelmäßige Abgleich der aktuellen Bedarfszahlen mit dem Lieferanten oder Vendor-Managed-Inventory-Konzepte etabliert werden. Ferner können Bedarfsschwankungen vertraglich abgesichert werden.

Aus Sicht der Resilienz sollte die Betrachtung um die Dimension der Disruption erweitert werden. Für kritische Materialien sollte der Aufbau von Beständen für den Fall von disruptiven Ereignissen geprüft werden. In dieser Prüfung muss allerdings die Alternative Bestandsaufbau relativ zu anderen Absicherungsstrategien wirtschaftlich bewertet werden.

Da eine Resilienz bedingte Bestandserhöhung im Gegensatz zu den sonst üblichen Zielsetzungen und Kennzahlen im Bestandsmanagement stehen, müssen hier klare Regeln definiert werden. Insbesondere ist zu klären, wie derartige Bestände innerhalb der Zielvereinbarung mit den Einkäufern berücksichtigt bzw. ggf. gesondert ausgewiesen werden. Solche Regeln sollten gleichermaßen in der Einkaufserfolgsmessung wie auch in der Risikopolitik des Unternehmens verankert sein.

Währungssicherungen Mit Initiativen zur Steigerung des Natural Hedging sowie weiteren währungsorientierten Strategien kann die Resilienz gegen existenzbedrohende Währungsschwankungen gestärkt werden.

Die Liste der Resilienz stärkenden Strategien kann (beliebig) fortgesetzt werden. Die getroffene Auswahl hat sich an der durchgeführten Literaturanalyse sowie an den geführten Interviews im Rahmen der Studie zur Resilienz im Einkauf orientiert. Ferner führt die Stärkung der Resilienzkriterien, die im Rahmen des Krisenmanagements diskutiert werden, zumindest indirekt auch zur Stärkung der Stabilität und der Flexibilität (siehe Abschn. 5.5.3).

5.5.2 Integration der Resilienzanalyse in die Formulierung der Markt- und Lieferantenstrategie

Die oben vorgestellte Resilienzanalyse sollte nicht als neues isoliertes Tool im Unternehmen eingeführt, sondern in die Markt- und Lieferantenstrategien integriert werden. In diesem Abschnitt soll gezeigt werden, wie diese Integration im Rahmen der 15M-Architektur aussehen kann.

Integration in die Markstrategie
Der grundsätzliche Aufbau der Marktstrategie in der 15M-Architektur wurde bereits in Abschn. 3.3.2 vorgestellt. Dabei wurde die Steckbriefmethode mit den vier Modulen „Marktanalyse", „Marktziele", „Interne Analyse bzw. Hebelanalyse" und „strategische Ausrichtung" zur Ableitung einer Marktstrategie empfohlen.

Marktanalyse N05 In der Marktanalyse wird der Beschaffungsmarkt analysiert und beobachtet. In diesem Rahmen müssen auch die für die Resilienzanalyse erforderlichen Daten beschafft werden. Insbesondere sind die Strukturen und Daten der kritischen Lieferketten und Lieferkettenelemente zu recherchieren. Welche Daten hierbei relevant sein können, wurde bereits mit dem Modell der Lieferkette in Abschn. 5.1 sowie mit der Resilienzanalyse in den Abschn. 5.2

bis 5.4 besprochen. Bedeutsam ist dabei, dass der Fokus der Marktanalyse in der Regel weit über die Fragen hinausgeht, die durch die Resilienzanalyse aufgeworfen werden. Eine umfassende Beurteilung der Chancen und Risiken bei den kritischen Materialien bzw. bei Risikoclustern erscheint nur dann möglich, wenn ein umfassendes Gesamtbild des Marktes vorliegt.

Marktziele N06 Die Kenntnis und Analyse der kritischen Materialien und der Risikocluster hat Rückwirkungen auf die Ziele, die im Markt angestrebt werden sollen. Darüber hinaus haben sie wesentlichen Einfluss darauf, welche Zielwerte realistisch sind. Typische Marktziele mit direktem Bezug auf die Resilienz ergeben sich aus den wesentlichen Hebeln, die im Rahmen der Initiativen zur Stärkung von Stabilität und Flexibilität angesprochen wurden, z. B. Single-Source-Quote, Single-Site-Quote, Anteil gesicherter Werkzeuge, Lokalisierungsquote, Resilienz-Bestände und freie Bestände, Natural-Hedging-Anteil.

Interne Analyse N07 Die interne Analyse steht im Zentrum der Formulierung einer Marktstrategie. Es wird das Portfolio der aktiven Lieferanten betrachtet und eine umfassende Hebelanalyse durchgeführt mit dem Ziel, Verbesserungsideen zu identifizieren. (Zur Hebelliste der 15M-Architektur vgl. Heß 2017, S. 102 ff.) Die Priorisierung und Verknüpfung der Ideen sowie die Ausarbeitung einer stimmigen Strategie erfolgt dann im nächsten Schritt (Modul N08).

Es empfiehlt sich, in der internen Analyse über das Resilienzniveau frühzeitig die kritischen Materialien und Risikocluster zu bestimmen (siehe Abschn. 5.2), um mit diesen bei der Formulierung der Markstrategie sehr sensibel umzugehen. Anschließend kann für die kritischen Materialien und Risikocluster die oben vorgestellte Resilienzanalyse durchgeführt werden (siehe Abschn. 5.3 und 5.4). Damit werden die Resilienzlücken sowie die kritischen Lieferkettenelemente der untersuchten Materialien transparent und Verbesserungsideen identifiziert. Die Ergebnisse der Resilienzanalyse fließen direkt in die Hebelanalyse der Marktstrategie ein. Dieser Gedanke soll mit dem oben ausgeführten Beispiel zu den Spritzgussteilen SP0815 und SP0815a illustriert werden (siehe Abschn. 5.3.3 und insbesondere Abb. 5.6).

Bei der Formulierung der Marktstrategie zur Materialgruppe Spritzguss werden frühzeitig die kritischen Materialien bestimmt. Mit einem Resilienzniveau von 12 Mio. € Ausfall an Deckungsbeitrag gehören die Teile zu den kritischen Materialien. Aus der in Abschn. 5.3.3 vorgestellten Analyse heraus ergeben sich folgende Inputs für die Hebelanalyse:

- **Lieferantenbeziehung – Partnerschaft:** Es besteht eine starke Partnerschaft mit dem Spritzgusslieferanten und eine umfangreiche vertragliche Absicherung.
- **Regionalstrategie:** Der aktuelle Lieferant hat nur einen Produktionsstandort in Polen und liefert nach Deutschland. Zur Streuung des Regionalrisikos – so eine Verbesserungsidee – wäre ein weiterer Lieferant mit Standort in den USA oder Mexiko sinnvoll.
- **Netzwerkmanagement:** In der Lieferkette ist insbesondere der Farbstoff FTZ4245 vom Lieferanten Pigmentcreator kritisch. Es gibt keinen Ersatz und die Zulassung eines neuen Farbstoffs beträgt acht Monate. Verbesserungsidee ist es, die Zulassung eines Alternativfarbstoffs zumindest bis vor die Kundenzulassung voranzutreiben.
- **Lieferantenzahl:** Aktuell gibt es einen Lieferanten. Weitere Lieferanten zu finden, ist nicht schwierig. Allerdings ist der Freigabeprozess mit einer Dauer von insgesamt 7 oder 9 Monaten sehr zeitaufwendig. Als Verbesserungsidee wird die Entwicklung einer Second Source vorgeschlagen.
- **SCM-Prozess:** Aktuell gibt es nur ein Werkzeug. Verbesserungsidee: Da das Werkzeug nur eine begrenzte Lebensdauer hat, kann ohne erhebliche Zusatzkosten ein Zweit-Werkzeug angeschafft werden. Falls eine Second Source aufgebaut werden soll, ist dieses Werkzeug sowieso notwendig. Weitere Verbesserungsidee: Erhöhung der Bestände an Farbstoffen. Ferner sollen die Lieferzusagen des Farbstofflieferanten indirekt über den Spritzgusslieferanten oder durch direkte Absprachen verstärkt werden. Zur Steigerung der Flexibilität soll eine rollierende Planung aufgebaut werden.

In der Hebelanalyse fließen natürlich nicht nur die Ergebnisse der unterschiedlichen Resilienzanalysen ein. Vielmehr wird die gesamte Situation des Unternehmens im Beschaffungsmarkt betrachtet. Darüber hinaus gehen die Anforderungen der übergreifenden Initiativen des Unternehmens (siehe Abschn. 5.5.1) in die Hebelanalyse ein. Auch dieser Zusammenhang soll mit dem Fallbeispiel der beiden Spritzgussteile illustriert werden.

- **Second Source:** Aus Sicht der Resilienzanalyse sollte für die Spritzgussteile SP0815 und Sp0815a eine Second Source mit Sitz in USA oder Mexiko aufgebaut werden. Dabei ist es egal, ob ein aktiver Lieferant oder ein neuer Lieferant qualifiziert wird. Nun kann es durchaus sein, dass es einen hervorragenden Produzenten in Mexiko gibt, der aber noch kein aktiver Lieferant ist. Gleichzeitig kann es auch einen fast genauso geeigneten aktiven Lieferanten in Kanada geben. Aus Sicht der Materialgruppe können die Vorteile der

Bündelung der neuen Volumina bei einem bereits aktiven Lieferanten, die Vorteile des neuen mexikanischen Lieferanten überwiegen.

- **Second-Source-Initiative:** Im Unternehmen gibt es eine Second-Source-Initiative, um besonders große Risiken in den Lieferketten zu reduzieren. Mit dem Regelwerk der Initiative kann geprüft werden, ob im betrachteten Fall eine Second Source qualifiziert werden soll.
- **Value-Sourcing-Projekt** zu den Farbstoffen der Gruppe FTZ42xx: Die Farbstoffe der Gruppe FTZ45xx bereiten auch in anderen Produkten Probleme, sodass ein Value-Sourcing-Projekt ins Auge gefasst wird mit dem Ziel, Alternativ-Farbstoffe zu identifizieren.
- **Initiative zum Werkzeugmanagement:** Die entsprechenden Regelungen sollen bei allen Werkzeugen, also auch in Bezug auf SP0815 umgesetzt werden.

Wie an den Beispielen deutlich wird, führt die Integration der Ergebnisse der Resilienzanalyse in die interne Hebelanalyse des Marktes dazu, dass eine Abstimmung mit den sonstigen Anforderungen im Beschaffungsmarkt sichergestellt ist.

Supply-Marktstrategie formulieren N08 Die vielfältigen Verbesserungsideen und Handlungsoptionen der internen Analyse müssen zu einer schlüssigen Strategie verdichtet werden. Dies ist ein kreativer Akt und erfordert in der Regel eine klare Priorisierung der unterschiedlichen Ideen. Die Marktstrategie kann in Form von einigen wenigen strategischen Stoßrichtungen formuliert werden. Diese können sich direkt auf die kritischen Materialien der Resilienzanalyse beziehen. Allerdings können deren Anforderungen mit anderen Anforderungen verknüpft werden oder aus Gesichtspunkten der Priorisierung auch ganz wegfallen.

In Fortführung des obigen Fallbeispiels sollen die folgenden Beispiele diese zwei Varianten verdeutlichen:

- **Direkte strategische Stoßrichtung:** Für die Materialien SP0815 und SP0815a soll eine Second Source in Nordamerika qualifiziert werden. Dabei soll möglichst mit einem bereits aktiven Lieferanten zusammengearbeitet werden.
- **Indirekte strategische Stoßrichtung:** Die Initiative zum Werkzeugmanagement ist in der Materialgruppe Spritzguss umzusetzen. Sowie: Es sollen in der Farbstoffgruppe FTZ45xx Alternativ-Farbstoffe identifiziert und freigegeben werden.

Die strategischen Stoßrichtungen werden in strategischen Projekten und Maßnahmen konkretisiert. Die Umsetzung der Strategie sollte im Maßnahmentracking sowie mit der Verfolgung der definierten KPI's überwacht und gesteuert werden. Auf diese Weise fließen die Ergebnisse der Resilienzanalyse in die relevanten Marktstrategien und darauf aufbauend in das Maßnahmentracking ein. Die Resilienzanalyse ist somit in der Marktstrategie integriert.

Integration in die Lieferantenstrategie

In der Lieferantenstrategie werden die strategischen Zielsetzungen in der Zusammenarbeit mit konkreten Lieferanten gesteuert. Eine umfassende Vorstellung der Lieferantenstrategie ist für die weiteren Betrachtungen nicht erforderlich. Diesbezüglich sei auf Heß (2017, S. 129 ff.) verwiesen.

Im Rahmen der Resilienzanalyse ergeben sich auf Ebene der Marktstrategie Aufgabenstellungen, die in der Zusammenarbeit mit Lieferanten umgesetzt werden sollen. Am Fallbeispiel der Spritzgussteile soll dieser Aspekt verdeutlicht werden:

- **Bestehender Lieferant in Polen:** Sollte der polnische Lieferant aufgrund der Entwicklung einer Second Source an Volumen verlieren, wäre dies mit dem Lieferanten abzusprechen. Zumindest wäre es im Rahmen einer starken Partnerschaft notwendig, ihm eine solche Maßnahme zu erklären. Eventuell wird – um der Partnerschaft willen – man ihm auch eine Kompensation anbieten. Darüber hinaus wären noch weitere Vorgehensweisen vorstellbar:
  - Eventuell kann im ersten Schritt versucht werden, den Lieferanten zu motivieren, einen Produktionsstandort in Nordamerika aufzubauen. Sollte er diesbezüglich schon Überlegungen haben, kann für ihn ein solches Angebot eine attraktive Chance darstellen.
  - Eventuell kann der Partner gewonnen werden, die Verlagerung zu unterstützen.
- **Neuer Lieferant in Kanada:** Da es sich bei dem Lieferanten bereits um einen aktiven Lieferanten handelt, kann im Rahmen der Lieferantenstrategie die Möglichkeit einer Verlagerung geklärt werden. Natürlich muss in diesem Prozess auch auf wettbewerbsfähige Preise geachtet werden.

Wie diese beiden Beispiele zeigen, kaskadieren sich die Maßnahmen von der Marktstrategie in die Lieferantenstrategien. Umgekehrt beschränken die Lieferantenstrategien den Alternativenrahmen in der Marktstrategie. Sollte der kanadische Lieferant kein Interesse haben, das neue Marktsegment zu bedienen, und der polnische Lieferant auch keinen nordamerikanischen Standort aufbauen wollen, müssen in der Marktstrategie neue Überlegungen angestellt werden.

5.5.3 Krisenmanagement auf Ebene des Marktes

Die Reaktionsfähigkeit im Krisenfall ist auch auf der Ebene einzelner Marktstrategien von zentraler Bedeutung, um unerwartete Ereignisse zu meistern. Insofern sollten auch für die wesentlichen Materialgruppen die Voraussetzungen für ein hervorragendes Krisenmanagement geschaffen werden. Analog zur ausführlich beschriebenen Vorgehensweise in Kap. 4 kann auch für ein Materialgruppenteam oder für ein Materialfeld der Reifegrad im Krisenmanagement analysiert und bewertet werden. Nicht erfüllte Reifegraddimensionen zeigen auch hier Ansätze für Verbesserungsmaßnahmen.

Der folgende knappe Überblick zur Reifegradanalyse betont die Besonderheiten der Marktebene. Mit diesen Hinweisen sollte die Reifegradanalyse aus Kap. 4 problemlos auf einzelne Materialgruppen übertragbar sein.

Orientierung Für die Orientierung auf Ebene eines Marktes ist die Marktstrategie und die damit verknüpften Lieferantenstrategien von zentraler Bedeutung. In den Interviews wurde mehrfach die Wichtigkeit der Marktstrategien für die Krisenbewältigung betont. Ebenso wichtig sind die einzuhaltenden Risikopolitiken, die aufzeigen, wie mit Risiken umzugehen ist. Die Ausrichtung der Marktstrategie an der Vision und der Rahmenstrategie beleuchtet den Hintergrund, der eigentlich in der Marktstrategie bereits konkretisiert ist. Allerdings können im Krisenfall einzelne Aspekte der Marktstrategie neu zu interpretieren sein. Gegebenenfalls kann Frage O-01 zur Vision ausgeklammert werden.

Transparenz Transparenz ist die Voraussetzung, frühzeitig Krisen zu identifizieren und Alternativen zu erkennen. Die meisten Objekte der Transparenz lassen sich auch auf Ebene von Märkten skalieren, z. B. Transparenz der Situation im konkreten Markt, Transparenz zu den Lieferanten im Markt und den damit verknüpften Lieferketten. Die Frage nach den weiteren Transparenzbereichen wird auf Marktebene eher irrelevant. In der Krisenplanung ist die Verfügbarkeit generischer Krisenpläne entscheidend. Hingegen sind die Fragen nach dem Krisenrahmenplan sowie objektorientierten Krisenplänen in der Regel nur auf der Unternehmensebene relevant. Die Güte der Frühwarnsysteme ist auf der Marktebene besonders bedeutsam. Die Fragen T-06, T-07 und T-09 können aus der Analyse entfernt werden.

Vernetzung Vernetzung ist auf der Marktebene ähnlich bedeutsam wie auf der Unternehmensebene. Die Fragestellungen lassen sich alle problemlos auf die Marktebene übertragen. Aus Sicht des Materialgruppenteams wird die Vernetzung mit der Führungsebene des Unternehmens thematisiert. Die Vernetzung des Materialgruppenteams mit den cross-funktionalen Partnern ist ein weiterer Schwerpunkt, z. B. über Kommunikationskanäle, über vernetzte Arbeitsteams, vernetzte Zielvereinbarungen. Last-but-not-least ist die Vernetzung mit den Lieferanten und weiteren Stakeholdern der Materialgruppe für die Resilienz entscheidend. Alle Fragen sind relevant.

Führung und Kultur Zur Bewertung der Führung und der Kultur muss zunächst die Führungsstruktur in der Materialgruppe definiert sein. So kann die Materialgruppe von einer Person verantwortet werden. Diese berichtet gegen einen Vorgesetzten, z. B. der Einkaufsleitung oder einer Teamleitung eines Warengruppenclusters. Ebenso kann sich das Materialgruppenteam aus mehreren Personen mit einer Führungskraft zusammensetzen. In diesem Fall sind die Fragen zu Führung und Kultur gleichermaßen auf der Ebene zwischen Teamleitung Materialgruppenteam und dessen Vorgesetzten wie zwischen Teamleitung im Materialgruppenteam und seinen Mitarbeitern relevant. Insgesamt können die Fragen auf die Ebene einer Materialgruppe übertragen werden.

Mitarbeiter Die Fragen zu den Mitarbeitern zielen auf die individuelle Resilienz, auf Persönlichkeitsmerkmale, auf Fachkompetenz sowie auf die Kommunikationsfähigkeit der Mitarbeiter. Die Fragen sind alle übertragbar. Sollte nur ein Mitarbeiter bewertet werden, sind die Antwortkategorien einfach einteilbar in „kaum vorhanden", „niedrig", „mittel", „hoch" und „sehr hoch". Werden mehrere Mitarbeiter bewertet, kann das Antwortschema des übergreifenden Fragebogens übernommen werden.

Die Vorgehensweise zur Bewertung und die Auswertungssystematik entspricht der Vorgehensweise auf Ebene des gesamten Einkaufs.

Zusammengefasst ergibt sich für die Resilienzanalyse auf Ebene eines Beschaffungsmarkts folgendes Bild:

- Es wird das Resilienzniveau und die Resilienzlücke zu den kritischen Materialien und Risikoclustern ermittelt. Im Steckbrief der Marktstrategie kann eine Übersichtsseite zu den kritischen Materialien und Risikoclustern aufgenommen werden. Die detaillierte Resilienzanalyse sollte hingegen im Anhang zum Steckbrief dokumentiert werden.

- Die Ergebnisse der Resilienzanalyse sowie die Initiativen der Unternehmensebene zur Steigerung von Stabilität und Flexibilität fließen in die Hebelanalyse ein.
- Initiativen des Marktes gehen als strategische Stoßrichtungen in die Marktstrategie ein. Die Ergebnisse des Krisenmanagements sollten auf einer zusätzlichen Seite in der Marktstrategie dokumentiert werden.
- Die Steuerung der ergriffenen Maßnahmen erfolgt im bereits vorhandenen Maßnahmentracking der Marktstrategie.

Literatur

APICS The Association for Operations Management. 2021. www.apics.org. Zugegriffen: 03. März. 2021.

Beri. 2021. Beri-Index. www.beri.com. Zugegriffen: 20. Febr. 2021.

Burghart, Stephanie. 2020. Risikomanagement der Beschaffung deutscher mittelständischer Industrieunternehmen mit Fokus auf Versorgungssicherheit. Bratislava: Dissertation.

Diederichs, Marc. 2018. *Risikomanagement und Risikocontrolling*, 4. Aufl. München: Franz Vahlen.

Heß, Gerhard. 2010. *Supply-Strategien in Einkauf und Beschaffung. Systematischer Ansatz und Praxisfälle*, 2. Aufl. Wiesbaden: Springer.

Heß, Gerhard. 2017. *Strategischer Einkauf und Supply-Strategie. Schrittweise Entwicklung des strategischen Einkaufs mit der 15M-Architektur 2.0*, 4. Aufl. Wiesbaden: Springer.

Heß, Gerhard, und Manfred Laschinger. (2019). Strategische Transformation im Einkauf. Fallstudie und Anleitung zur praktischen Umsetzung. Wiesbaden: Springer.

Riskmethods. 2021. www.riskmethods.net. Zugegriffen: 15. Febr. 2021.

Schulte, Christof. 2016. *Logistik. Wege zur Optimierung der Supply Chain*, 7. Aufl. München: Vahlen.

Schulz, Werner. 1999. Chip-Hersteller wollen aus dem Taiwan-Beben lernen, https://www. ingenieur.de/technik/fachbereiche/mikroelektronik/chiphersteller-taiwan-beben-lernen/. Zugegriffen: 07. März. 2021.

Sourcemap. 2021. www.Sourcemap.com. Zugegriffen: 22. März. 2021.

Swiss Re. 2021. Geo-Risk-Tool CatNet. www.swissre.com/reinsurance/property-and-casualty/solutions/property-specialty-solutions/catnet.html. Zugegriffen: 10. Jan. 2021.

Management Summary und Ausblick

Nachdem mit dem Konzept der 15M-Resilienz ein Konzept und ein praktischer Leitfaden zum Umgang mit unerwarteten Risiken im Einkauf vorgestellt wurde, wird im abschließenden Kapitel im Sinne eines Management Summary die wesentlichen Ergebnisse zusammengefasst und ein Ausblick auf die Fortentwicklung des Risikomanagements und insbesondere der 15M-Resilienz im Unternehmen gegeben. Insbesondere wird das Management der Resilienz als Baustein eines zukünftigen umfassenden Lieferkettenmanagements verstanden.

Management Summary
Verständnis von Resilienz: Resilienz im Einkauf zielt auf die Widerstandskraft der Lieferketten, sodass diese gegenüber unerwarteten Risiken, wie Naturkatastrophen, Lieferanteninsolvenzen, Meteoriteneinschläge usw., abgesichert sind. Das Management der Resilienz wird als Teil des Risikomanagements verstanden. Während das klassische weit verbreitete Risikomanagement Risiken identifiziert, mit Schadensausmaß und Eintrittswahrscheinlichkeit bewertet und wirtschaftlich angemessene Maßnahmen zur Steuerung der Risiken entwickelt, ist die Logik des Managements der Resilienz diametral anders. Nicht die Risiken werden identifiziert, sondern die Lieferketten werden widerstandsfähiger gemacht. Um dabei die Ressourcen effizient einzusetzen werden zwei Ansätze verfolgt.

Erster Ansatz zur Stärkung der Resilienz: Analyse von Stabilität und Flexibilität in der Lieferkette: Es wird die Verwundbarkeit der Lieferketten des Unternehmens analysiert. Sobald existenzbedrohende Schwachstellen erkannt werden, werden im Management der Resilienz nach geeigneten Maßnahmen zur Stärkung der Widerstandskraft gesucht. Führt beispielsweise der Ausfall eines kritischen Vorlieferanten (z. B. eines Herstellers von Elektronikbausteinen) zu

G. Heß und A.-C. Kleinlein, *Resilienz im Einkauf,*
https://doi.org/10.1007/978-3-658-34462-7_6

einem Ausfall von 60 % des Jahresumsatzes, wird im Management der Resilienz versucht, diese Situation abzusichern – völlig unabhängig davon, ob bei diesem Vorlieferanten konkrete Risiken erkennbar sind.

Zweiter Ansatz zur Stärkung der Resilienz: Exzellenz im Krisenmanagement: Da mit dem ersten Ansatz nicht alle unerwarteten Risiken abgesichert werden können, verfolgt das Management der Resilienz noch einen zweiten Ansatz. Es werden die Voraussetzungen für ein exzellentes Krisenmanagement geschaffen.

Dimensionen der Resilienz: Im Fokus des Leitfadens steht die Resilienz gegenüber unerwarteten Ereignissen, die zu erheblichen Umsatzeinbußen und Folgekosten aufgrund von Versorgungsdefiziten oder von Qualitätsproblemen führen. Allerdings sollten die Lieferketten auch gegenüber explodierenden Einstandskosten bzw. gegenüber Nachhaltigkeitsrisiken widerstandfähig gemacht werden.

Resilienzkriterien: Resilienzkriterien sind Eigenschaften, wie Lieferketten bzw. allgemein gesprochen Systeme oder Organismen resilient werden. Es werden in Abschn. 3.1 vielfältige Auflistungen von Resilienzkriterien vorgestellt. Für die Resilienz im Einkauf werden folgende sieben Resilienzkriterien vorgeschlagen:

1. Stabilität mit den Subkriterien Redundanz, Kompensation, Einfachheit, Diversität
2. Flexibilität mit den Subkriterien Reaktionsfähigkeit (Reagibilität), Anpassungsfähigkeit (Agilität)
3. Orientierung
4. Transparenz und Planung
5. Vernetzung
6. Führung und Kultur
7. Mitarbeiter

15M-Architektur der Supply-Strategie, Risikomanagement und 15M-Resilienz: Die Resilienzkriterien geben erste Hinweise, wie Lieferketten widerstandfähig gemacht werden können. Allerdings sind die Resilienzkriterien noch abstrakt und müssen für die einzelnen Aufgaben im Einkauf konkretisiert werden, z. B. im Lieferantenmanagement oder im Management von Materialien und Materialgruppen. Um die vielfältigen Aufgaben des Einkaufs zu strukturieren, wird die 15M-Architektur der Supply-Strategie vorgestellt, ein seit 15 Jahren praxiserprobtes ganzheitliches Einkaufsmanagementsystem. Innerhalb dieser Struktur werden die

Bausteine eines ganzheitlichen Risikomanagements im Einkauf verankert und vorgestellt. Für das Management der Resilienz im Einkauf werden folgende Ansatzpunkte identifiziert:

1. **In der Rahmenstrategie des Einkaufs:** Stärkung des Krisenmanagements sowie Initiativen zur Stärkung von Stabilität und Flexibilität in den Lieferketten
2. **In den Markt- und Lieferantenstrategien:** Analyse und Stärkung der Stabilität und Flexibilität in den Lieferketten von Materialien und von Risikoclustern. Risikocluster sind beispielsweise Lieferanten oder Lieferregionen, d. h. ein Bündel von Materialien, deren Risiken voneinander abhängig sind. Wird ein Lieferant insolvent, sind alle seine Materialien betroffen. Ein Wirbelsturm in Texas kann alle Materialien aus dieser Region betreffen. Auch für die einzelnen Beschaffungsmärkte sollte ein exzellentes Krisenmanagement vorbereitet werden.

Das Management der Resilienz auf Basis der 15M-Architektur wird als 15M-Resilienz bezeichnet. In Abschn. 3.4 findet sich ein Überblick zum Konzept der 15M-Resilienz.

Reifegradmodell zur Resilienz im Einkauf durch Krisenmanagement: Ein gutes Krisenmanagement hilft, unerwartete Risiken zu meistern. Insofern ist es eine wichtige Aufgabe des Managements der Resilienz, die Voraussetzungen für ein hervorragendes Krisenmanagement zu schaffen. In Kap. 4 wurde ein Reifegradmodell vorgestellt. Mit 46 Fragen zur Analyse der Resilienzkriterien Orientierung, Transparenz und Planung, Vernetzung, Führung und Kultur sowie Mitarbeiter kann die Reife des Krisenmanagements im Einkauf beurteilt werden. Aus den identifizierten Schwächen können Verbesserungsmaßnahmen abgeleitet werden. Die Fragen, damit verknüpfte Konzepte sowie das Bewertungskonzept und die Ermittlung des Reifegradscores werden im Detail erläutert. Die Bearbeitungszeit der Reifegradanalyse im Managementteam beträgt erfahrungsgemäß zwei bis vier Stunden. Das gesamte Reifegradmodell findet sich in Kap. 7 Anhang.

Analyse und Stärkung der Stabilität und der Flexibilität in den Lieferketten: Im zweiten Ansatz, in Kap. 5, werden Lieferketten für Materialien und für Risikocluster analysiert und ggf. widerstandsfähiger gemacht. Zunächst werden Materialien bzw. Risikocluster mit existenzbedrohendem Resilienzniveau identifiziert. Das Resilienzniveau beziffert den maximalen Schaden eines unerwarteten

Risikos, z. B. den Verlust an Deckungsbeitrag und weiteren Folgekosten, wenn ein bestimmter Lieferant ausfällt. Ist der größtmögliche Schaden existenzbedrohend, soll eine Analyse von Stabilität und Flexibilität durchgeführt werden. Redundante Strukturen, z. B. Bestände, sowie die Flexibilität, einen neuen Lieferanten schnell zuzulassen, können die Lieferkette gegenüber unerwarteten Ereignissen absichern. Im Ergebnis wird die Resilienzlücke ermittelt, die den maximalen Schaden angibt, der nicht durch Redundanzen und Flexibilität abgedeckt ist. Angesichts der Resilienzlücke können Maßnahmen ergriffen werden, einerseits die Resilienzlücke, z. B. durch Second Sources zu reduzieren und andererseits die bestehenden Strukturen zu stabilisieren, sodass nicht jedes unerwartete Ereignis gleich zu einem großen Schadensfall wird. Man denke beispielsweise an die Wahl besonders sicherer Lieferanten oder Lieferregionen bzw. an den Aufbau von Partnerschaften. Die Resilienzanalyse sollte vollständig in die Formulierung und Steuerung der Marktstrategien (=Materialgruppenstrategien) integriert sein. Ein erfahrener Einkäufer sollte die Resilienzanalyse für ein Material oder einen Lieferanten in zehn bis fünfzehn Minuten durchführen können.

Initiativen zur Stärkung der Stabilität und der Flexibilität in den Lieferketten: Typische Maßnahmen zur Stärkung der Resilienz in der Lieferkette sind Aufbau einer Second Source, Lokalisierung der Versorgungsketten, globale Differenzierung der Lieferketten oder die Entwicklung von Lieferantenpartnerschaften. Es kann sinnvoll sein, für einzelne dieser Themen eine Initiative zu starten, z. B. eine Second Source-Initiative. Damit soll die jeweilige Thematik in allen Materialgruppen mit Nachdruck verfolgt werden. Initiativen genießen in der Regel eine hohe Management Attention und werden mit den benötigten Ressourcen ausgestattet. Sie können durch Experten bzw. Coaches sowie durch ausgereifte methodische Konzepte unterstützt werden.

Vorgehen und Ausblick
Wie kann ein (mittelständisches) Unternehmen das Management der Resilienz konkret angehen und welche Zukunftspotenziale sind darin angelegt?

Startphase In der Startphase können die vorgestellten Konzepte ohne wesentliche Vorarbeit initiiert werden:

- Im ersten Schritt kann der Reifegrad zum Krisenmanagement analysiert werden und entsprechende Konsequenzen daraus gezogen werden. Für die Analyse ist keine wesentliche Vorbereitung notwendig. Die Analyse selbst kann an einem Nachmittag erfolgen. Einzig die erkannten Verbesserungsideen umzusetzen, kann mit Managementdisziplin und Aufwand verbunden sein.

• Ebenso einfach umsetzbar ist es, eine passende Initiative zur Stärkung von Stabilität und Flexibilität zu starten, z. B. eine Initiative zur Stärkung von Partnerschaften. Natürlich ist an dieser Stelle die entsprechende Fachkompetenz, im Beispiel zur Steuerung von Lieferantenpartnerschaften, erforderlich.

• Zur Analyse und Stärkung von Stabilität und Flexibilität wird empfohlen zunächst in einer kritischen Materialgruppe ein Pilotprojekt durchzuführen. Damit kann das im Buch vorgestellte Analyse-Template an die Firmensituation angepasst und die Integration in die Strategieformulierungsprozesse konkretisiert werden. Die Ergebnisse des Pilotprojektes lassen sich dann leicht auf andere kritische Materialgruppen übertragen.

Ausreifungsphase In der anschließenden Ausreifungsphase können folgende Aktivitäten angegangen werden:

• Die in der Startphase begonnen Ansätze müssen in die Steuerungsprozesse des Einkaufs integriert werden und kontinuierlich ausreifen. In der Regel wird auch die cross-funktionale Zusammenarbeit mit anderen Abteilungen erst nach und nach aufgebaut werden können.

• Neben der Fortentwicklung der vorgestellten Methoden sind insbesondere noch die Ansätze zu den Resilienzdimensionen Explosion von Einkaufskosten und Nachhaltigkeit auszuarbeiten.

• Soweit noch nicht vorhanden sollte ein umfassendes und integriertes Risikomanagement im Einkauf entwickelt werden. Die Ansätze wurden in Kap. 3 angesprochen. Umfassende Hinweise finden sich in Heß (2017).

Ausblick Lieferkettenmanagement Das Management der Resilienz, Risikomanagement, Nachhaltigkeitsmanagement sowie die Steuerung der Warenströme sind wichtige Entwicklungen im strategischen Einkauf. Allen diesen Ansätzen gemein ist, dass der Einkauf die gesamte Lieferkette im Blick behalten muss. Betrachtet man weitere wichtige Themen im Einkauf, wie Kostenmanagement, Lieferanteninnovationen oder Value Sourcing, werden auch hier die Potenziale eines Lieferkettenmanagements schnell erkennbar. Es liegt auf der Hand: Der nächste große Megatrend im Einkauf ist das Lieferkettenmanagement mit Lieferkettenstrategien und Lieferkettensteuerung. Die Digitalisierung im Einkauf schafft in doppelter Weise hierzu die Voraussetzungen. Die Transaktionskosten einer engen Zusammenarbeit mit Lieferanten sinken um Größenordnungen durch die Vereinfachung der Kommunikation. Ferner werden Routinetätigkeiten im Einkauf automatisiert. Damit entstehen Freiräume für den Einkauf, das Management der Lieferketten zu verantworten und zu professionalisieren. Das Management von Resilienz, Risiko und Nachhaltigkeit in der Lieferkette sind heute die ersten konkreten Übungsschritte für das Procurement 2025+.

Literatur

Heß, Gerhard. 2017. *Strategischer Einkauf und Supply-Strategie. Schrittweise Entwicklung des strategischen Einkaufs mit der 15M-Architektur 2.0*, 4. Aufl. Wiesbaden: Springer.

Anhang: Reifegradmodell zum Krisenmanagement im Einkauf

7

In diesen Abschnitt wird das gesamte Reifegradmodell zum Krisenmanagement im Einkauf abgebildet (Abb. 7.1).

© Der/die Autor(en), exklusiv lizenziert durch Springer Fachmedien Wiesbaden GmbH, ein Teil von Springer Nature 2021
G. Heß und A.-C. Kleinlein, *Resilienz im Einkauf,*
https://doi.org/10.1007/978-3-658-34462-7_7

RK	E	Titel	Frage	Prio	Ist-Wert	Plan-Wert	0% Keine Lösung vorhanden	25% Initiale Lösung vorhanden	50% Bewährte (einfache) Lösung vorhanden	75% Hervorragende Lösung mit kleinen Lücken vorhanden	100% Exzellente bzw. Weltklasse-Lösung vorhanden
			Orientierung								
O-01	RS	Vision	Gibt es im Unternehmen bzw. im Einkauf eine Vision, die dokumentiert ist und gelebt wird?	1	40%	40%	Es gibt keine Vision bzw. eine formulierte Strategie entfaltet keinerlei Wirkung.	Es gibt visionäre Elemente im Einkauf, die bekannt und geteilt sind.	Es gibt eine schriftlich dokumentierte und allgemein bekannte Vision, die aber nicht wirklich gelebt wird.	Es gibt eine schriftlich dokumentierte und gelebte Vision. Die visionäre Kraft ist allerdings nur mittel.	Wie 75 %, allerdings mit starker visionärer Kraft.
O-02	RS	Rahmenstrategie	Gibt es eine ausdifferenzierte Rahmenstrategie, die dokumentiert ist und gelebt wird?	2	80%	90%	Es gibt keine Rahmenstrategie des Einkaufs.	Es gibt Elemente einer Rahmenstrategie, die bekannt und geteilt sind. (z.B. priorisierte strategische Veränderungsprojekte)	Es gibt eine einfache dokumentierte Rahmenstrategie, die bekannt und geteilt ist. (bzw. wesentliche Elemente daraus)	Es gibt eine umfassende Rahmenstrategie, die dokumentiert, bekannt und geteilt ist. Sie entfaltet allerdings nur eine schwache strategische Wirksamkeit.	Wie 75 %, allerdings mit starker strategischer Kraft.
O-03	RS	Marktstrategien	Gibt es zu allen relevanten Beschaffungsmärkten (Materialgruppen) Marktstrategien (=Materialgruppenstrategien), die dokumentiert sind und gelebt werden?	2	60%	70%	Es gibt keine Marktstrategien.	Es gibt einen marktorientierten Materialgruppenschlüssel und marktorientierte strategische Überlegungen.	Es gibt für wesentliche Beschaffungsmärkte (mindestens 40 % des Einkaufsvolumens) einfache, dokumentierte und gesteuerte Marktstrategien.	Es gibt für alle wesentlichen Beschaffungsmärkte (mindestens 70 % des Einkaufsvolumens) gute, dokumentierte und gesteuerte Marktstrategien. Der Ansatz ist eindeutig cross-funktional.	Wie 75 %, allerdings mindestens 75 % des Einkaufsvolumens im direkten und 75 % des Einkaufsvolumens im indirekten Material. Strategien tiefgehend und umfassend entwickelt und dokumentiert; durchgängige cross-funktionale Zusammenarbeit bei der Erstellung und Steuerung der Marktstrategien.
O-04	RS	Lieferantenstrategien	Gibt es zu allen Top-Lieferanten Lieferantenstrategien, die dokumentiert sind und gelebt werden?	2	50%	55%	Es gibt keine Lieferantenstrategien.	Es gibt für wesentliche Lieferanten strategische Überlegungen, die über einzelne Einkaufsprojekte hinausgehen.	Es gibt für einige Top-Lieferanten einfache, dokumentierte und gesteuerte Marktstrategien.	Es gibt für mehrere Top-Lieferanten gute, dokumentierte und gesteuerte Lieferantenstrategien. Der Ansatz ist eindeutig cross-funktional.	Wie 75 %, allerdings für alle Top-Lieferanten (mindestens 10 Lieferanten; > 30 % des Einkaufsvolumens).
O-05	RS	Risikophilosophie	Gibt es eine ausdifferenzierte und dokumentierte Risikophilosophie bzw. Risikopolitik im Einkauf, inklusive der damit verknüpften Initiativen? Beispiele: - 2nd Source-Politik; - Reserveworkzeug; - Bestandspolitik	3	70%	70%	Es gibt keine Risikopolitik.	Es gibt einzelne Aussagen und Vorgaben, die aber nicht systematisch dokumentiert sind.	Es gibt einzelne Aussagen und Vorgaben, die systematisch dokumentiert sind und mit Initiativen hinterlegt sind.	Es gibt eine Risikopolitik, die systematisch formuliert, dokumentiert und mit Initiativen hinterlegt ist.	Wie 75 %, allerdings umfassend und gesteuert, d.h. systematisch fortentwickelt.

Abb. 7.1 Reifegradmodell zum Krisenmanagement im Einkauf

Transparenz

RKK	E	Titel	Frage	Pilot Wert	Ist Wert	Plan Wert	0% Keine Lösung vorhanden	25% Initiale Lösung vorhanden	50% Basierend auf initialer Lösung vorhanden	75% Herausragende Lösung mit höchsten Güteklasse vorhanden	100% Exzellente bzw. Weltklasse-Lösung vorhanden
T-01	R5	Markttransparenz (Objekte)	Ist die Markttransaktion zu den relevanten Supply-Märkten transparent? Die Transparenz besteht sich auf die externe Markttransaktion, Lieferantenübersicht, Zielsetzungen im Markt und interne Marktanalyse.	2	70%	75%	Es gibt keine wesentliche Markttransparenz.	Die Lead-Buyer verfügen über eine unsystematische teils lückenhafte Transparenz zu den relevanten Lieferanten. Fallweise bzw. gelegentlich werden isolierte Analysen zu Märkten durchgeführt.	Zu wichtigen Märkten und Lieferanten haben die Lead-Buyers eine umfangreiche Transparenz. Die Ergebnisse sind bestenfalls lückenhaft dokumentiert und werden nur fallweise mit anderen geteilt.	Wie 50 %, allerdings erfolgt die Analyse der Märkte und der Lieferanten auf Basis einer dokumentierten Systematik. Sie sind zu allen wichtigen Märkten (mindestens 70 % des Einkaufsvolumens) gepflegt. Es erfolgt eine Dokumentation und Weitergabe der Ergebnisse.	Wie 75 %, allerdings entstammen 75 % des Einkaufsvolumens im direkten und 75 %, des Einkaufsvolumens im indirekten Material. Die Markttransa ist tiefgehend und umfassend. Bei der Erstellung der Marktanalyse wird durchgängig cross-funktional zusammengearbeitet.
T-02	R5	Transparenz zur Leistung und Risiko der aktiven Lieferanten	Sind die Leistungsfähigkeit und die Risiken der aktiven Lieferanten transparent? Transparenz bezieht sich beispielsweise auf das Produkt- und Produktionsprogramm, Kernkompetenzen, Fertigungskompetenzen, Maschinenpark usw.	2	65%	75%	Es gibt keine wesentliche Transparenz zu den Lieferanten.	Die Lead-Buyer verfügen über eine unsystematische teils lückenhafte Transparenz zu den relevanten Lieferanten. Fallweise bzw. gelegentlich werden isolierte Marktanalysen durchgeführt.	Zu wichtigen Lieferanten besteht bei den Lead-Buyers eine umfangreiche Transparenz. Es gibt zumindest eine örtliche Lieferantenbewertung. Die Ergebnisse sind bestenfalls lückenhaft dokumentiert und werden nur fallweise mit anderen geteilt.	Wie 50 %, allerdings erfolgt die Analyse auf Basis einer systematischen dokumentierten Lieferantenbewertung und -pflege von Lieferantenstammdaten. Die Ergebnisse sind dokumentiert. Es erfolgt eine Dokumentation und Weitergabe der Ergebnisse.	Wie 75 %, allerdings ist die Lieferantenanalyse tiefgehend und umfassend. Bei der Erstellung der Lieferantenanalyse wird durchgängig cross-funktional zusammengearbeitet.
T-03	R5	Transparenz der Lieferketten (Objekte)	Sind die wesentlichen Lieferketten transparent? Transparenz bezieht sich beispielsweise auf die Lieferanten und Material, Kostenstrukturen, Mengenentwicklungen, regionale Clusterung.	2	70%	75%	Lieferketten sind in der Regel nicht transparent.	Die Lead-Buyer verfügen über eine teils lückenhafte Transparenz. Fallweise bzw. gelegentlich werden isolierte Aspekte einzelner Lieferketten analysiert.	Zu einzelnen wichtigen Lieferketten besteht bei den Lead-Buyern eine umfangreiche Transparenz. Die Ergebnisse sind bestenfalls lückenhaft dokumentiert und werden nur fallweise mit anderen geteilt.	Wie 50 %, allerdings erfolgt die Analyse auf Basis eines dokumentierten Systematiks. Sie erstreckt sich über alle wichtigen Lieferketten. Es erfolgt eine Dokumentation und Weitergabe der Ergebnisse.	Wie 75 %, allerdings ist die Lieferkettenanalyse tiefgehend und umfassend. Bei der Erstellung der Lieferkettenanalyse wird durchgängig cross-funktional zusammengearbeitet.
T-04	R5	Transparenz zu den vorgelagerten Märkten (Objekte)	Ist die Markttransaktion zu den relevanten transparent? Die Transparenz bezieht sich auf die Kenntnisse der kritischen vorgelagerten Supply-Märkte sowie auf die externe Marktanalyse, Lieferantenübersicht, Zielsetzungen im Markt und interne Marktanalyse.	1	60%	65%	Es gibt keine wesentliche Markttransparenz zu den vorgelagerten Märkten.	Die Lead-Buyer verfügen teils lückenhafte Transparenz. Fallweise bzw. gelegentlich werden isolierte Marktanalysen analysiert.	Zu wichtigen vorgelagerten Märkten besteht bei den Lead-Buyern eine umfangreiche Transparenz. Die Ergebnisse sind bestenfalls lückenhaft dokumentiert und werden nur fallweise mit anderen geteilt.	Wie 50 %, allerdings erfolgt die Markttransaktion auf Basis einer dokumentierten Systematik. Sie sind zu allen wichtigen Märkten gepflegt. Es erfolgt eine Dokumentation und Weitergabe der Ergebnisse.	Wie 75 %, allerdings alle kritischen vorgelagerten Märkte werden analysiert. Die Analyse der vorgelagerten Märkte ist tiefgehend und umfassend. Bei der Erstellung der Marktanalyse wird durchgängig cross-funktional zusammengearbeitet.
T-05	R5	Transparenz zu den Beschaffungsregionen (Objekt)	Sind die politischen, sozialen, rechtlichen, marktlichen, ökologischen Entwicklungen in den wesentlichen Beschaffungsregionen transparent?	2	80%	85%	Es gibt keine wesentliche Markttransparenz zu den Beschaffungsregionen.	Die Lead-Buyer verfügen über die teils lückenhafte Transparenz. Fallweise bzw. gelegentlich werden Einzelanalysen zu Regionen analysiert.	Zu wichtigen Beschaffungsregionen besteht bei den Lead-Buyers eine umfangreiche Transparenz. Die Ergebnisse sind bestenfalls lückenhaft dokumentiert.	Wie 50 %, allerdings erfolgt die Analyse der Beschaffungsregionen auf Basis einer Systematik. Sie sind zu allen bedeutsamen Regionen gepflegt. Es erfolgt eine Dokumentation und Weitergabe der Ergebnisse.	Wie 75 %, allerdings alle wesentlichen Beschaffungsregionen werden analysiert. Die Analyse der Beschaffungsregionen ist tiefgehend und umfassend. Bei der Erstellung der Analysen wird durchgängig cross-funktional zusammengearbeitet.
T-06	R5	Weitere Transparenzbereiche und erschließend (Objekte)	Werden weitere Transparenzbereiche identifiziert und erschlossen, z.B. in der Rahmenstrategie Modul 2?	1	80%	85%	Weitere Transparenzbereiche werden nicht betrachtet.	Weitere Transparenzbereiche werden fallweise erkannt und punktuell analysiert. Die Dokumentation erfolgt ggf. in Form von Projektunterlagen, systematische Vorgehensweise liegt nicht zugrunde.	Weitere Transparenzbereiche werden bei den Lead-Buyers umfangreich analysiert und bearbeitet. Die Dokumentation erfolgt systematisch und vom Umfang einer geringer.	Wie 50 %, allerdings erfolgt die Analyse systematisch und vom Tiefgang tiefer.	Wie 75 %, allerdings sehr umfangreich und sehr tiefgehend.

Abb. 7.1 (Fortsetzung)

RK	E	Titel	Frage	Prio	Ist-Wert	Plan-Wert	0% Keine Lösung vorhanden	25% Initiale (statische) Lösung vorhanden	50% Bewährte (statische) Lösung vorhanden	75% Hervorragende Lösung mit kleinen Lücken vorhanden	100% Exzellente bzw. Weltklasse-Lösung vorhanden
		Transparenz									
T07	RS	Krisenrahmen-plan (Notfallplan)	Gibt es im Einkauf einen bewährten und ausdifferenzierten Krisenrahmenplan?	2	60%	70%	Es gibt keinen Krisenrahmenplan.	In Krisen wird auf Erfahrungen vorausgehender Krisen zurückgegriffen. Diese Erfahrungen werden im Unternehmen geteilt, sind aber nicht dokumentiert.	Es gibt einen einfachen Krisenrahmenplan.	Es gibt einen bewährten und ausdifferenzierten Krisenrahmenplan, der allerdings noch Schwächen aufweist.	Wie 75 % allerdings ohne Schwächen.
T08	RS	Generische Krisenpläne (Krisenplan)	Gibt es im Einkauf aktuelle generische Krisenpläne? Wird sicher gestellt, dass alle relevanten Themen abgedeckt sind?	1	80%	85%	Es gibt keine generischen Krisenpläne.	Es gibt Fragmente von Krisenplänen, insbesondere Vorgehensweisen früherer Krisen. Eine systematische Dokumentation gibt es nicht.	Wie 25 %, allerdings mit systematischer Dokumentation.	Wie 50 % allerdings mit systematischen Lessons Learned-Ergänzungen. Darüber hinaus gibt es mindestens einen Krisenplan, der proaktiv erstellt wurde.	Proaktive Definition und Erstellung von generischen Krisenplänen. Regelmäßig wird die Aktualität und die Vollständigkeit der Krisenpläne geprüft. Es gibt eine transparente Dokumentation.
T09	RS	Objektorientierte Krisenpläne (Krisenplan)	Gibt es im Einkauf aktuelle objektorientierten Krisenpläne? Wird sicher gestellt, dass alle relevanten Themen abgedeckt sind?	1	85%	90%	Es gibt keine objektorientierten Krisenpläne.	Es gibt Fragmente von Krisenplänen, insbesondere Vorgehensweisen früherer Krisen. Eine systematische Dokumentation gibt es nicht.	Wie 25 %, allerdings mit systematischer Dokumentation.	Wie 50 % allerdings mit systematischen Lessons Learned-Ergänzungen. Darüber hinaus gibt es mindestens einen Krisenplan, der proaktiv erstellt wurde.	Proaktive Definition und Erstellung von objekt-orientierten Krisenplänen. Regelmäßig wird die Aktualität und die Vollständigkeit der Krisenpläne geprüft. Es gibt eine transparente Dokumentation.
T10	RS	Personale Frühaufklärung (Frühaufklärung)	Wird durch die Lead Buyer (oder andere Einkäufer) die Frühaufklärung nach anbahnender Krisen betrieben? Erfolgt eine Toolunterstützung?	2	70%	75%	Die Lead Buyer sind nicht auf die anbahnender Krisen verpflichtet.	dazwischen	Die Lead Buyer sind bezüglich der Frühaufklärung von Krisen sensibilisiert und aktiv. Die Prozesse sind ungeregelt. Eine Methodenunterstützung gibt es nicht.	dazwischen	Wie 50 % allerdings klar definierte Prozesse und Aufgabenstellungen für die Lead Buyer. Die Prozesse sind dokumentiert. Es gibt einen klar definierten Prozess zur Information der Stakeholder in der Organisation.
T11	RS	Klassisches Risiko-management	Wird im Einkauf ein klassisches Risikomanagement betrieben, mit dem Risiken identifiziert, bewertet, gesteuert und überwacht werden? (Bereiche des klassischen Risikomanagements sind Top-Risiken, Supply-Marktrisiken, Lieferantenrisiken, Prozessrisiken)	3	85%	90%	Es gibt kein klassisches Risikomanagement.	Es werden einzelne Aspekte eines klassischen Risikomanagements betrieben, z.B. Wirtschaftsauskunft zu Lieferanten.	Es wird mindestens ein Teilbereich (Top-Risiken mit Risk-Map, Supply-Markt-risiken, Lieferantenrisiken, Prozessrisiken) im klassischen Risikomanagement systematisch betrieben.	Es werden mindestens Top-Risiken, Markt- und Lieferantenrisiken mit einfachen Systemen bzw. Prozessen gesteuert. Die Risiken werden ansatzweise cross-funktional beurteilt.	Wie 75 % allerdings umfangreiche und tiefgehende Lösung aller Risikobereiche mit intensiver cross-funktionaler Zusammenarbeit.
T12	RS	Internetbasierte Frühwarn-systeme	Werden internetbasierte Frühwarnsysteme zur Frühaufklärung eingesetzt? (Systeme vergleichbar Riskmethod bzw. Integrity Next)	1	40%	40%	Es werden keine internet-basierten Frühwarnsysteme eingesetzt und wurden auch nicht ernsthaft geprüft.	Prüfung bzw. Implementierung ist in der Vorbereitung.	Es werden internetbasierte Frühwarnsysteme punktuell eingesetzt, allerdings wenig nachhaltig. Oder: Nach Prüfung wurde kein System implementiert.	Es werden internetbasierte Frühwarnsysteme umfangreich eingesetzt und genutzt.	Wie 75 % allerdings sehr intensive Nutzung.

Abb. 7.1 (Fortsetzung)

Vernetzung

RK	E	Titel	Frage	Prio	Ist-Wert	Plan-Wert	0% Keine Lösung vorhanden	25% Initiale Lösung vorhanden	50% Bewährte (einfache) Lösung vorhanden	75% Hervorragende Lösung mit kleinen Lücken vorhanden	100% Exzellente bzw. Weltklasse-Lösung vorhanden
V01	RS	Supply-Chain-Board	Gibt es (unabhängig von einer Krise) ein Supply-Chain-Board mit allen relevanten Stakeholdern, das gemeinsam die Gestaltung und Steuerung der Supply-Chain verantwortet? Dabei geht es um die gesamte Lieferkette vom Kunden bis zu den Vorlieferanten.	2	60%	65%	Es gibt kein Supply-Chain-Board. Kritische Fragestellungen werden zwischen den Verantwortlichen bilateral - ohne klare Strukturen - geklärt.		Es gibt regelmäßig Projekte zur Supply-Chain, die von einem Supply-Chain-übergreifenden Steuerkreis gestaltet werden.	Es gibt ein Supply-Chain-Board, mit kleineren Einschränkungen, z.B. nicht alle Stakeholder vertreten bzw. keine regelmäßigen Meetings.	Wie 75 %, allerdings ohne Einschränkungen.
V02	RS	Top-Management-Einbindung	Wie ist der Top-Management-Zugang des Supply-Chain-Boards bzw., falls es kein Supply-Chain-Board gibt, der wesentlichen Entscheidungsträger der Supply-Chain?	3	90%	80%	Es gibt kaum direkte Kommunikation zwischen den Stakeholdern eines (potentiellen) Supply-Chain-Board und dem Top-Management.	Es gibt eine umfangreiche bilaterale direkte Kommunikation zwischen einigen Stakeholdern eines (potentiellen) Supply-Chain-Board und dem Top-Management.	Es gibt zwischen dem Top-Management und allen Stakeholdern der Supply Chain intensive direkte Kontakte. Die Kontakte laufen aber meist bilateral und sind immer wieder nicht richtig aufeinander abgestimmt.		Es gibt ein Supply-Chain-Board, in dem das Top-Management sich intensiv beteiligt.
V03	RS	Kommunikationskanäle	Welche formalen Kommunikationskanäle gegenüber den Stakeholdern gibt es? Sind die Kanäle in der Lage auch die Krisenkommunikation zu unterstützen? (z.B. geschützte Intranet-Seiten zu Marktentwicklungen, Mitarbeiter-Newsletter, Top-Management-Berichtsformate)	1	50%	60%	Es gibt kaum etablierte formale Kommunikationskanäle gegenüber den Stakeholdern, die in einer Krisensituation genutzt werden könnten.		Es gibt Beispiele von formalen Kommunikationskanälen, die in einer Krisensituation genutzt werden können.		Es gibt eine umfassende, systematische und formalisierte Kommunikation mit allen Stakeholdern, die auch in einer Krisensituation genutzt werden kann.
V04	RS	Vernetzte Zusammenarbeit	Ist die Zusammenarbeit zwischen den Abteilungen entlang der Supply Chain eng vernetzt? Sind die Verantwortlichkeiten klar, akzeptiert und mit geeigneten Personen besetzt? Gibt es cross-funktionale Abstimmungsgremien, z.B. zur Abstimmung von Marktstrategien, von Lieferantenstrategien, bei Feinteilen, der Materialsteuerung?	3	55%	60%	Es gibt erheblicher Schnittstellen in Bezug auf die Abstimmung und deren Verantwortlichkeiten und deren Vernetzung.	Die Abstimmung erfolgt in der Regel informell, zwischen den Abteilungen. Es gibt wenig strukturierte Abstimmungen, auch kaum cross-funktionale Gremien zwischen den Abteilungen.	Wie 25 %, allerdings mit wenigen einer operativ ausgerichteten Committee (ggf. mit Sourcing-Committee zu Vorgaben)	Wie 50%, allerdings gleichermaßen mit operativen wie strategischen Abstimmungsgremien (z.B. Materiallgruppe, Lieferant)	Die Verantwortlichkeiten sind klar, aufeinander abgestimmt, akzeptiert und mit geeigneten Personen besetzt. Es gibt wesentliche strategische und operative Abstimmenden.
V05	RS	Feuerwehr-Übung	Werden kritische Prozesse kenntlichert, mit sogenannten „Feuerwehrübungen" trainiert und auch in Hinblick auf mögliche Krisen optimiert?	1	40%	40%	Es gibt keine Definition von kritischen Prozessen sowie keine Feuerwehrübungen. Die Prozessbeschreibungen weisen Schwachpunkte auf.	Die wesentlichen Prozesse sind beschrieben. Explizite Definition von kritischen Prozessen sowie Feuerwehrübungen dazu gibt es nicht.	Einzelne kritische Prozesse sind identifiziert und werden in Hinblick auf Feuerwehrübungen optimiert.	Wie 50 %, allerdings mit Bezug auf alle relevanten Prozesse sowie unterstützt durch Feuerwehrübungen.	Wie 75 %, allerdings inclusive der Teamziele und umfassendes, gut abgestimmtes System der Zielvereinbarung.
V06	RS	Vernetzte Zielvereinbarungen	Werden cross-funktionale Teams über gemeinsam geteilte Teamziele gesteuert?	1	45%	45%	Es gibt keine cross-funktionalen Teams (Frage V04 < 50 %) und keine persönliche incentivierte Ziele der Mitarbeiter in den Abteilungen.	Es gibt keine cross-funktionalen Teams (Frage V04 < 50 %), jedoch persönliche incentivierte Ziele der Mitarbeiter.	Es gibt cross-funktionale Teams (Frage V04 ≥ 50 %), jedoch sind cross-funktional abgestimmte Ziele die nicht incentiviert sind. Anmerkung: Falls nicht abgestimmt, wird mit Wert zwischen 25 % und 50 % gegeben. Je nachdem wie stark cross-funktionale Ziele abgestimmt sind zusammenarbeiten.	Es gibt in den meisten Teams Teamziele.	

Abb. 7.1 (Fortsetzung)

Vernetzung

RK	E	Titel	Frage	Prio	Ist-Wert	Plan-Wert	0% Keine Lösung vorhanden	25% Initiale Lösung vorhanden	50% Bewährte (einfache) Lösung vorhanden	75% Hervorragende Lösung mit kleinen Lücken vorhanden	100% Exzellente bzw. Weltklasse-Lösung vorhanden
V07	RS	Partnerschafts-strategie	Werden in den wesentlichen Beschaffungsmärkten / Material-gruppen partnerschaftliche Lieferbeziehungen gepflegt und auf die Attraktivität des Unter-nehmens für die Lieferanten geachtet? Anwerbung: Sollte aus Sicht der Effektivität und der Effizienz in einigen der kritischen Warengruppen keine Partner-schaft umgesetzt sein, kann dieses Resilienz Kriterium nicht zu 100% erfüllt sein. Letztlich geht das Unternehmen zur Steigerung der Wirtschaftlichkeit Resilienz Risiken ein.	2	80%	100%	Es gibt so gut wie keine partnerschaftlichen Lieferbeziehungen.	Es gibt einige partnerschaftliche Lieferbeziehungen. Diese werden wenig systematisch aufgebaut und gepflegt. Jeder Einkäufer macht das, was er für richtig hält.	Es gibt einige partnerschaftliche Lieferbeziehungen, die intensiv gepflegt werden. Das dazugehörige Regelwerk ist weitgehend implizit.	Es gibt mehrere partnerschaftliche Lieferbeziehungen, die intensiv gepflegt werden. Es gibt klare Regelungen zur Wahl und Pflege von partnerschaftlichen Lieferbeziehungen.	Wie 75%, allerdings umfassend für alle wesentlichen Beschaffungsmärkte / Materialgruppen umgesetzt.
V08	RS	Zusammen-arbeit und Kommunikation mit Partnern	Sind die Zusammenarbeits-prozesse und insbesondere die Kommunikationsprozesse zwischen Unternehmen und Lieferant auf allen Ebenen durchgängig etabliert? (Top-Management-Beteiligung siehe V09)	3	60%	65%	Es gibt keine systematische Kommunikation mit Partnern, jenseits der operativen Abwicklung von Aufträgen. (Bzw. es gibt keine Partnerschaften)	Die Zusammenarbeits-projekte und der Kommunikation mit Partnern ist punktuell und unsystematisch.	Es gibt erste Elemente einer systematischen Zusammenarbeit und Kommunikation mit einigen Partnern.	Es gibt mit einigen wenigen Partnern eine umfangreiche Zusammenarbeit auf Ebene der Projekten auf der Arbeitsebene sowie Schulung von Mitarbeitern des Lieferanten. Alternativ: Es gibt zu vielen Partnern eine vergleichbare Kommuni-kation mit Einschränkungen.	Wie 75 %, allerdings mit vielen Partnern eine umfangreiche Kommunikation.
V09	RS	Top-Management-Zugang	Besteht bei den wesentlichen Lieferanten ein Top-Management-Zugang	3	45%	45%	Es gibt keinen Top-Management-Kontakt zu Top-Lieferanten.	Es gibt einzelne mehr sporadische Top-Management-Kontakte zu Top-Lieferanten.	Es gibt einzelne systematisch gepflegte Top-Management-Kontakte. Oder es gibt umfangreiche sporadische Top-Management-Kontakte.	Es gibt eine Systematik, wie Top-Management-Kontakte zu Lieferanten gepflegt werden (z.B. im Rahmen der Lieferantenklassifizierung). Die Systematik wird gelebt.	Es gibt eine Systematik, wie Top-Management-Kontakte zu Lieferanten gepflegt werden (z.B. im Rahmen der Lieferantenklassifizierung). Die Systematik wird gelebt.
V10	RS	Stakeholder-Management	Gibt es ein Stakeholder-Management zu externen Stakeholdern auch jenseits der Vernetzung mit Lieferanten und ist dieses auch auf Krisen-situationen ausgerichtet? z.B. mit Kunden, Behörden, Einkaufs-leitungen anderer Unternehmen, IHK, Verbände anderer Unternehmen/Forschungseinrichtungen.	1	75%	75%	Die Zusammenarbeit mit weiteren Stakeholdern erfolgt nicht, sporadisch oder nur auf operativer Ebene.	Zu einzelnen weiteren Stakeholdern werden Kontakte gepflegt.	Zu werden umfangreich Kontakte zu weiteren Stakeholdern gepflegt, allerdings eher unsystematisch.	Wie 100 %, allerdings mit Lücken.	Sowohl die Auswahl wie auch die Pflege von Stakeholdern, mit denen Kontakte gepflegt werden, erfolgt systematisch.

Abb. 7.1 (Fortsetzung)

RK	LE	Titel	Frage	Prio	Ist-Wert	Plan-Wert	0% Keine Lösung vorhanden	25% Initiale Lösung vorhanden	50% Erweiterte (teilweise) Lösung vorhanden	75% Hervorragende Lösung mit kleinen Lücken vorhanden	100% Exzellente bzw. Weltklasse-Lösung vorhanden
		Führung und Kultur									
FK01	R5	Zusammenarbeitskultur: Vertrauen in die Mitarbeiter (Empowerment)	Wird im Einkauf eine Vertrauenskultur gelebt: Wie weit dürfen Mitarbeiter (Lead Buyer) (in Krisensituationen) selbständig entscheiden? (Empowerment)	2	70%	70%	Mitarbeiter (Lead Buyer) haben keinen strategischen Entscheidungsspielraum, sondern bekommen diesbezüglich klare Vorgaben.	Mitarbeiter (Lead Buyer) bringen strategische Ideen in die Diskussion ein. Die Entscheidung trifft allerdings die Hierarchie.	Mitarbeiter (Lead Buyer) bereiten strategische Entscheidungen vor und geben Empfehlungen. Die Empfehlungen werden häufig von der Führungskraft "aufkonvertiert". Die Entscheidung trifft die Führungskraft.	Wie 100 %, allerdings mit Lücken.	Mitarbeiter (Lead Buyer) haben im Rahmen ihres Aufgabengebietes sehr weitgehende Gestaltungsspielräume und füllen ihren Entscheidungsspielraum auch hervorragend aus. Sie verantworten ihre Entscheidungen gegenüber den Führungskräften.
FK02	R5	Zusammenarbeitskultur: Vertrauen in die Führung	Wird im Einkauf eine Vertrauenskultur gelebt: Wie weit vertrauen die Mitarbeiter den Führungskräften, dass Entscheidungen zum Wohle des Unternehmens sowie auch zum persönlichen Wohle des Mitarbeiters getroffen werden?	1	40%	40%	Interessensgegensätze dominieren die Zusammenarbeit zwischen Führung und Mitarbeitern. Entscheidungen müssen durchgesetzt werden. Die Durchsetzung muss strikt überwacht werden.		Interessensgegensätze spielen in der Entscheidungsfindung immer wieder eine Rolle. Die Führungskräfte müssen ihre Entscheidungen gegenüber den Mitarbeitern "verkaufen". Wenn das gelingt, erfolgt die Umsetzung konstruktiv.		Zwischen Mitarbeitern (Lead Buyer) und Führungskräften existiert eine vertrauensvolle Zusammenarbeit, in der das Gesamtwohl im Zentrum steht. Interessensgegensätze spielen keine Rolle.
FK03	R5	Zusammenarbeitskultur: Zusammenarbeit mit anderen Abteilungen	Wie kooperativ und lösungsorientiert wird mit anderen Abteilungen zusammengearbeitet? Wird eine Zusammenarbeitskultur von allen Führungskräften gefordert und gefördert?	2	75%	90%	Es gibt wenig Zusammenarbeit zwischen den Abteilungen. Die Abstimmung erfolgt möglichst unpersönlich. Es gibt häufig Interessenskonflikte, die die Zusammenarbeit prägen.		Es wird in der Regel zwischen Abteilungen auf Basis gemeinschaftlich abgestimmter Ziele konstruktiv zusammengearbeitet. Gelegentlich brechen zwischen den Abteilungen erkennbare Interessensunterschiede auf.		Im Unternehmen wird von von der Spitze bis in alle Abteilungen eine umfassende Zusammenarbeitskultur gelebt. Abteilungsegoismen sind unbekannt. Es gibt umfassend Gremien, die die Zusammenarbeit abstimmen. In diesen Gremien werden auch konfligierende Ziele gemeinschaftlich verfolgt.
FK04	R5	Verbesserungsorientierung: Flexible Lösungsorientierung	Ist die Kultur im Einkauf flexibel und lösungsorientiert? (vs. bürokratisch und regelorientiert; sowie Aufgeschlossenheit gegenüber Verbesserungsideen)	1	60%	65%	Prozesse und Regeln (ob formal und informal - würde immer schon so gemacht) dominieren die Zusammenarbeit. Lösungen bzw. Verbesserungsideen gegen dieses formale bzw. informelle Regelwerk durchzusetzen ist extrem mühsam und langwierig.		Entweder: Das Unternehmen arbeitet sehr lösungsorientiert und flexibel, allerdings ohne klares Regelwerk und definierte Prozesse. Oder: Es ist schwierig vom Regelwerk abzuweichen. Verbesserungsprozesse werden nicht systematisch gefördert und sind eher die Ausnahme.		Prozesse und Regeln sind klar definiert und werden eingehalten. Soweit die Prozesse und Regeln für anstehende Probleme zu eng sind, gelingt es trotzdem Lösungen zu finden und soweit sinnvoll Prozesse und Regeln kontinuierlich fortzuentwickeln.
FK05	R5	Verbesserungsorientierung: Fehlerkultur in der Führung	Ist in der Führung des Einkaufs eine konstruktive Fehlerkultur verankert?	2	40%	40%	Fehler, die Führungskräfte im Einkauf machen, werden bestraft. Es ist besser nichts zu tun als einen Fehler zu verantworten, um nicht für einen Fehler verantwortlich zu sein. In diesem Rahmen wird alles unternommen, um nicht für einen Fehler verantwortlich zu sein.		Fehler sind Fehler und werden als Makel gesehen. Allerdings wird "eher menschlich" mit dem Fehlerverantwortlichen umgegangen. Trotzdem wird versucht, Fehler möglichst geheim zu halten.		Führungskräfte, die innovativ und lösungsorientiert sind und Verantwortung übernehmen, können Fehler machen. Fehler werden (in der Regel) als Ausdruck einer Verbesserungsorientierung verstanden und sind somit kein Makel. Sie können vielmehr transparent und konstruktiv aufgearbeitet.

Abb. 7.1 (Fortsetzung)

Führung und Kultur

RK	E	Titel	Frage	Prio	Ist-Wert	Plan-Wert	0% Keine Lösung vorhanden	25% Initiale Lösung vorhanden	50% Bewährte (teilweise) Lösung vorhanden	75% Hervorragende Lösung mit kleinen Lücken vorhanden	100% Exzellente bzw. Weltklasse-Lösung vorhanden
FK06	RS	Verbesserungs-orientierung: Fehlerkultur gegenüber Mitarbeitern	Ist bei den Mitarbeitern im Einkauf eine konstruktive Fehlerkultur verankert?	2	80%	80%	Fehler, die Mitarbeiter (Lead Buyer) im Einkauf machen, werden bestraft. Es ist besser nichts zu tun als einen Fehler verantworten zu müssen. Ziele sind strikt umzusetzen. Richtungsziele sind eher unbekannt. In diesem Rahmen wird alles unternommen, um nicht für einen Fehler verantwortlich zu sein.		Fehler sind Fehler und werden als Makel gesehen. Allerdings wird "eher menschlich" mit dem Fehlerverantwortlichen umgegangen. Trotzdem wird versucht, Fehler möglichst geheim zu halten.		Mitarbeiter, die innovativ und lösungsorientiert sind und Verantwortung übernehmen, können Fehler machen. Fehler werden (in der Regel) als Ausdruck einer Verbesserungsorientierung verstanden und sind somit kein Makel. Sie können und werden transparent und konstruktiv aufgearbeitet.
FK07	RS	Verbesserungs-orientierung: Lessons-Learned-Kultur	Gibt es eine Lessons-Learned-Kultur? Werden Krisen und das Krisenmanagement nach Abschluss systematisch aufgearbeitet und werden Konsequenzen daraus getroffen?	2	65%	80%	Lessons-Learned Prozesse gibt es nicht. "Totgesagte Personen werden aus der Krise schon etwas lernen."		Nach größeren Krisen erfolgen in der Regel Aktionen, wenig systematische Lessons-Learned-Prozesse. Es gibt in der Regel sichtbare Konsequenzen.		Es ist im Selbstverständnis aller Führungskräfte und Mitarbeiter verankert, dass nach der Bewältigung einer Krise ein systematischer Lessons-Learned-Prozess durchgeführt wird?
FK08	RS	Risiko-Bewusstsein: Führung	Ist im Führungsteam des Einkaufs ein Risikobewusstsein verankert?	2	35%	40%	Risikoaspekte finden in den Entscheidungen des Einkaufs seitens der Führungskräfte wenig Beachtung.		Im Führungskreis des Einkaufs sind Risikoaspekte und Resilienz meist bewusst, stehen aber in der Regel relativ zu Aspekten der Wirtschaftlichkeit und der Schnelligkeit in der zweiten Reihe.		Im Führungskreis besteht ein umfassendes Risikobewusstsein: Bei allen Entscheidungen werden Risikoaspekte inklusive der Wirkungen auf die Resilienz (explizit) beachtet. Darüber hinaus sind die Führungskräfte für Risiken im Umfeld des Unternehmens sehr sensibilisiert.
FK09	RS	Risiko-Bewusstsein: Mitarbeiter	Ist bei den Mitarbeitern im Einkauf (Lead Buyer und weiteren) ein Risikobewusstsein verankert?	1	40%	40%	Risikoaspekte werden seitens der Mitarbeiter weitgehend ausgeblendet.		Bei Mitarbeitern des Einkaufs sind Risikoaspekte und Resilienz meist bewusst, stehen aber in der Regel relativ zu Aspekten der Wirtschaftlichkeit oder der Schnelligkeit in der zweiten Reihe.		Bei Mitarbeitern des Einkaufs (Lead Buyer) besteht ein umfassendes Risikobewusstsein: Bei allen Entscheidungen werden Risikoaspekte inklusive der Wirkungen auf die Resilienz (explizit) beachtet. Darüber hinaus sind die Mitarbeiter im Einkauf für Risiken im Umfeld des Unternehmens sehr sensibilisiert.

Abb. 7.1 (Fortsetzung)

RIK	E	Titel	Frage	Prio	Ist-Wert	Plan-Wert	0% Keine Lösung vorhanden	25% Initiale Lösung vorhanden	50% Bewältig (einfache) Lösung vorhanden	75% Hervorragende Lösung mit kleinen Lücken vorhanden	100% Exzellente bzw. Weltklasse-Lösung vorhanden
		Mitarbeiter									
M01	RS	Individuelle Resilienz der Mitarbeiter	Wie resilient sind die Mitarbeiter? (Individuelle Resilienz)	1	80%	80%	Kaum vorhanden bzw. es gibt bei mehreren der wesentlichen Mitarbeitern (> 30 %) erhebliche Bedenken in Bezug auf deren persönliche Resilienz.	Niedrig	Mittel bzw. Abstufung in Bezug auf Intensität der Resilienz und Zahl der betroffenen Mitarbeiter: 1 %. Mitarbeiter mit erheblichen Bedenken bedeutet Abzug von 3,3 % Punkte; Mitarbeiter mit Bedenken halbiert sich der Abzug; Mitarbeiter mit leichtem Bedenken drittelt sich der Abzug	Hoch	Sehr hoch bzw. alle wesentlichen Mitarbeiter werden persönlich als sehr resilient eingeschätzt und es wird angenommen, dass sie persönlich schwere Krisen meistern werden.
M02	RS	Persönlichkeits-merkmale: Verantwortungs-übernahme	Wie ist die Bereitschaft der wesentlichen Mitarbeiter, Verantwortung zu übernehmen?	2	60%	65%	Kaum vorhanden bzw. es gibt bei mehreren der wesentlichen Mitarbeitern (>30 %) erhebliche Bedenken in Bezug auf deren Bereitschaft Verantwortung zu übernehmen.	Niedrig	Mittel bzw. Abstufung in Bezug auf Bereitschaft zur Übernahme von Verantwortung durch wesentliche Mitarbeiter: 1 %. Mitarbeiter mit erheblichen Bedenken bedeutet Abzug von 3,3 % Punkte; Mitarbeiter mit Bedenken halbiert sich der Abzug; Mitarbeiter mit leichtem Bedenken drittelt sich der Abzug	Hoch	Sehr hoch bzw. alle wesentlichen Mitarbeiter sind bereit Verantwortung zu übernehmen.
M03	RS	Persönlichkeits-merkmale: Flexibilität, Kreativität, Lösungs-orientierung	Wie sind die wesentlichen Mitarbeiter in Bezug auf Flexibilität, Kreativität und Lösungsorientierung einzuschätzen?	2	40%	50%	Kaum vorhanden bzw. es gibt bei mehreren der wesentlichen Mitarbeitern (>30 %) erhebliche Bedenken in Bezug auf deren Flexibilität, Kreativität und Lösungsorientierung.	Niedrig	Mittel bzw. Abstufung in Bezug auf Flexibilität, Lösungsorientierung von wesentlichen Mitarbeitern: 1 %. Mitarbeiter mit erheblichen Bedenken bedeutet Abzug von 3,3 % Punkte; Mitarbeiter mit Bedenken halbiert sich der Abzug; Mitarbeiter mit leichtem Bedenken drittelt sich der Abzug	Hoch	Sehr hoch bzw. alle wesentlichen Mitarbeiter sind sehr flexibel, kreativ und lösungsorientiert.
M04	RS	Persönlichkeits-merkmale: Kognitive Fähigkeiten	Wie sind die kognitiven Fähigkeiten der wesentlichen Mitarbeiter zu beurteilen? (Scharfsinnigkeit, Logik, Abstraktionsvermögen ...)	2	75%	75%	Kaum vorhanden bzw. es gibt bei mehreren der wesentlichen Mitarbeitern (>30 %) erhebliche Bedenken in Bezug deren kognitive Fähigkeiten.	Niedrig	Mittel bzw. Abstufung in Bezug auf die kognitiven Fähigkeiten der wesentlichen Mitarbeiter: 1 % Mitarbeiter mit erheblichen Bedenken bedeutet Abzug von 3,3 % Punkte; Mitarbeiter mit Bedenken halbiert sich der Abzug; Mitarbeiter mit leichtem Bedenken drittelt sich der Abzug	Hoch	Sehr hoch bzw. alle wesentlichen Mitarbeiter verfügen über sehr hohe kognitive Fähigkeiten.
M05	RS	Fachkompetenz: Betriebliche Abläufe	Wie ist die Fachkompetenz der Mitarbeiter in Bezug auf die Prozesse bzw. die betrieblichen Abläufe zu beurteilen? (insbesondere auch außerhalb der eigenen Abteilung)	1	65%	70%	Kaum vorhanden bzw. es gibt bei mehreren der wesentlichen Mitarbeitern (>30 %) erhebliche Bedenken in Bezug deren Kompetenz zu den betrieblichen Abläufen.	Niedrig	Mittel bzw. Abstufung in Bezug auf die Kompetenz der wesentlichen Mitarbeiter: Abläufen der wesentlichen Mitarbeiter: 1 % Mitarbeiter mit erheblichen Bedenken bedeutet Abzug von 3,3 % Punkte; Mitarbeiter mit Bedenken halbiert sich der Abzug; Mitarbeiter mit leichtem Bedenken drittelt sich der Abzug	Hoch	Sehr hoch bzw. alle wesentlichen Mitarbeiter verfügen über sehr umfassende Kompetenz zu den Prozessen bzw. den betrieblichen Abläufen.

Abb. 7.1 (Fortsetzung)

Mitarbeiter

RK	E	Titel	Frage	Prio	Ist-Wert	Plan-Wert	0% Keine Lösung vorhanden	25% Initiale Lösung vorhanden	50% Bewährte (einfache) Lösung vorhanden	75% Hervorragende Lösung mit kleinen Lücken vorhanden	100% Exzellente bzw. Weltklasse-Lösung vorhanden
M06	RS	Fachkompetenz: Schulung Krisenmanagement	Wie ist die Fachkompetenz in Bezug auf Krisenmanagement zu beurteilen? Wie intensiv sind die Mitarbeiter geschult?	1	40%	40%	Kaum vorhanden bzw. es gibt bei mehreren der wesentlichen Mitarbeiter (>30 %) erhebliche Bedenken in Bezug deren Krisenmanagementkompetenz.	Niedrig	Mittel bzw. Abstufung in Bezug auf die Krisenmanagementkompetenz der wesentlichen Mitarbeiter: Gedankliches Schema: 1 % Mitarbeiter mit erheblichen Bedenken bedeutet Abzug von 3,3 % Punkte. Mitarbeiter mit Bedenken halbiert sich der Abzug; Mitarbeiter mit leichtem Bedenken drittelt sich der Abzug	Hoch	Sehr hoch bzw. alle wesentlichen Mitarbeiter verfügen über hohe Krisenmanagementkompetenz?
M07	RS	Fachkompetenz: Methodenkompetenz	Wie ist die Fachkompetenz in Bezug auf Methoden (z. B. Kalkulationsmethoden, Lieferantenbewertung usw.) zu beurteilen?	1	80%	90%	Kaum vorhanden bzw. es gibt bei mehreren der wesentlichen Mitarbeitern (>30 %) erhebliche Bedenken in Bezug deren Methodenkompetenz.	Niedrig	Mittel bzw. Abstufung in Bezug auf die Methodenkompetenz der wesentlichen Mitarbeiter: Gedankliches Schema: 1 % Mitarbeiter mit erheblichen Bedenken bedeutet Abzug von 3,3 % Punkte. Mitarbeiter mit Bedenken halbiert sich der Abzug; Mitarbeiter mit leichtem Bedenken drittelt sich der Abzug	Hoch	Sehr hoch bzw. alle wesentlichen Mitarbeiter verfügen über hohe Methodenkompetenz?
M08	RS	Fachkompetenz: Marktkenntnisse (Kunden, Lieferanten, Produkte, Materialien)	Wie ist die Fachkompetenz der zu den Märkten zu beurteilen? (Über den eigenen Aufgabenbereich hinausgehende Kenntnisse zu den Absatzmärkten, Kunden, Lieferanten, Produkten, Materialien)	1	55%	55%	Kaum vorhanden bzw. es gibt bei mehreren der wesentlichen Mitarbeitern (>30 %) erhebliche Bedenken in Bezug deren Marktkenntnisse.	Niedrig	Mittel bzw. Abstufung in Bezug auf die Marktkenntnisse der wesentlichen Mitarbeiter: Gedankliches Schema: 1 % Mitarbeiter mit erheblichen Bedenken bedeutet Abzug von 3,3 % Punkte. Mitarbeiter mit Bedenken halbiert sich der Abzug; Mitarbeiter mit leichtem Bedenken drittelt sich der Abzug	Hoch	Sehr hoch bzw. alle wesentlichen Mitarbeiter verfügen über umfangreiche Marktkenntnisse.
M09	RS	Sozialkompetenz: Kommunikationsfähigkeit	Wie ist die Sozialkompetenz, insbesondere die Kommunikationsfähigkeit der Mitarbeiter zu beurteilen?	2	60%	60%	Kaum vorhanden bzw. es gibt bei mehreren der wesentlichen Mitarbeitern (>30 %) erhebliche Bedenken in Bezug deren Sozialkompetenz und Kommunikationsfähigkeit.	Niedrig	Mittel bzw. Abstufung in Bezug auf die Sozialkompetenz und die Kommunikationsfähigkeit der wesentlichen Mitarbeiter: Gedankliches Schema: 1 % Mitarbeiter mit erheblichen Bedenken bedeutet Abzug von 3,3 % Punkte. Mitarbeiter mit Bedenken halbiert sich der Abzug; Mitarbeiter mit leichtem Bedenken drittelt sich der Abzug	Hoch	Sehr hoch bzw. alle wesentlichen Mitarbeiter verfügen über exzellente Sozialkompetenzen sowie über eine hervorragende Kommunikationsfähigkeit.
M10	RS	Sozialkompetenz: Persönliche Vernetzung	Wie ist die persönliche Vernetzung von Mitarbeitern im Unternehmen bzw. zu Marktpartnern zu beurteilen?	1	80%	100%	Kaum vorhanden bzw. es gibt bei mehreren der wesentlichen Mitarbeitern (>30 %) erhebliche Bedenken in Bezug deren persönliche Netzwerke.	Niedrig	Mittel bzw. Abstufung in Bezug auf die persönlichen Netzwerke der wesentlichen Mitarbeiter: Gedankliches Schema: 1 % Mitarbeiter mit erheblichen Bedenken bedeutet Abzug von 3,3 % Punkte. Mitarbeiter mit Bedenken halbiert sich der Abzug; Mitarbeiter mit leichtem Bedenken drittelt sich der Abzug	Hoch	Sehr hoch bzw. alle wesentlichen Mitarbeiter verfügen über exzellente persönliche Netzwerke.

Abb. 7.1 (Fortsetzung)

The manufacturer's authorised representative in the EU is Springer
Nature Customer Service Centre GmbH, Europaplatz 3, 69115 Heidelberg,
Germany. If you have any concerns regarding our products, please
contact ProductSafety@springernature.com

Printed and bound by CPI Group (UK) Ltd, Croydon, CR0 4YY
24/04/2026
02096335-0003